# 성령충만하면 인생이 바뀝니다

호세길 목사 지음

그리온

청주은성교회

제주선교센터

오창선교센터

대한예수교 장로회 총회
총회장 호 세 길 목사
HO SE KIL
既決

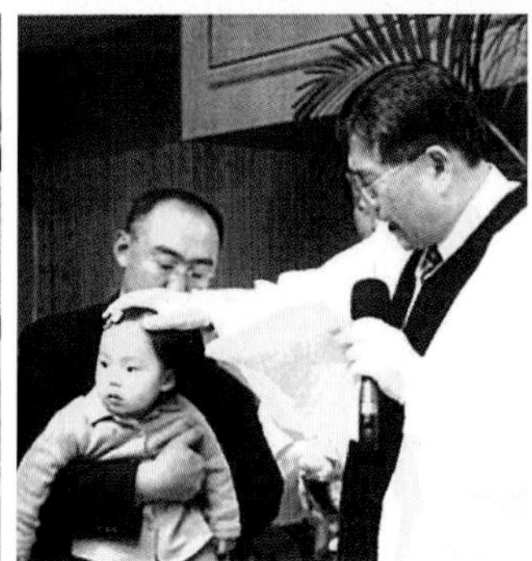

# 성령충만하면 인생이 바뀝니다

재판 1쇄 인쇄 2020 4. 25.
재판 1쇄 발행 2020 4. 30.

지은이 · 호세길
펴낸이 · 양우식
펴낸곳 · 가리온

서울특별시 영등포구 여의대방로 43라길 9
전화 · 892-7246 / 팩스 · 0505-116-9977
등록 · 제17-152호 1993.4.9.



ISBN 978-89-8012-077-2 03230
잘못된 책은 바꿔 드립니다.

# 목차 *Contents*

# Contents 목차

CBS

# 새롭게 하소서

호세길 목사 편

【진행자】 지난 80년대 90년대에는 각각 부흥회, 혹은 부흥 사경회 라는 것을 많이 했죠? 일년에 많이 하면 일주일에 3-4일씩 하던 부흥회가 있었습니다. 사실은 그 부흥회를 통해서 수많은 영혼들이 하나님께로 돌아오고 회개하고 거듭나고 한국교회에 부흥성장의 기초가 되지 않았던가? 그런 생각이 듭니다.

오늘 새롭게 하소서에 모신 분은 지난 30여년간 부흥사로서 전국 여러 곳을 다니시면서 회개와 기도운동을 펼쳐오신 분입니다. 지금도 하나님을 떠나는 수 많은 영혼들을 잡고, 그리고 뜨겁게 영적으로 부르짖는 부흥사역을 여전히 이어가고 계신분인데요, 어떤 분인지 소개 해드리겠습니다.

【영상】 이땅에 꺼져가는 성령의 불을 다시 지피기 위해 힘쓰고 있는 이가 있다. 지난 80년대 한국교회 뜨거운 부흥을 이끌어온 청주 은성교회 호세길 목사.

대한예수교장로회 개혁총회 임원들이 함께 모인 자리. 그는 이날 설교에서 무엇보다 한국교회에 식어버린 기도의 열정과 회개의 기도로 시작했다. 그는 이곳에 모인 목회자들과 함께 교회마다 심령마다 다시 성령의 임재가 강력하게 일어나기를 기도했다.

그리고 이를 위해 그가 하고 있는 특별한 사역이 있다. 제주도에 선교센터를 세워, 부흥회를 개최하고 모든 비용을 지원하여 은혜의 시간을 갖도록 하는 것이다. 한 영혼이라도 기도할 수 있는 자리로 부르고자 하는 그의 마음에서 시작된 사역이다.

또한, 오창에 지어진 선교센터에서는 목회자와 사모들을 대상으로 하는 세미나를 열어 회개와 위로의 역사를 일으키고 있다.

인생의 방황 끝에서 살아계신 하나님을 만난 그였다. 그리고 그 부르심에 순종해 달려온 시간, 지난 30년간 부흥사로 사역하며 그가 평생을 품었던 한가지는 오직 성령충만이었다.
죽음가운데서 다시 살려주신 하나님께 감사하며 부르시는 그날까지 사명을 감당하겠노라 다짐하는 목회자, 지난날 한국 땅에서 일어났던 부흥의 역사가 다시 이루어질 바라며 기도하고 있는 호세길 목사를 만나 본다.

【진행자】 지난 30년간 한국교회안에 뜨거운 기도운동을 일으켜온 분입니다. 청주 은성교회 호세길 목사님 모셨습니다.
【호목사】 반갑습니다.
【진행자】한국교회 부흥성장은 부흥회에서 온게 아니였던가? 그런 생각이 듭니다. 그 부흥의 불길을 지켜오시면서 고생 많이 하셨습니다. 은혜도 많이 받으시고 은혜도 끼치셨습니다.
예전에 부흥회하고 요즘의 부흥회는 좀 격세지감이 있는 것 같습니다. 어떻게 느끼세요?
【호목사】 지난날의 부흥성회는 정말 그 영혼들이 막 살아나는 성령의 역사가 많이 일어났었죠. 그런데 지금의 부흥성회는 사경회라 해서 또는 세미나다 이러니까, 그렇게 그런 뜨거움이 없고, 그 말씀의 지식과 세상지식은 풍부하게 얻을 수가 있을지 몰라도, 심령을 찔러주는 그 성령의 역사가 없기에 죄는 많이 지었어도 회개를 안 하는 게 문제죠.
【진행자】 지금도 계속해서 부흥사역을 하고 계시잖아요? 특히 제주도에서 사역을 하고 계시다는데.
【호목사】 네, 제가 그 내용을 이야기하지요. 제가 한번 기도원에가서 기도한 적이 있어요. 그런데, 밤새도록 하나님이 회개를 시켜주더라구요. 그래서 나중에 이제 성령께서 역사하기를 탄식하시는 거에요. 이땅에 성

령을 하나님께서 물 붓듯이 부어주셨는데 그 성령이 다 소멸되어 가고 있구나. 그러면서, 저 영혼을 누가 살릴꼬? 저는 그 음성을 듣는 순간에 막 하나님 앞에 회개를 하고, 제가 하겠습니다. 했어요. 그런데 그때 우리 제주선교센터를 짓고 나서 학생들을 무척 많이 받았습니다. 수학여행 오는 학생들. 돈도 많이 벌었어요. 오백 명 씩 육백 명 씩 막 몰려오니까. 돈도 많이 벌었는데, 어느날 하나님께서 너 돈벌려고 그거 지었냐? 하시는 거예요. 물론 돈벌어서 선교하는 것도 좋지만, 영혼 구원시키는 것. 영혼에 성령의 불을 다시 붙여서 각 교회에 보내서 그들이 성령의 불을 붙이게, 이렇게 하나님께서 지시를 해 주시더라구요.
그래서 그것을 갑자기 그만뒀죠. 하나님 뜻대로 하지 못하면 이게 무슨 소용이냐? 그래서 딱 자르고, 제1회 성령충만 대성회를 시작해서 하나님께서 거기서 역사하시니까 막 목사님들도 성도들도 오기만 하면 눈물 콧물 쏟아가면서 회개가 터지는데, 하나님께서 어떻게 역사하시는지 우리 눈으로 보는거에요. 사실상 기도원에 사람들이 없잖아요. 부르짖어 기도를 않해요. 한국에 하나님 지금 탄식하고 계시는거에요. 성령님께서. 내가 그래서 밤새도록 운 적이 있는데, 그러니까 지금 성령 운동이라는 게 말로는 많이 해요. 그런데 실제 행함이 없어요. 그러니까 각 교회에서 부흥회를 해도 회개하고 방언터지는 일들이 거의 없잖아요. 그런데 제주선교센터에서는 대단하죠. 오창에도 그렇구요. 그래서 앞으로 이 사역은 천국 갈 때까지 최선을 다해서 해보려고 합니다.

【진행자】 그런데, 궁금한게 교회는 청주에 있는데 어떻게 제주도에서 이 사역을 하게 되었나요? 어떤 인연이 있나요?
【호목사】 제가 원래가 사업을 하다가 사업에 세 번 실패를 했습니다. 그러니까 빚도 많이 짊어졌어요. 그런데 그 빚을 내 평생 갚아도 못 갚을

것 같았어요. 그때 죽을려고 하니까, 그때는 교회에 안 다니고 방탕하고 있을 때 인데, 그래서 기왕에 죽으면 옛날 사람들은 극락에 간다고 했잖아요? 그러니까 극락을 가던, 어디를 가던 비행기도 못타고 죽으면 그거 억울할 것 같더라구요. 그래서 백만원을 빌려서 옷 싹 갈아 입고 천지연 폭포수가 너무너무 좋다고 해요. 거기에 빠져 죽으려고 간거에요. 죽으려고 비행기를 타고, 제주도를 딱 가서 내렸더니, 천지연 폭포 옆에 옛날에는 폭포가 있었어요. 일단 거기 호텔에서 묶고 있는데 밴드에 음악이 나오고 유명했어요. 저도 그전에 총각 때에 춤을 조금 춰봤어요. 와, 밤새도록 술먹은 거에요. 아침에 속이 쓰려서 국을 먹고 천지연 폭포수에 내려가서 막 이렇게 쳐다보니까, 얼마나 높고 깊은지, 옛날에는 풀을 다 깍아서 새빨갰어요. 이제 가서 이렇게 쳐다보니까 현기증이 나서 못 죽겠어요. 그래서 거기서 뒤를 한 열발자국 물러서서 눈 감고 뛸려고 했어요. 그때 주변에는 아무도 없었어요. 그런데 어떤 이가 여보게, 젊은이라고 불러요. 그래서 왜 부르십니까? 하고 보니 할아버지에요. 할아버지 왜 불러요? 그랬더니, 젊은이한테 내가 질문할게 있다는 거에요. 말씀하세요 했더니, 사람이 세상에 태어날 때 한 벌 옷을 입고 태어났나? 아니면 발가벗고 태어났나? 하시는 거예요. 그래서 내가 할아버지는 옷 입고 태어났어요? 하고 물었어요. 그랬더니 그 할아버지가 껄껄 웃어요. 웃으면서 한다는 소리가 맞아. 나도 발가벗고 태어났어. 그랬어요. 그 다음에 또 한번 더 질문을 하시는데 그러면 나올 때에 어머니 뱃속에서 나올 때에 노동력을 가지고 나왔느냐? 먹고 살 수 있는 노동력을. 그래서 내가 할아버지 한테 또 물었어요. 그러면 할아버지는 나올 때에 삽 가지고 나왔습니까? 했더니 할아버지가 껄껄 웃으면서 하시는 말씀이 나도 역시 어머니 뱃속에서 나올 때 그냥 나왔지. 그런 이야기를 하시면서 하시는 말씀이, 당신이 이미 저 천지연 폭포수에서 떨어져 죽었다. 당신에게는 한 벌 옷이 있지 않느냐? 당신에게는 노동일을 하면 무슨 일이든지 하면 좋은 지혜가 있는데 왜 죽을려고 하느냐? 그래서 내가 빚이 많아서 그래요. 그랬더니. 그 빚은 살아가면서 갚으면 되지 않느냐? 당신 죽으면 돈 다 떼먹는 거에요. 당신 살면서 갚으면 돈 떼먹지 않지 않느냐? 그러니까 처음 가장 낮은데서 부터 일을 시작하라. 그 말씀을 들으니까, 맞잖아요. 죽는 것 보다는 젊은나이에 죽는 것 보다는.

우리 식구도 전혀 몰랐었죠. 그거 이야기하면 얼마나 마음이 아프겠어요?

【진행자】 그래서 사실 제주도에서 집회를 시작하신 게 죽을려고 그랬던 장소이기 때문에 거기에 사람을 살리기 위해서?

그런데 신앙생활은 어떻게 시작하신거에요? 그 후로 신앙생활을 시작한 거 아닌가요?

【호목사】 군에 있을 때, 친구 하나가 그러더라구요. 오늘 떡 먹으러 가자구. 크리스마스때 이브 때 였으니까요. 그래서 부대에서는 떡이라면 최고죠. 그 때 또 조금씩 식사도 나오고. 떡 얻어 먹으러 갔더니 교회를 쑥 들어가요. 생전 처음 들어가본거죠.

그래서 여기 앉아 있어야 설교 듣고서 떡을 준다는거에요. 그러니 들어야 하잖아요. 그때 목사님이 하시는 말씀이, 하늘에서 생명의 떡이 오셔서 예수님으로 오셔서, 말구유에 누우셨다는 거에요. 그냥 하나님의 아들이라면 큰 호텔 같은데 사장들이 있는데, 대통령이 있는 곳에서 태어나지 않고, 말구유에 태어나셨다. 그런데 말구유에 왜 태어났느냐? 말이 먹는 그릇이죠. 그러니까 베들레헴이라는 뜻은 그게 바로 떡집이라는 뜻인데, 그런데 떡집에 말구유에 생명의 떡이 내려와서 누웠단 말이에요. 누구든지 이 생명의 떡을 먹으면 짐승만도 못한 인간들아 이 생명의 떡, 그것을 먹고 사람같이 살아라. 이렇게 설교를 하는데, 그 소리를 듣고서 많이 감동을 받았어요. 그렇구나, 나는 여태까지 짐승만도 못하게 살았구나. 내가 생각할 때, 짐승만도 못하게 살았구나 그러면서 너무너무 마음이 아파서 그래서 좋은 일 한번 안 해 보겠느냐? 그래서 제가 물었죠? 어떻게 해야 좋은 일을 하느냐고? 그랬더니 새벽송을 나가라는거에요. 그래서 새벽송이 뭐냐고 물었죠? 아무것도 모르니까. 그러니까 뭐라고 하는가 하면 새벽송을 모르느냐? 그러면 불침번을 서라는 거에요. 그런데 불침번을 서는데 문제가 있었어요. 불침번 서는데, 내가 오늘 초번이니까 마지막까지 서주마. 이렇게 이야기를 했어요. 그랬더니 한 친구가 일어나더니 재 왜 말 번까지 서는지 안다는 거에요. 왜 그런가하면 오늘 밤에 선물 많이 들어오니까 자기가 다 먹을려고 그런다는거에요. 아 그래서, 난 그게 아니고 내꺼 다 줄테니까 걱정하지 마라. 그러면서 불침번을 서는데, 내가 밤 2시까지 또렷하게 봤거든요. 갑자기 그게 꿈인지 환상인지 난 몰라요. 갑자기 그냥 막 난리가 난거에요. 폭탄이 왔다갔다 하고 소나기가 쏟아지는데, 핏물이 산에서 막 내려오는거에요. 처음 하루 교회 갔다왔는데, 무릎을꿇고 하나님 나 좀 살려달라고. 나 좀 살려달라고 기도했더니 갑자기 또 산밑에서 달이 환하게 떴는데, 그냥 큰불이 내 앞으로 다가와요. 이건 아까보다 더 무서운 거에요. 하나님 살려달라고, 이제 좋은 일만 할 테니까 한 번 만 살려달라고 막 기도를 했어요. 기도도 할 줄 모르지만 무서우니까 그런 말이 나오는거에요. 갑자기 손이 얹어지는 느낌이 있었어요. 그러더니 불이 없어졌어요. 보니까 앞에는 불이 있고 뒤에는 불이 없어요. 그런 분이 걸어가고 있는 거에요. 아, 그런데 갑자기 고요한밤, 거룩한 밤 하는 이런 찬송 소리가 들렸어요. 벌떡 일어나서 문을 열어줬더니 이따만 보따리가 선물로 왔어요. 그래서 그걸 다 머리맡에 놔뒀어요. 그리고 다 돌아갔는데 진짜 내 것은 없는 거예요. 그런데도 내 마음에 그게 그렇게 기쁜거에요. 나는 그런 기쁨이란 찾아

볼 수가 없도록 그게 너무너무 좋고 내게 없어도, 기쁘고 좋았어요.
그래서 그렇게 했는데, 그 이튿날 왜 그렇게 교회에 가고 싶은지, 내가 스스로 갔어요. 갔는데 그날 목사님 말씀을 하시는데, 하나님의 독생자가 말구유에 탄생하셔서 우리를 위해서 피와 물을 다 쏟으시고 누구든지 주예수를 위하여 기도만 하면 믿기만 하면 주님의 보혈의 피로 우리 죄가 다 씻음 받는다고 했어요. 그런데 그 소리를 딱 듣는 순간에 내가 죄를 얼마나 많이 지었어요. 수도 없이 많이 지었어요. 그래서 죄사함 받는다는 말씀 한 마디에 얼마나 울었는지요. 그때 왜 그렇게 눈물이 났는지 모르겠어요. 그때 처음 배운 찬송이 멀리 멀리 갔더니, 이 찬송이에요. 그 찬송을 배워서 화장실 가서도 하고, 산에 올라가서도 하고, 무척 많이 울었어요.

【진행자】 정말 군에서 뜨겁게 하나님을 만나셨는데 그래서 제대하고 나서도 계속 뜨겁게 생활하셨어요?
【호목사】 제대하고 나서, 거기서 노는 구역이 있는데 거기는 아무도 침범을 못해요. 거기 맨날 술먹고 놀다가 그러니까 누가 교회 가자고 하는 친구는 하나도 없고, 그러니까 못된 친구들 하고 또 어울렸죠. 그래서 맨날 술먹고 외상술 먹고 다니고, 경마장 도박장도 많이 다녔죠.
그런데 그거 다 회개는 다 했어요. 옛날에 화려하게 죄짓던 것은 자랑거리가 아니니까.

【진행자】 회개하느라 고생 많이 하셨겠어요. 세상에 나오니까 하나님에 대한 생각은 완전히 잊어버리셨어요?
【호목사】 잊어버렸죠. 그때부터 사업을 시작했어요. 결혼도 하고. 사업을 시작했는데, 사업해 서 세 번 실패하니까, 이건 정신이 하나도 없더라

구요. 그래서 제주도로 죽으러 갔던 거에요.

【진행자】 하여튼, 제주도에 가서 죽을뻔했는데, 하나님의 은혜로 안 하셨어요. 아마 하나님께서 할아버지 모습으로 나타난거 같아요. 천사를 보내신 것 같아요. 그리고 돌아오셔서 잘하셨겠네요. 뭘하셨어요?

【호목사】 제주도에서 돌아와서 제가 그 할아버지 생각이 나잖아요. 그래 처음부터 시작을 하자. 가장 낮은 데서부터 시작하자. 그래서 한국 자동차 학원이 마장동 다리 밑에 있었어요. 거기에 취직해서 들어갔는데, 연장통 들고 다니는 일을 했어요. 조교는 학생들 가르치고 부조교로 들어갔지요. 그 할아버지 생각이 나서 가장 낮은 곳에서 부터 하겠습니다. 했지요. 그 곳은 3층까지 있었는데, 청소를 제가 다 했어요. 화장실 청소부터, 3년 동안 그걸 했어요. 그 할아버지 생각이 나서. 그렇게 세월이 가던 중에 어느 친구를 통해서 사진관을 알게 되었어요. 사진관을 시작하면서 그때부터 하나님께서 복을 주시는데, 시민증을 주민등록으로 바꾸는 시기가 온거예요. 뚝섬에서 오래살았는데, 동사무소니 파출소에 있는 사람을 다 잘 알죠. 제가 운영하는 사진관이 아카데미 사진관이었는데, 아카데미 사진관으로 가면 정상적인 사이즈로 뽑아준다고 하면서 보낸 겁니다. 그런 이유로 사진을 찍으려고 줄을 섰어요. 주민등록 사진 찍는다고. 그거 벌어서 빚 다 갚았어요. 빚도 다 갚았고, 돈도 벌었구요.

【진행자】 그런데 신학교는 어떻게 가셨어요?

【호목사】 신학교 이야기하면 골치가 아파요. 신앙생활은 잘하고 있었어요. 십일조도 잘했는데.

서울에서 뭔가 잘못되어서 싸운 적이 있어요. 그래서 시골로 내려가자 해서 청주에 내려와서 청주에서 사진관을 했었죠. 그런데 어느 날 한 사람이 찾아왔어요. 와서 여보시오, 내가 오늘 새벽에 하나님께서 환상을 보여주는데, '청주에 가면 호문길 문패를 붙여놓은 사람이 있는데, 거길 찾아가서 빨리 신학을 하라고 하라.' 그런 말씀을 듣고 나를 만나러 왔다는 거예요. 그래서 내가 한편으로 웃기는 사람 다 봤네 하고 생각했고, 집사람도 '이 사람이 목사가 되면 동네 개들도 다 웃는다고. 내가 이 사람을 잘 알잖아요? 그래서 도저히 이건 불가능한 거라고, 그런 이야기 하시지 말고 가시라고' 이야기를 했죠. 그런데 그분이 말씀하시는데 나도 당신을 처음 본다. 그러나 환상을 뚜렷하게 보여주고, 약도까지 보여주는 건 우연이 아니라는 거예요. 자신은 서울에서 일부러 찾아온 것이니까 말을 들으라는 겁니다. 그래서 나는 그랬지요. '여보시오, 나는 목회자가 아니라 장로는 될 수 있지만, 목회자는 절대 아닙니다.' 그랬더니 아예 안 가고 또 말하기를 '하나님이 빨리 안 가면 당신 제주도에서 살려준 거,' 그렇게 이야기하는데 거기서 닭살이 딱 오르더라구요. 나만 알고 있었어요. 집사람에게도 그 사실은 이야기 한 적이 없어요. 이 사람이 제주도 이야기를 딱 하더라구요. 천지연 폭포에서 당신을 살려준 이가 바로 하나님이신데, 이번에는 당신 죽어, 죽는다는 거에요. 그러니 그것을 아니까 거기서 내 마음이 찔림을 받았죠. 집사람도 모르는 걸 그 사람이 아는 거에요. 그래서 그때 둘이서 삼일 금식을 했어요. 삼일 금식 기도해서 만약에 아니면 하나님께서 응답 안 해주면 갈 필요 없다. 저 사람이 잘못된 거다. 이렇게 해서 삼일 금식 기도를 딱 했는데, 사흘을 마치고 죽 한술을 뜰 때까지 응답이 없으면 그냥 장로가 되는거고, 죽 한술 뜨기 전에 응답이 오면 이게 하나님 뜻으로 순종하겠다. 이렇게 해놓고서 삼일 동안 금식을 했는데, 금식하고 죽을 딱 놓고 물었어요. 응답받았냐? 안 받았대요. 나도 안 받았거든요. '그러면 그렇지. 나 같은 게 목사야? 전혀 아니지' 하면서 이제 목사되지 않고 장로가 되게 해주시니 감사합니다. 하고 죽을 먹을려고 했더니 띵동 해요. 문을 열어줬더니 어떤 분이 서서 '웬 죽이냐고?' 우리 삼일 동안 금식하고 이래저래서 그랬다고 그랬더니. '아이고 하나님이 나를 보내줬다.' 고 그래요. '거기 사모님이 은혜를 받아서 얼마나 예언을 잘하는지 한번 같이 가 보시면 안 돼요?' 그런 이야기를 듣고 '나는 사실 예언 같은 거 안 믿거든요. 하나님 말씀이 예언인데, 사람들이 예언하는 거 안 믿어요.' 그랬더니 하여튼 한번 가 보자는 거에요. 그래서 가서 그분을 만났어요. 그가 교회 마당을 이리저리 다니면서 뭐라고 하는가 하면 '이분들이었구먼.' 제가 '왜그러세요?' 그랬더니 '오늘 새벽에 응답을 받았는데, 세사람이 오는데 그 남자가 빨리 신학교 가야된다. 그러시더라' 는 거에요. '오늘 꼭 전해줘라. 오늘 찾아 올거다.' 그러더라는 거에요. 그 말씀을 듣고 나니까 이게 연결이 되잖아요. 그래서 '이게 하나님 뜻인가?' 하고 그래도 내가 하나님 뜻이면 기도해서 알아내야지. 사람의 소리를 안 듣는다. 그때 드디어 내가 드디어 33일 동안 기도를 작정하고 칠보산 기도원에 들어 간 거에요. 그래서 굴속에 들어가서 기도를 시작한 거죠. 하나님 난 장로가 되겠습니다. 하고 15일 동안을 계속 기도를 하는데, 회개를 하는데, 회개를 15일 동안 시켜요. 그런데 얼마나 울었는지, 텔레비전 화면을 보는 것처럼 내가 잘못한 것이 다 보여요. 계속 보여요.

그래서 제가 하나님은 항상 우리를 보고 계시고, 듣고 계신다는 것을 거기서 깨달았어요. 어쩌면 그렇게 정확하게 술 먹고 주정하는 것, 사람 때리는 것, 쫘악 나오면, 하나님 용서해주세요. 하면 쫘악 지나가고, 지나가는데, 마지막에 내가 머리 빡빡 깍은 것들이 있는데 저기는 내가 없겠지 하는데 그 화면에 이렇게 쳐다보는데 제가 어려서 먹을게 없어서 남의 콩 따다가 불을 질러서 콩만 남잖아요. 그거 막 주워 먹고 있는 거에요. 그래서 그것까지도 회개를 시켰어요. 하나님이. 그래서 용서해 달라고 막 회개를 했더니 확 화면이 지나가고 그렇게 그렇게 하고서 그날 그 화면이 지나 가는 그날 불빛이 불안으로 확 들어왔어요. 나도 그 생각이 잊어지지 않는데 나는 그때 무슨 생각을 했는가 하면 모세가 십계명 받을 때 불이 임했잖아요? 그런데 불이 확 들어오면서 굴 안에 벽에다가 호세길이 쓰여져 있는거에요. 그래서 호세길이라고 이름을 부를테니까 장로만 되게 해달라고. 계속 고집을 부렸어요. 그랬더니 16일 날 다시 불이 들어온 거죠. 불이 딱 들어왔는데 완전히 문둥병자에요. 그런데 불 모양은 고름이 줄줄 나는 문둥병자를 보여주는데 하나님이 만약에 니가 안 가면 저렇게 만든다는 거에요. 그게 제 마음에 확 닿아요. 그때 손을 번쩍 들고 '하나님 가겠으니까 능력주시고 권능 주세요. 베드로에게 바울에게 주셨던 능력 주세요.' 하면서 기도했어요. 기도했더니 그곳에서도 병자를 치료했어요. 췌장암 환자인데, 그 앞으로 지나가니까 그분이 부르더라구요. '젊은이 젊은이 췌장암 말기 환자가 죽을날만 기다리는데 천국은 어떻게 가는지 이야기를 해달라는 겁니다. 그래서 그 이야기를 하려고 그분이 앞에 들어가고 내가 뒤에 들어가려고 하는데, 갑자기 내가 배가 너무 아파서 도저히 못 들어가겠는겁니다. 그래서 좀 있다가 오겠다고 하고 급히 나가 굴속에 들어가서 하나님 저를 좀 고쳐주세요. 너무너무 아프고 고통스럽습니다. 했지요. 그랬더니 글쎄 금방 음성이 들리는데, 그가 아픈데가 거기라는 거에요. 거기다 손만 얹어라. 역사는 내가 하리라. 이걸 고쳐주어야 내가 가서 얹든지 말든지 하잖아요. 했더니 금방 싹 고쳐주셨어요. 들어갔더니 완전히 뼈하고 살만 남았어요. 링겔을 맞고 겨우 연명을 하고 있는 사람이 누워 있는 거에요. 그래서 기도해 준다고 했더니 고개를 까딱까딱해요. 내가 아팠던 곳을 얼마나 잘 알아요. 거기다가 손을 딱 얹고서 주여, 얹었사오니 역사는 주님이 하시옵소서. 그렇게 방언을 좀 했어요. 손만 얹으라고 했으니까. 그렇게 하고 나왔는데, 거기 얹는 순간에 땀이 쫙 났어요. 나와서 옷을 갈아 입고 내일이면 가니까 밤새도록 기도하고 나와서 가야지 하는데, 이들이 나를 찾아 온 거에요. 그 여자가 맨발로 뛰어나왔어요. 그래서 왜 그러시냐고 했더니 우리 그이 기도 한 번 더 해달라고 해요. 여기는 기도하다가 걸리면 전부 다 쫓겨나는데 어떻게 기도를 해주느냐고 말했지요. 그랬더니 그런 이야기 하지 마시라고 그러더군요. 그러면서 하나님이 두렵소? 사람이 두렵냐구? 하 당연히 하나님이 두렵죠. 그런데, 뭐가 그렇게 걱정이냐는 거에요. 하나님이 함께하시는데. 가만히 생각하니까 그날이 가는 날이잖아요? 그냥 가나 쫓겨가나 마찬가지잖아요. 그래서 그까짓것 그냥 가나 쫓겨가나 마찬가지니 들어갔죠. 보니 그분이 일어나 앉았어요. 도저히 이건 불가능한 일인 거에요. 그래서 ' 아저씨 일어나 앉았네요? ' 그랬더니 그 부인이 그래요. 아니 그분이 어저께 당신에게 기도 받고 너무너무 마음이 편해서 일어나 앉고 아픈데가 없다는 거에요. 그런데 자기 치마를 걷어 부쳐요. 그래서 왜 그러세요? 그랬더니 멈이 시퍼렇게 들었대요. 그래서 그 이야기를 쭈욱하는데 어제저녁에 밥을 해달라는 거에요. 그래서 밥을 해 줬는데, 이 남자가 그 부인이 먹던 비스켓 같은 것을 집어 먹어봤대요. 먹었어도 괜찮다는 거에요. 그런데 밥을 해달라고 해서 줬더니 밥을 다 먹었다는 것입니다. 치유를 받은 거에요. 할렐루야!
그분이 치유를 받는 것을 확인하고 나니까 확신이 생기잖아요. 그래서 그때 이제 하산하면서 그냥 손만 얹으면 그냥 막 낫는구나. 무슨 병이던지 손만 얹으면 하나님이 막 치료해주는데 나을 사람만 막 보내주는 겁니다
그래서 신학교를 갔어요. 신학교 2학년 딱 되었는데 그때에 개척하라고, 하나님이 명령하셨어요. 무당촌에다가, 무당촌에 무려 절이 70미터 밖에 안 떨어졌는데, 무당촌에다가 개척을 했어요. 무당이 27명이 있는데. 거기는 아주 완전히 황무지죠. 그런데 하나님이 하필이면 여기다가 개척

을 하라고 했나? 나중에 알고 보니까 무당촌으로 들어가는 환자들을 네가 다 받아서 치료 하라는것입니다. 그래서 무당촌으로 가는 사람이 우리 은성교회에 들어오면 맨손으로 와도 돼. 그런데 무당촌은 뭔가 가지고 가야 되잖아요? 복채 같은 것 말이죠. 그래서 밑져봐야 본전. 은성교회로 와요. 손만 얹으면 나으니까, 하나님이 치료해주시니까. 그러니까 무당들이 먹고 살 수 없게 되는 겁니다. 그 손님들을 우리가 문 앞에서 다 받아 버리니까.

【진행자】 영적 전쟁에서 이기셨군요.

【호목사】 지금은 아파트로 다 바뀌었죠. 무당들이 다 떠나갔어요. 교회 별명이 우는 교회, 병 고치는 교회, 방언하는교회입니다.

【진행자】 왜 우는 교회에요?

【호목사】 회개를 많이 하니까. 다들 오면 회개들을 무척 많이 했어요.

【진행자】 그러다가 부흥사로 나오시게 되었는데? 참 전국 곳곳을 다니셨죠?

【호목사】 1,300군데 부흥회를 했습니다. 해외로 나간 곳도 200여 군데는 넘습니다.

【진행자】 목사님! 부흥회 하시면서 많은 사람들에게 은혜를 끼치셨겠지요? 목사님도 받으시는 은혜가 많으실 것 같아요.

【호목사】 제가 부흥회를 가면 처음부터 그 이야기를 해요. 다섯 가지 역사가 일어난다. 아주 미리 이야기하죠. 그러니까 후회 없이 참석하라. 만약에 이거 안 하는 사람은 나중에 가서 후회 한다. 다섯가지 꼭 역사가 나타났어요. 가는 곳곳 마다.

첫 번째 무슨 역사가 있는가 하면 회개의 역사. 엄청나게 회개 많이 합니다. 첫날부터.

두 번째는 무슨 역사가 있는가 하면 성령이 임하니까 회개하고 나니까 베드로가 말씀했잖아요. 너희들이 회개하라 그리고 세례를 받으라 그리하면 성령을 선물로 주리라. 그래서 성령 받으니까 방언을 막 하죠. 그 다음에는 방언을 받았던 사람들이 방언으로 다 기도는 하는데, 생각이 엉뚱한 데 있어요. 방언을 처음 받으면 하나님께서 역사하셨는데, 성령이 소멸되고 나면 방언을 해요. 그런데 생각이 엉뚱한 데 가서 있어요. 이런 이들이 와서 성령을 재충만 받으니까 방언이 바뀌어요. 바뀌면서 막 부르짖는 기도, 그런 기도를 하거든요. 그래서 방언이 바뀌고,

네 번째는 병 고침 받는 역사. 무진장 많이 일어납니다. 막 그냥 안수 안 하고 손 얹고 기도만 해도 엄청난 많은 사람들이 병 고침을 받아요.

다섯 번째는 하나님 말씀이 66권이 막 믿어지는 거죠. 아, 지금도 하나님이 역사하고 계시는 구나. 본인들이 막 깨달아요. 깨닫고 믿어지고, 그러니까 가는 곳곳마다 지금 안 이루어진 곳이 한 군데도 없어요.

어디고 가는 곳곳마다 다섯 가지 역사는 꼭 일어났어요. 그러니까 사람들이 하나님이 살아계셔서 역사함을 확실히 믿어지고 마지막 날에는 전부 다 그 사람들 몇 시까지 기도하고 새벽 제단 쌓으라고 해요. 그러니까 그때까지 새벽 제단 쌓으면서 부흥의 현장이 되는거죠. 막 부르짖어 기도하니까 그 어려운 문제들 다 해결 받고 이런 역사들이 일어났죠.

【진행자】 이제 부흥회 가셔서도 강조하는 게 회개이시고 성령의 충만함이신데, 실제로 말씀하시기는 쉽지 않아요. 그리고 실천하기도 어렵고. 목사가 자기가 설교한 만큼만 살아도 성숙한데, 목사님은 좀 어떠세요?

【호목사】 저는 지금까지 부흥회를 다니면서 정말로 하나님이 함께하지 않으면 이런 일은 있을수도 없어요. 진짜 IMF 때 성전을 건축하고서도 남은 돈이 8천만 원이었어요. 다른데는 부도난 데가 그렇게 많았는데 우리는 한 번도 성전 지어서 빚 얻었다는 소리를 해본 적이 없어요. 지으면

남아요. 언제나. 오창선교센터도 짓고 남았고, 제주선교센터도 짓고서 2억이 남았어요.
하여튼 은성교회도 짓고서 8천만 원이 남았고. 그러니까 가는 곳곳마다 그것이 기적이잖아요. 그러니까 성도들이 보고서도 놀라는 거죠. 우리는 여태까지 빚을 한 번도 얻어본 적이 없어요.

【진행자】 그러니까 말씀하신 것을 손수 실천하고 앞장서시니까 은혜를 베풀어주시네요. 이러니 아직도 열정적으로 활동을 하고 계시는데, 새해를 시작하는 신앙인들에게 한국교회에 어떤 말씀을 해주고 싶으세요?
【호목사】 정말로 한국교회가 성령의 불이 붙어야 됩니다. 제가 밤마다 그 기도를 하지만 성령의 불이 안 붙으면 성령이 소멸 되고 나니까 교회들이 봉사를 안 해요. 성도들이 움직여 주지를 않습니다. 그래서 심지어는 어떤 교회에서는 파출부라고 하는 분이 와서 식사를 해주고 한다는 거에요. 그러면 그들이 예수를 안 믿으니까 담배를 피워가면서 식사를 준비하니까 여기는 교회니까 담배만큼은 피우지 말라고 하니까, 내가 돈 벌러 왔지, 예수 믿으러 온거 아니라고, 그러면서 휙 나가버리더래요. 이런 이야기를 들었을 때, 옛날에 우리가 봉사를 많이 했어요. 성령충만 은혜충만 받으니까 봉사도 기쁨으로 했어요. 다 기쁨으로 하고, 강대상도 서로 닦을려고 싸우기도 하구요. 청소 서로 하려고 하고, 화장실 청소도 다 서로 하려고 했는데, 이게 싹 없어졌어요. 얼마나 마음이 아파요. 하나님께서 탄식하는 소리예요.
어찌 그 성령을 다 소멸하고 이제는 서로 시켜도 안 하려고 하고, 말씀은 듣기는 듣는데 깨달음이 없고, 변화 받는 일이 없고, 옛날에는 그냥 그렇게 많이 회개를 했는데 지금은 죄를 옛날보다 더 많이 지으면서 어찌 눈물 한 방울 안 흘린단 말이에요. 회개 안 하는 게 너무 마음이 아프고 그래서 마지막 때에 지금 이단들이 판을 치면서 자꾸 교회들을 쓰러뜨리잖아요. 우리가 성령 충만 할 때는 어디 그것들이 침범을 했습니까? 전혀 못 했잖아요. 그게 그렇게 가슴이 아픈겁니다. 그래서 내가 살아 있는 한, 최선을 다해서 성령의 불을 붙이자. 다 먹여주고, 전부 다 잠재워주고, 그냥 성령 불 받아서 각 교회가서 성령의 불을 붙여라. 이것이 불붙어야 한국교회가 사는 길이 열리고 성령이 임하면 회개하게 되고, 회개할 때에 주께서 그들을 도와주시고, 축복하시고, 제 마음의 소원은 그것입니다.

【진행자】 연세가 꽤 되시는데 가슴에 불이 붙어서 말씀이 그치지를 않으세요. 앞으로는 얼마까지하실 건가요? 하나님께서 목숨을 붙여주시는데까지 성령의 운동을 하실거죠?
【호목사】 네, 끝까지, 천국가는 그날까지 최선을 다해서 성령의 불을 붙이는 일을 하려구요. 성도들에게 하나님께 바람 맞히지 말라는 말을 하시더라구요. 그 이야기는 무슨 이야기냐 하면 기도를 많이 하잖아요. 하나님 오늘 전도하러 갈게요. 하나님 뭐 할게요. 축복해주세요. 해놓고 안 하잖아요. 그게 하나님 바람 맞히는 거죠. 우리도 어디서 만나자고 해서 안 나와봐요. 한 서너번 만 안 나오면 그 사람 사람 취급도 안 하잖아요. 어디서 만나자고 하면 또 만나요? 안 만나지. 그런데 우리는 기도하겠다고 하면 충성하겠다고 해놓고서 가서 행하지 않으니까, 그러니까 하나님 바람 맞히는거지. 이제는 하나님 바람 맞히지 않아야 되겠어요. 꼭 말로만이 아니라 꼭 실천하는 우리가 되었으면 좋겠어요. 그때가 바로 복 받는거죠. 실천하는 걸 하나님이 기다리는거죠. 아브라함이 그랬잖아요. 네 독자 아들 이삭을 바쳐라. 아멘 하고서는 바로 그냥 떠났는데, 아브라함이 아멘 하고 안 갔어봐요. 아들 못 바치잖아요. 하나님 바람 맞힌거

잖아요. 그런데 하나님 거기서 기다리고 계셨잖아요.

【진행자】 목사님 하여튼 한평생도 불덩이로 살아오셨지만, 지금도 연세가 있으시지만, 성령의 불덩이로 말씀하시는 게 감동이에요. 바쁜 시간 내주셔서 감사합니다. 앞으로도 큰 역사 이루시기를 바라고 한국 교회를 위해서도 많이 기도해 주십시오. 고맙습니다.
목사님 감사합니다.

오늘 호세길 목사님의 간증을 들으면서 과거의 하나님이 지금 이 시간의 하나님이 기도하고 또 지난날의 역사하심을 지금도 이루고 계심을 느낄 수 있었습니다. 동일 하신 하나님을 저희도 매일 삶속에서 만나기를 기원합니다.
나이는 숫자에 불과하다는 말이 목사님을 만나면서 다시 한 번 생각이 들었습니다. 성령의 은혜와 불길을 받은 사람은 나이에 상관없이 불덩어리처럼 온 세상을 하나님의 말씀으로 불태우지 않을까 생각합니다. 중요한 것은 이 성령의 불길, 성령의 은혜를 받기를 원한다면 먼저 회개가 전제되어야 한다는 것입니다. CBS

# 성령충만하면 인생이 바뀝니다

# 1. 구름기둥과 불기둥

출애굽기 13장 21-22절

오늘날은 모든 것이 불확실한 시대입니다. 불투명한 미래 속에서 사람들은 불안한 마음으로 근심 속에서 방황하고 있습니다. 이러할 때에 우리는 어디로 어떻게 가야 할까요? 이를 알기 위해서 저와 여러분들은 이스라엘 사람들이 어떻게 한 번도 가보지 않았던 광야 길을 지나 젖과 꿀이 흐르는 가나안 땅까지 이르게 되었는지에 대하여 신앙적이며 영적인 교훈을 얻고자 합니다.

**1. 그들을 위한 구름기둥과 불기둥이 이미 준비되어 있었습니다.**

사랑하는 성도 여러분! 저와 여러분이 한 번도 가 본 일이 없는 다른 나라에 안내하는 가이드 없이 혼자 있다고 생각해 보시기 바랍니다. 그 때의 당혹스러움과 불안은 당해 본 사람이 아니면 모를 것입니다. 그런데 그 때 예기치 않게 같은 동포인 한국인을 만나 안내를 받게 된다면 그야말로 우리는 표현할 수 없는 기쁨을 얻을 것입니다.

이와같이 이스라엘 백성들은 준비도 없이 아무런 경험도 없는 광야 길을 갈 바도 모르면서 나아가게 되었습니다. 그 길은 거칠고 험하였습니다. 그리고 불뱀과 전갈이 있고 추위와 더위가 있으며 수많은 위험이 도사리고 있었습니다. 이러한 길을 가는 이스라엘의 사람들의 불안함은 어떠했겠습니까? 그런데 그들을  위해 하나님이 예비하신 불기둥과 구름기둥이 그들을 기다리고 있었습니다. 그리하여 그들은 낮에는 구름기둥 아래서 더위를 피할 수가 있었고 밤에는 불기둥 아래에서 추위를 면하였으며 방향도 모르는 길을 인도받았습니다. 그리고 애굽의 병거와 군사들의 추적을 받았을 때에는 이 불기둥과 구름기둥으로 막아주셨습니다.

오늘날 저와 여러분의 삶은 마치 고장난 나침반과 같습니다. 그래서 사람들은 어디로 가야할지를 모르고 방황하고 있습니다. 이스라엘을 위해 불기둥과 구름기둥을 예비한 것과 같이 우리를 위해 하나님은 참 좋은 나침반을 하나 주셨습니다. 그 나침반은 곧 우리 주 예수 그리스도이십니다. 그 분은 요한복음 14장 6절에서 "내가 곧 길이요"라고 말씀하셨습니다. 그러므로 우리가 주님이 가신 이 길을 따라가면, 하나님은 성령의 구름기둥과 불기둥으로 우리를 보호하시고 인도하여, 저 천국은 물론 우리가 이 땅에서도 복된 삶을 살게 해 주시는 것입니다.

오늘 여러분은 어디로 가고 있습니까? 또한 여러분의 마음은 편안하십니까? 만일 자신의 삶의 방향을 알고 싶고, 평안을 얻기 원하신다면 지금 예수님을 붙드시기 바랍니다. 여러분의 일생 가운데 주님을 만나게 되면 올바른 인생의 방향과 참된 평안을 얻게 될 것입니다.

### 2. 구름기둥과 불기둥의 인도하심을 받을 때 필요한 모든 것을 공급받았습니다.

우리 인간 대부분의 문제는 의식주에 관한 것입니다. 그래서 늘 무엇을 먹을까?, 무엇을 입을까?를 근심합니다. 이러한 인간의 상황에 농사도 목축도 할 수 없는 광야의 이스라엘을 상상해 보시기 바랍니다. 그들은 이러한 생활 속에서 때로 불평도 하고, 심지어는 애굽인들의 고기 가마 밑에서 구걸을 하던 때를 그리워하기도 하였습니다. 그렇지만 신명기 8장 4절에 의하면 그들은 결국 신발도 닳지 않았고 먹을 것이 없어 배고픔을 당하지도 않았으며 마실 물이 없어 목도 타지 않게 무려 40년을 지내었습니다. 그리고 이는 모두 하나님께서 그들을 먹이시고 입히셨기 때문이라고 했습니다.

그러므로 우리의 주님은 마태복음 6장에서 "무엇을 먹을까 무엇을 마실까 무엇을 입을까 염려하지 말라."고 하셨습니다. 이러한 것을 염려하는 것은 다 이방인들이나 하는 것이라고 하셨습니다. 왜냐하면, 이스라엘 백성들이 구름기둥과 불기둥의 인도를 받을 때에 모든 필요한 것을 공급받았듯이, 저와 여러분도 주님 안에만 있으면 주님으로부터 우리가 필요로 하는 모든 것을 공급받기 때문입니다.

### 3. 구름기둥과 불기둥의 인도를 받을 때에 시험을 이겨 가나안 땅에 들어갔습니다.

우리 교회 사택 옆에는 연못이 있습니다. 그 연못 속에 살던 물고기가 하루는 물 밖에 나와 땅바닥에 뒹굴며 몸부림을 치고 있었습니다. 그래서 제가 그 물고기를 다시 물 속에 넣어주었지만, 곧 죽고 말았습니다. 다시 어느 날 한 마리의 물고기가 물 밖에 나왔다가 고양이에게 먹히고 꼬리 부분만 남아 있었습니다.

이처럼 우리의 신앙과 삶도 주 안에 있을 때에만 이길 수 있지, 힘들고 어렵다고 은혜의 강물을 떠나서는 아무것도 할 수 없는 것입니다. 오늘의 삶이 어렵고 힘든 분이 계십니까? 시험과 낙망이 있고 고민 가운데 사는 분이 계십니까? 이러한 때에 주님의 품에 깊이 들어와 보세요. 그러면 주님의 날개 그늘의 시원함이 여러분의 영혼을 치유하고 회복시켜 주실 것입니다.

오늘날은 불확실한 시대입니다. 그러하기에 너, 나 할 것 없이 다 힘이 들고 어렵습니다. 이스라엘 백성들이 불기둥과 구름기둥으로 인도하신 하나님께로부터 광야의 여정에 필요한 모든 것들을 공급받고 시험을 이기고 젖과 꿀이 흐르는 땅에 이르게 된 것 같이, 저와 여러분들도 예수님을 믿고 성령의 충만함을 받아 행복하고 활력 넘치는 그리스도인의 삶을 사시기를 예수님의 이름으로 축원합니다.

아멘!

## 간증 걸음을 인도하신 하나님

박태숙 집사

중학교 때까지 제 주변에는 믿는 사람이 거의 없었습니다. 그런 주위 환경과 믿지 않는 부모님의 영향으로 교회에 대한 강한 거부감이 있던 제가 일신여고라는 미션스쿨에 입학하게 되었습니다. 그때부터 저를 향한 하나님의 선한 뜻이 시작된 것 같습니다.

학교에서는 제 의지와 상관없이 일주일에 한 번씩 꼭 예배를 드려야 했고, 성경이라는 과목을 들어야 했습니다. 처음엔 너무 싫고, 시간이 아깝다는 생각까지 했습니다. 그러다 저도 모르게 예배드리는 게 익숙해지면서 어린 시절부터 함께 했던 가장 친한 친구에게서 교회 다닌다는 말을 듣게 되었습니다. 단짝 친구의 말에 교회가 더 친숙하게 느껴졌고, 아무런 거부감없이 자원해서 친구를 따라 교회에 가게 되었습니다. 부모님의 심한 반대로 많은 갈등도 겪었습니다.

그러다 대학 1학년을 마친 겨울방학 때 처음 하나님을 만났습니다. 너무 큰 감격 속에 이제부터 하나님이 기뻐하실만한 값진 삶을 살아야겠다고 다짐했습니다. 앞으로 무슨 일을 하며 어떻게 살까를 고민하며 기도하던 중에 하나님은 저에게 어린이 선교에 대한 비전을 주셨고, 다니고 있던 학교를 접을 수 있도록 과감한 용기까지 주셨습니다. 겁 많고 소심한 저에겐 엄청난 결단이었습니다. 그리고 다시 시험을 준비해 유아교육과에 진학했고 졸업 후 하나님이 예비해 놓으신 '은성선교원' 에 오게 되었습니다. 일반 유치원 어린이집과 달리 아무 걸림돌 없이 아이들과 예배하고 말씀을 암송하고 기도하고 찬양하며 예수님을 전하고 믿음을 심어줄 수 있어서 더욱 감사했습니다. 그렇게 4년 동안 '은성선교원' 과 함께 했고 그 인연으로 2004년에는 하나님의 뜻 안에서 이만수 집사와 결혼을 해 가정을 꾸리게 되었습니다. 함께 믿음 생활하는 가족이 없어 마음 한 켠에는 늘 외로움이 자리하고 있었는데 그런 저에게 하나님은 남편과 아주버님과 형님(이일순, 민미숙 집사) 그리고 동생, 조카들과 함께 한 교회에서 신앙 생활하는 기쁨을 누리게 해 주셨습니다.

그리고 지금은 한 아이의 엄마가 되었습니다. 엄마가 되기까지 16시간이 넘는 진통과 수술의 아픔을 겪는 내내 찬양 한 곡이 반복적으로 생각났습니다. "십자가 고통 해산의 그 고통으로 내가 너를 낳았으니 너는 내 아들이라" 주님이 저를 하나님 자녀 되게 하시려고 십자가에서 얼마나 모진 고통을 겪으셨는지 느낄 수 있었습니다. 왜 남보다 더한 해산의 고통을 주셨는지 처음엔 원망했지만 그 이유를 알 수가 있었습니다.

지금은 그렇게 힘들게 얻은 선물 '예주' 를 통해 날마다 아버지 되어 주신 하나님의 크고 놀라운 사랑을 알아 갑니다. '예주가 아플 때 제 맘이 더 아픈 것처럼, 제 몸과 맘이 아플 때 하나님은 더 아프셨구나' 제게 예주가 봐도 봐도 사랑스럽고 소중한 자녀이듯이 저도 하나님께 그런 조건 없는 사랑을 받는 존재라는 사실이 참 감격스럽습니다. 지금 만나는 주일학교 아이들과 하나님이 앞으로 허락하실 많은 어린 영혼과의 만남에서 아버지의 마음으로 섬기고 주님을 전하라고 제게 자녀를 허락하신 것 같습니다. 그런 거룩한 부담감을 갖고 그 부담감을 기쁘게 여기며 더 헌신 된 모습으로 선교사적인 삶을 살아가고 싶습니다. 하나님이 기뻐하시는 길을 걸을 수 있도록 걸음을 인도하신 하나님 아름다운 믿음의 복된 가정과 하나님의 사랑을 배울 수 있도록 자녀를 주신 하나님! 제 삶의 인도자 이시며 동행자 되신 하나님을 찬양합니다.

## 2. 내가 너와 함께 하리라

출애굽기 4장 10-12절

저와 여러분은 강한 것처럼 보여도 똑같이 아주 연약하고 미비한 존재입니다. 이처럼 부족한 것이 바로 사람입니다. 그러한 우리들이 이 죄악된 세상에서 어떻게 해야 승리하는 삶을 살 수가 있겠습니까?

오늘 본문에 보면 '모세' 라는 사람이 나옵니다. 모세는 애굽의 왕자로 40년 동안 살다가 이집트 사람을 죽이고 광야로 도망하여 장인 이드로의 양을 치며 나이 팔십에 이르게 됩니다. 양을 치던 어느 날 모세는 호렙산 가시떨기나무에 불이 붙은 것을 보았습니다. 그는 처음에는 '곧 사라지겠지' 하고 주목하지 않았습니다. 그런데, 계속적으로 그 불이 사라지지 않자 그 이상한 광경에 호기심을 누르지 못하고 떨기나무에 다가갔습니다. 그러는 사이에 불꽃 속에서 하나님의 음성이 들려왔습니다. "모세야 너의 선 곳은 거룩한 땅이니 네 발에서 신을 벗으라."(출3:5)라는 음성과 함께 애굽의 종살이에서 고통을 받는 이스라엘 백성들을 구원하라는 사명을 받게 되었습니다.

그는 이미 나이 팔십이 된 노인이었습니다. 더군다나 그 땅은 자신이 살인을 하고 도망쳐 나온 땅이었습니다. 그리고 그가 받은 사명은 히브리의 노예들을 막강한 애굽 왕 바로에게서 건져내라는 것이었습니다. 이러한 감당하기 어려운 사명 앞에 모세는, 나는 능력도 없고 말도 할 줄 모른다고 말씀을 거절하였습니다. 그러나 그러한 모세를 하나님께서는 포기하지 않고 붙들어 주셨습니다. 오늘 말씀은 하나님께서 모세와 함께 해주시겠다는 것이었습니다. 이러한 주님의 말씀은 모세로 하여금 다음과 같은 격려가 되었습니다.

### 1. 과거를 두려워하지 않게 되었습니다.

사람은 과거의 실수나 잘못된 일 때문에 휘청거리거나 주춤거리는 인생을 삽니다. 모세도 자신이 과거 애굽 땅에서 살인을 하였던 도망자로서, 다시금 그 땅을 발로 밟는다는 그 자체를 두려워합니다. 그러니 주님은 그런 것을 두려워하지 말라는 것입니다. 내가 너와 함께해 주겠으니 주저하지 말라는 것이었습니다.

이렇게 우리도 예수 믿기 전의 과거와 지난날의 모든 일들로 인하여 사람들의 비난을 두려워하지 마시기 바랍니다. 왜냐하면 하나님께서 언제나 우리와 함께 하시고 있기 때문입니다. 예를 들어 전도를 할 때, "사람들이 전에 온갖 못된 일을 하던 자가 무슨 얼굴로 저런 말을 하는가?" 한다해도 두려워하지 마시기 바랍니다. 주님께서는 여러분과 함께 하는 것은 물론 이제 새로운 삶으로 저와 여러분을 인도하시고 세워 주시는 분이기 때문입니다.

### 2. 하나님의 말씀대로 사는 것을 두려워하지 않게 되었습니다.

하나님께서는 모세에게 말씀하신대로 "바로에게 나아가서 이스라엘 백성을 보내라 그렇지 않으면 재앙이 내릴 것"이라고 경고 하였습니다. 그가 그렇게 담대하게 행동할 수 있었던 것은 하나님의 말씀을 온전히 믿었기 때문입니다.

우리가 잘 아는 다니엘의 세 친구인 사드락과 메삭과 아벳느고가 바벨론 왕의 명령을 거절하고 활활 타오르는 풀무불 속에 뛰어들었던 것은 그가 하나님의 말씀을 신실하게 믿었기 때문입니다.

시편 43편 2절의 말씀처럼 "네가 물 가운데로 지날때에 내가 함께할 것이라 강을 건널 때에 물이 너를 침몰치 못할 것이며 네가 불가운데로 행할 때에 타지도 아니할 것이요, 불꽃이 너를 사르지 못하리니" 이와 같이 저와 여러분이 우리가 하나님께서 우리와 함께한다는 것을 믿게 되면, 우리는 하나님의 말씀대로 사는 것을 두려워하지 않게 됩니다.

사랑하는 성도 여러분! 하나님 말씀을 믿고, 그 말씀대로 순종하는 삶이 곧 우리의 축복입니다. 저는 늘 부흥회에 가는 곳마다 성령께서 주시는 말씀대로 선포합니다. 그러면 역사는 하나님께서 하십니다. 그러므로 우리의 성도님들도 하나님의 말씀대로 사시는 축복이 있기를 바랍니다.

### 3. 두려워하지 않고 복음을 전하게 됩니다.

모세는 옛날의 실수와 두려움으로 가기 싫어했던 애굽에 가서 이스라엘 백성들에게 하나님께서 세우신 구원의 계획을 전하였습니다. 그리고 바로 앞에서 하나님의 명령을 담대히 전하였습니다. 사도행전 4장 19절에 예루살렘의 사도 베드로는 관원들 앞에서 담대히 목숨을 두려워하지 않고 복음을 전하였습니다.

또 한국 초대교회 때에 최권능 목사님이 계셨습니다. 그는 광장이나 거리 혹은 산골의 마을 할 것 없이 다니면서 "예수 천당"을 외치셨습니다. 최권능 목사님께서도 성령이 충만하고 하나님이 자신과 함께한다는 것을 믿었기에 '예수천당' 을 전할 수 있었던 것입니다.

사랑하는 성도 여러분! 하나님이 함께 하는 사람은 과거를 두려워하지 않습니다. 그리고 하나님의 말씀대로 사는 삶이나 하나님을 믿지 않는 사람들에게 전도하는 일에도 두려움이 있을 수 없습니다. 비록 나는 연약하고 두려움이 많고 부족하다 해도 주님께서 함께 하시면 됩니다. 저와 여러분 모두 성령의 충만함을 받아 이제부터 영원토록 주님께서 함께 하시는 놀라운 축복이 있기를 예수님의 이름으로 축원합니다.

간증

# 잃어버린 양을 찾으신 하나님

박희복 집사

저는 재작년까지만 해도 그저 그런 신앙생활을 했습니다. 교회는 어릴 때 조금 다니다가 군대 제대 후 친구를 통해 다시 교회에 출석하게 되었습니다. 하지만 저의 신앙 상태는 차지도 덥지도 않은 미온적인 신앙생활로(계시록 3:15~16) 한마디로 교회만 왔다 갔다 하는 무늬만 있는 종교인이었습니다. 그런 공허한 믿음 생활마저 얼마 가지 못하고 마침내 아버지를 떠난 탕자가 되고 말았고, 다니던 교회마저도 발걸음을 끊게 되었습니다. 본래 저의 성격은 낙천적으로 인생의 행복은 하루하루의 감사함과 평소 이웃들과 편안하게 잘 어울리며 서로 돕고 살다가 때가 되면 저 하늘로 가는 것이라고 생각했습니다. 그런 성격 탓에 퇴근 후에는 자주 친구들과 어울려 술과 담배 등 향락으로 얼룩진 생활을 하곤 했습니다.

그러던 어느 날 문득 정신을 차리고 보니 제 생활이 너무 방탕(그리스도인이 아닌 삶)했다는 것을 깨닫게 되었습니다. '내가 정말 이렇게 살아서는 안 되겠다.' 라는 생각이 들었고 무엇보다도 제 마음을 찌르는 것은 하나님께서 저에게 주신 두 아이의 영혼이 저로 인해서 너무 불쌍하다는 것이었습니다. 그 어린 영혼을 일찍 인도하지 못함이 죄스러워 '다음 주에는 반드시 교회에 데려가야지' 라며 미루고 미루다가 2004년 중순 경에 집에서 가까운 '은성교회' 에 두 아이와 같이 등록했습니다. 요즘은 주 안에서 아이들이 성장해 나가는 것을 보면 참 감사하며 뿌듯합니다. 그 무렵 직장 내에서는 매주 화요일 점심시간을 이용하여 기도 모임 시간이 있었는데, 인원은 많지 않았지만 그 모임을 통해 하나님께서는 저에게도 역사하셨습니다. 서로의 문제점을 두고 중보기도를 하였는데 저의 소원 기도는 가족 모두 하나 되어 온전히 하나님을 섬기는 가정이 될 수 있도록 기도하는 것이었습니다. 그런데 놀랍게도 주님의 은혜로 저의 가정에도 많은 변화가 생겼습니다. 저의 온 가족(부모, 형제, 자매) 모두 주님 안에서 하나가 되어가고 있으며, 특히 둘째 아이를 낳고 교회를 나가지 않았던 아내도 지금은 주의 첫날 교회에 함께 나가고 있습니다. 저는 얼마 전까지만 해도 하나님의 존재뿐만 아니라 교회 다니는 성도들에 대해서도 막연하게만 느끼곤 했습니다. 주일 교회에 다녀온 뒤로는 성도로서 구별되지 않은 세상의 사람들과 똑같은 생활을 하곤 했습니다. 아니 믿지 않는 사람들보다 더 많이 범죄 하였습니다. 그런데 신앙이 회복되자 그 동안의 삶이 하나님의 말씀과 관계없이 살아왔다는 것을 크게 깨닫게 되었습니다. 사실 친한 친구 녀석도 제가 기독교인인지 모르고 있을 정도였으니까요.

제가 변화된 동기는 2005년 1월 11일 제가 청주에서 보은으로 발령을 받고 1시간여 출 · 퇴근의 길에서 문득 친구가 알려준 라디오의 극동방송(FM93.3)을 청취하게 된 것이었습니다. 무심코 들어보니 생명을 살리는 은혜의 말씀이었습니다. 그래서 저는 매일같이 방송을 통해 하나님의 말씀을 들으면서 예배드리며 하나님의 은혜를 구했습니다. 어느 날 명성교회 김삼환 목사님께서 '성도로서의 구별된 삶' 이란 주제로 말씀을 하시는데 순간 '아! 그렇구나. 성도로서의 삶은 다른 것이구나!' 한참 고민 끝에 저는 마음속으로 '세상 사람들과 구별된 삶을 살아야겠다' 고 결단을 하게 되었습니다. 정말 내가 하나님의 자녀답게 살지 못함을 회개하며 그 날(1. 21일경)부터 제가 그토록 좋아하는 술과 담배를 끊었습니다. 그렇게 생활의 방식이 바뀌자 퇴근 후에는 좋아하는 취미생활을 잠시 접고, 유명한 목사님이 쓰신 설교집과 성경을 매일 읽었습니다. 특히, 제가 읽은 설교집 중 옥한흠 목사님의 설교집이 있는데, 그 중 '시험이 없는 신앙생활은 없다' 와 '축복을 캐는 장소' '예수님의 기도' 등은 제게 많은 은혜를 주었습니다. 그러던 중 금요철야예배(호세길 목사님 인도) 때였습니다. 저에게도 하나님께서 방언의 은사를 주심과 동시에 몇 년 전 마라톤에서 얻게 된 무릎 부상으로 인한 관절 통증을 말끔히 씻어 주셨습니다. 얼마나 감사한지 모릅니다. ~~할렐루야~~ 이때부터 저의 갈기와 같은 심령이 옥토와 같은 심령으로 차츰차츰 변화되고 그로부터 저는 하나님을 신뢰하며 사랑하게 되었습니다.

하나님을 신뢰하게 되니 하나님께서 싫어하시는 일이 하기 싫어졌고, 주님과 동행할 수 없는 자리는 피하게 되었습니다. 요즘은 모임에 나가면 친구들이나 제 주위 사람들은 술도 하나님께서 주신 음식인데 조금씩 먹어도 하나님께서 다 이해하신다고 저를 다그치기도 합니다. 하지만 우리의 몸은 성령께서 거하시는 하나님의 성전이므로 그 성전을 술로서 더럽힌다면 어떻게 되겠습니까? 수요예배 때 공준식 목사님의 설교가 생각납니다. 요즘은 하나님의 말씀대로 살고자 사이버신학(평신도 지도자 과정)에 다니며 조직신학 및 창세기부터 신학을 배우고 있습니다. 저의 간절한 소망은 그 배움이 그리스도의 장성한 분량에 이르러서 저의 지경이 넓어지고, 또한 많은 영혼을 주님의 나라에 넘치도록 채우는 일입니다. 지옥으로 들어가는 영혼을 생각하면 너무나 불쌍해서 내가 더욱 부서지고 깨어지지 않으면 안 된다고 생각합니다. 얼마 전 대구에서 끔찍한 지하철사고로 많은 사상자가 발생하였습니다. 만약 그들이 이런 사고를 미리 예지했더라면 지하철(지옥)을 타지 않았을 것이고, 그 사람들의 가족들 또한 미리 이 사실(구원)에 대해 알았더라면 그 아비규환의 지옥에서 건져내려고 어떻게 해서라도 타지 못하게 말렸을 것입니다. 폐쇄회로에 찍힌 가족들의 모습을 보며 지하철(지옥)에 올라타는 순간 "안돼!" "안돼!"하며 수백 번 절규하고 부르짖으면서 안타까워하는 가족들을 보며 하나님께서는 저에게 이 사건을 계기로 지옥으로 들어가는 영혼들을 구하라고 지혜를 주시고 계심을 알았습니다. '많은 영혼들을 천국으로 인도 해야 되는데' 라고 늘 생각하며 내가 먼저 하나님의 말씀을 배우지 않으면 안 되겠다 싶어 배우고 있습니다. '천국은 확실히 있다' 책을 읽고 더욱 느끼고 현재 직장 내에서 전파선교를 하고 있습니다.

이렇게 하나님께서는 미천하고 벌레보다 못한 저에게 베드로가 예수님을 바라보고 바다 위로 발을 내딛던 그 믿음을 주셔서 모든 것을 주님께 맡기고 의지하며 결코 세파를 바라보고 무서워 바다속에 빠져들지 않도록 그 손을 잡아주시고 주님께 내미는 저의 손을 잡아 주셨습니다. 인간의 뜻과 생각과 계획이 아니라 하나님의 말씀과 그 뜻대로 행할 때 주님께서는 분명히 붙잡아 주시고, 바른길로 인도하신다는 것을 깨달았습니다. 오늘도 우리는 영원한 것이 아닌 썩어 없어져 버릴 것에 많은 시간을 허비하며 투자하고 있습니다. 오늘날 수 많은 사람들이 이 세상의 것에 소망을 두고 있는 것을 보면 안타깝기 그지없습니다. 죽을 때 가져가지 못할 것을 얻기 위해 죽을 때까지 노력하고 있는 것입니다. 육신의 생명이 다 했을 때 우리의 영혼이 하나님께 갈 수 있도록 영원한 것에 투자를 해야 할 것입니다. 진정 무엇이 우선인지를 정하여 선하신 하나님의 사업을 위해 힘써야 되겠습니다. 내가 처음 주님을 영접하고 감사하며 결심했던 그 신앙이 다시금 회복되어 얼마나 감사한지 모릅니다.

# 3. 구하라! 주실것이요

누가복음 11장 9-13절

어느 날 길을 가는데, 한 어린아이가 엄마에게 마구 떼를 쓰며 아이스크림을 사달라고 조릅니다. 그래서 결국 그 어머니는 떼를 쓰는 아이에게 아이스크림을 사주었습니다. 이와 같이 주님은 우리들도 문제가 있을 때에는 누가복음 11장 9절에서 13절 말씀처럼 기도하라고 하셨습니다. 기도하되 첫째는 '구하라' 는 것이요, 둘째는 '찾으라' 는 것이요, 셋째는 '두드리라' 는 것입니다.

이 세상을 사는 사람들은 각자 나름대로 아픔과 걱정거리를 가지고 있습니다. 염려와 걱정이 없는 사람은 없습니다. 그것은 믿는 성도도 마찬가지입니다. 그렇다면 세상의 사람과 믿는 성도와의 차이는 무엇일까요? 그것은 바로 믿는 성도는 위의 말씀과 같이 문제가 있을때에 하나님께 구하고, 찾고, 두드릴 수 있다는 것입니다. 구하고, 찾고, 두드릴 때 문제를 해결 받을 수 있습니다. 그러기 때문에 우리 성도들은 힘이 들고 어려울 때마다 이 말씀을 기억하며 다음과 같이 기도해야 합니다.

**1. 구하고, 찾고, 두드리면 반드시 주님이 들으신다는 것을 믿어야 합니다.**

어떤 분들 중에는 기도를 해도 하나님께서 자기의 기도를 들어 주시지 않는다고 불평하고 원망하는 사람들이 있습니다. 혹 여러분의 아이가 쓸 데가 있다고 백만원을 달라고 하면 주시겠습니까? 아닙니다. 결코 그럴수 없습니다. 그렇다면 우리보다 모든 면에 지각이 뛰어난 하나님께서는 어떻게 하시겠습니까? 야고보서 4장 2절과 3절에 보면 "너희가 얻지 못함은 구하지 아니함이요, 구하여도 받지 못함은 정욕에 쓰려고 잘못 구함이니라"고 하셨습니다. 그러므로 하나님께서 지금까지 나의 부르짖는 기도에 응답을 하시지 않았다면 기도하는 목적이 하나님 뜻에 어긋나지 않았는지 살펴보시기를 바랍니다. 구하는 기도의 동기가 하나님의 뜻에 맞아야 합니다.

**2. 구하고, 찾고, 두드리면 반드시 좋은 것을 주실 줄 믿어야 합니다.**

어떤 사람들은 '혹시 내가 기도를 하다가 귀신이 들면 어떻게 하느냐? 나에게 무리한 요구를 하시면 어떻게 하나? 아니면 내가 이런 기도를 하다가 어떻게 되는 것은 아닌가?' 라고 엉뚱한 생각을 갖는 사람들이 있습니다. 그렇지만 디모데후서 1장 7절에 보면 "하나님이 우리에게 주신 것은 두려워하는 마음이 아니요 오직 능력과 사랑과 근신하는 마음이니"라고 하셨습니다. 그러므로 오늘 우리의 마음속에 생기는 두려워하는 마음, 혹시 잘못되면 어떻게 하나? 라는 마음은 사단이 주는 것입니다. 그러므로 이러한 마음을 물리치고 누가복음 11장 11-13절의 말씀에 귀를 기울여야 합니다. "너희 중에 아비된 자 누가 아들이 생선을 달라하면 생선 대신에 뱀을 주며 알을 달라 하면 전갈을 주겠느냐 너희가 악할지라도 좋은 것을 자식에게 줄줄 알거든 하물며 너희 천부께서 구하는 자에게 성령을 주시지 않겠느냐?"라고 하셨습니다. 이 세상에는 돈과 명예를 가지고도 결코 살 수 없고, 가질 수 없는 것들이 있습니다. 그것은 바로 생명입니다. 그리고 기쁨과 행복입니다. 아무리 돈이 많고 천하의 권력을 소유했더라도 생명만큼은 단 1분도 연장을 할 수가 없습니다. 또한 하루의 행복도 돈 주고 살수는 없습니다. 생명과 기쁨과 만족은 오직 성령으로 말미암습니다. 왜냐하면 성령은 우리에게 생명과 희락을 불어넣는 하나님의 영이시기 때문입니다. 그러므로 성령은 돈보다도 권력보다 더 귀하고 소중하며 아름답고 가장 좋은 것입니다. 우리 중에 성령을 충만히 받은 이들을 한 번 보시기 바랍니다. 그들은 비록 돈과 권력이 없어도 그 얼굴에 기쁨이 넘치는 것을 볼 수 있습니다. 그러므로 사랑하는 성도 여러분! 염려하지 말고 기도로 구하시기 바랍니다. 기도하면 하나님께서 가장 좋은 성령을 선물로 주실 줄 믿으시기 바랍니다.

### 3. 이제 직접 구하고, 찾고, 두드려야 합니다.

혹 여러분 가운데 남의 말만 듣고 돈을 투자했다가 낭패를 보신 분이 계십니까? 그 때의 당혹스러움과 후회스러움을 어떻게 말로 다할 수가 있겠습니까? 이와 같이 우리가 직접 기도를 하지 않고 다른 사람에게 기도를 받는다는 것은 매우 위험한 신앙입니다. 그렇기 때문에 예언 기도를 한다는 사람들에게 기도를 받아서는 안 됩니다. 왜냐하면 사람이 기도를 통해서 예언을 할 때에 그 예언이 하나님으로부터가 아닌 사람의 인간적인 생각에서 스스로 만들어낸 것일 수가 있기 때문입니다. 에스겔서 13장 6절에 보면 이에 대하여 엄히 경고하고 있습니다. "여호와께서 말씀하셨다고 하는 자들이 허탄한 것과 거짓된 점괘를 보며 사람으로 그 말이 굳게 이루기를 바라게 하거니와 여호와가 보낸 자가 아니라 너희가 말하기는 여호와의 말씀이라 하여도 내가 말한 것이 아닌즉 어찌 허탄한 묵시를 보며 거짓된 점괘를 말한 것이 아니냐? 그러므로 나 주 여호와가 또 말하노라 너희가 허탄한 것을 말하며 거짓된 것을 보았은즉 내가 너희를 치리라"고 하셨습니다.

사랑하는 성도 여러분! 하나님의 선지자라고 할지라도 하나님이 주지 않은 묵시를 보고 거짓으로 예언을 함으로써 백성을 낭패에 빠트릴 수 있으니 경계해야 한다고 성경은 말하고 있습니다. 사단도 때로는 광명한 천사로 위장하고 우리를 미혹합니다. 이 때에 우리 예수님께서 마태복음

4장에서 사단을 세 번 물리쳤듯이, 여러분도 꼭 세 번 주님의 이름으로 물리치고 확실하게 주님으로부터 온 응답인가를 확인해야 합니다. 그래야만 사단에게 속임을 당하지 않습니다.

사랑하는 성도여러분! 이 세상을 사는 동안 근심된 일이 어찌 없을 수 있겠습니까? 그렇지만 주님께서는 저와 여러분에게 "구하고, 찾고, 두드리라."는 기도의 권세를 주셨습니다. 항상 깨어 쉬지 말고 기도함으로 하나님께서 주시는 가장 좋은 은사인 성령을 받아 축복된 삶을 사시기를 예수님의 이름으로 축원합니다. 아멘.

## 간증 주님만 위해 살렵니다

김미례 집사

초등학교 어린 시절, 작은 영혼이 부모님까지도 주님을 영접하도록 만들 만큼 신실한 믿음을 가지고 있었기에 저로 인해 어머님, 아버님의 신앙이 싹을 틔울 수 있었습니다. 진실한 믿음 속에서 초등학교를 마치고 저는 정말 상상치도 못한 탕자의 길을 걷게 되었습니다. 울릉도 섬에서 살던 저는 중학교 진학 문제로 부모님의 품을 떠나 혼자 자취생활을 시작하면서 주님의 품마저도 떠나게 되었습니다. 그로 인해 주님을 모르는 남편을 만나게 되었고 그때부터 저의 어려움은 시작되었습니다.

결혼 후 성남에서 사업을 하다 실패하면서 청주로 이사를 오게 되었습니다. 월세방을 얻었는데 이상하게도 계약을 한 것을 포기하면서까지 용암동으로 이사를 하게 되었습니다. 저를 사랑하시는 하나님의 역사였던 것 같습니다. 저로 인해 신앙생활을 시작하게 된 엄마의 눈물 뿌린 기도 덕분에 다니지 않던 교회를 다니게 되었고, 그 때 선택한 교회가 바로 은성교회였습니다.

그 시절 저는 어둠침침하고 케케한 냄새로 가득한 단칸방에서 소주를 안주도 없이 글라스에 마시는 아주 한심한 생활로 하루하루를 죽지 못해 살아가고 있었고, 남편에게 하루가 멀다하고 갈비뼈가 부러지고 눈이 퍼렇게 되도록 맞는 일이 일과였던 그 시절. 부모를 잘못 만나 매일 두려움 속에서 떨어야만 했던 제 딸, 너무나 불쌍한 은하를 뒤로 한 채 술과 담배를 벗 삼아 사는 삶이니 상상만으로도 지옥 생활이라는 걸 아시겠지요? 그래도 양심은 있고 하나님의 살아 계심을 믿고 있었기에 은성교회 기둥에 숨어 예배를 드리면서 얼마나 울었는지 모릅니다.

그렇게 신앙생활을 아슬아슬하게 이어가다가 이래서는 내가 죽겠다는 생각이 들어 등록을 하게 되었습니다. 그 때 저의 조장이셨던 최 집사님은 물심양면으로 챙겨주셨고, 제 믿음이 그분으로 인해 자라기 시작했습니다. 생활에서도 활력이 넘치고 기쁨이 생기기 시작할 즈음, 믿음이 점점 자라면서 남편의 습관성 구타도 심해졌습니다. 급기야 구세군 단체에서 운영하는 '여성의 집' 까지 가게 되었습니다. 첫날은 그동안 쉬지도 못한 탓인지 잠만 잤습니다. 다음날이 수요일이라 예배를 드리는데 저에게 주님의 음성이 들렸습니다. – (마7:7) "구하라, 그러면 너희에게 주실 것이요. 찾으라, 그러면 찾을 것이요. 문을 두드리라, 그러면 너희에게 열릴 것이니–" 찬양을 부르면서 이 말씀으로 주님을 만났습니다. 도망 나올 정도로 원망스럽고 미웠던 제 남편의 영혼이 너무나도 가엾고 불쌍하다는 생각이 들면서 남편을 위해 처음으로 기도를 하게 되었습니다. 이제까지 살아온 저의 모든 삶을 돌아보며 회개하고 불쌍한 남편을 위해 눈물, 콧물, 온 몸의 물이라고 생긴 것은 다 흐를 정도로 뒹굴고 부르짖으며 기도했습니다. 회개하고 나니 행복이 밀려들어 왔습니다. 죽었다 살아난 느낌이 이럴까요? 이 지옥 같았던 나의 삶에서 건져 주신 주님 덕분에 지금은 기쁨이 넘치는 삶을 살고 있습니다. 남편의 구타도 이제 없어졌고, 단란하고 화목한 가정으로 어떤 일이 주님을 기쁘게 해 드리는 일일까? 생각하면서 하루하루를 성령 충만으로 보내고 있습니다. 부족하고 작은 믿음이지만 아주 작은 선교의 소망도 가지고 있어서 지금은 오카리나를 배우고 있습니다.

끝으로, 늘 저를 위해 헌신적으로 기도해 주신 당회장 목사님과 사모님, 김필자 전도사님께도 진심으로 감사드립니다.

주님께서 제게 다시 허락하신 삶이며 행복이기에 천국 가는 그날까지 주님만 위해 살렵니다. 주님! 참으로 감사드리며 사랑합니다.

# 4. 믿는 자는 절망이 없습니다.

요한복음 14장 12-14절

사랑하는 성도 여러분! 우리 인간은 너무나 연약합니다. 그래서 쉽게 절망합니다. 가끔 우리는 일가족이 차를 타고 가다가 동반 자살을 한 사건이나 아파트의 옥상에서 자살했다는 사건을 뉴스를 통하여 듣게 됩니다. 왜! 이들이 극단적으로 인생의 막다른 길을 선택했어야 하였을까요? 이것은 바로 자신이 감당할 수 없는 문제를 만나게 되면 사람은 절망의 늪에서 나올 수 없기 때문입니다. 그러면 이러한 인간의 연약함, 즉 절망 가운데서 벗어나서 행복하게 살 수 있는 길은 없을까요? 오늘 본문의 말씀은 그 인생의 문제에 정확한 정답을 저와 여러분에게 알려드리고 있습니다.

예수님께서 요한복음 14장 12절부터 14절에서 말씀하시1를 "내가 진실로 진실로 너희에게 이르노니 나를 믿는 자는 나의 하는 일을 저도 할 것이요 또한 이보다 큰 것도 하리니 이는 내가 아버지께로 감이니라. 너희가 내 이름으로 무엇을 구하든지 내가 시행하리니 이는 아버지로 하여금 아들을 인하여 영광을 얻으시게 하려 함이라 내 이름으로 무엇이든지 내게 구하면 내가 시행하리라."

오늘 주시는 예수님의 말씀으로 어렵고 힘든 상황과 여건 가운데서도 절망하지 않고 낙심하지 않는 소망을 가지시기를 바랍니다

**1. 주를 믿는 자에게는 주님께서 특별한 관심을 두십니다.**

모든 사람이 제 물건에는 관심이 있듯이 주님께서도 자기의 사람들에게는 특별한 관심을 두고 계십니다. 그래서 주님은 초기에는 많은 사람

들과 말씀을 나누셨지만 이제 십자가를 앞둔 시점부터는 특별히 사랑하시는 제자들과만 따로 말씀을 나누셨습니다. 위의 본문의 말씀 역시 바로 그러한 상황에서 쓰여진 것입니다. 그러하기에 우리는 주님이 얼마나 애정 어린 마음으로 믿는 제자들에게 말씀을 하고 있는가를 짐작할 수가 있습니다. 더군다나 주님께서 공생애를 마치시고 이 땅을 떠나시려는 시점이시니 얼마나 더 마음이 쓰였겠습니까?

이와 같이 오늘 저와 여러분에게도 우리 주님은 지대한 관심을 갖고 계십니다. 하나님 말씀 가운데 마태복음 10장 30절부터 31절에 보면 "너희에게는 머리털까지 다 세신 바 되었나니 두려워하지 말라 너희는 많은 참새보다 귀하니라."고 주님께서는 말씀하셨습니다.

### 2. 주를 믿는 자에게는 주께서 하셨던 그 일을 할 수 있도록 하셨습니다.

사랑하는 성도 여러분! 우리들이 어려움에 처했을 때에 내가 누구누구처럼 좀 잘나고 똑똑했으면 좋겠다고 생각해 보지 않았습니까? 그런데 우리 주님께서는 저와 여러분이 이 세상을 살면서 주님을 믿기만 하면 주님이 하셨던 그 일을 우리들도 한다고 말씀하셨습니다. 그러면 우리 주님이 하신 일은 어떤 일들이었습니까? 주님은 죽은 자들을 살리셨습니다. 회당장 야이로의 딸과 나사로와 나인성의 과부 아들을 살려 주셨습니다. 그리고 병든 자들을 고치셨습니다. 풍랑 일던 바다의 험한 물결을 꾸짖어 잔잔하게 하셨습니다. 오병이어의 기적을 베푸셨습니다. 이외에도 수를 헤아릴 수 없는 일들을 하셨습니다. 이러한 엄청난 일을 저와 여러분이 주님을 믿기만 하면 할 수 있다는 것을 상상만이라도 해보십시오. 아니, 이것은 단지 상상으로 그치는 것이 아닙니다. 실제로 베드로의 삶에도 바울의 삶에도 나타났습니다. 그러므로 우리들도 주님을 확실하게 믿어야만 합니다.

저와 여러분이 주님을 믿고 주님과 같은 일을 할 수 있다면 우리에게 무엇이 걱정이겠습니까? 사도행전 14장 8절로 보면 "루스드라에 발을 쓰지 못하는 한 사람이 있어 앉았는데 나면서 앉은뱅이"가 있었습니다. 그는 바울이 전하는 말씀을 믿고 바울의 입에서 나오는 "일어나 걸으라."는 말씀을 의지하여 일평생 걸어보지 못했었지만 일어나 걸을 수가 있었습니다. 이제 그에게는 더 이상의 절망은 없게 되었습니다.

### 3. 우리가 믿고 주의 이름으로 기도만하면 무엇이든지 주시겠다는 말씀입니다.

사랑하는 성도 여러분! 오늘 하나님께서 저와 여러분에게 주신 최대의 축복이 있다면 그것은 바로 기도입니다. 왜냐하면 기도하면 무엇이든지 주님이 시행하여 주시겠다고 말씀하셨기 때문입니다. 시골에서 목회를 하신 목사님의 간증입니다. 어느 한 여인이 하루는 큰 고목나무에 대고 무엇인가를 열심히 빌고 있었답니다. 그래서 목사님이 이 여인에게 물었습니다. "도대체 무엇을 빌고 있습니까?" 그랬더니 여인이 대답하기를 자기 집에 대를 이을 아들을 낳지 못하면 자기는 큰 일이 나 아들을 달라고 빌고 있다고 했습니다. 그 이야기를 들은 목사님이 "어찌 나무가 아들을 낳게 합니까? 이제 이 쓸데없는 일은 그만 두고 예수 믿고 주님께 간절히 기도를 하세요."라고 하면서 복음을 전하여 그 여인이 예수님을 잘 믿어 아들을 낳았다는 이야기를 들었습니다. 주님께서는 지금도 무엇이든지 구하면 시행하여 주시겠다고 약속하셨습니다. 이 여인도 바로 그 주님께 기도하여 못 낳은 아들을 낳았습니다. 게다가 그녀의 모든 가족이 구원을 받게 되었습니다. 그리고 그 간증을 본 마을 사람들도 많이 예수를 믿게 되었습니다.

사랑하는 성도 여러분! 우리도 이 여인처럼 "믿고 간구하면 무엇이든지 구하는 대로 주시겠다." 약속하신 주님께서 응답하여 주십니다. 그런데 어떤 성도님들은 "목사님! 기도해도 안 됩니다.", 또는 "어떻게 기도해야 합니까?"라고 말하는 분들이 계십니다. 그런 분들은 잘 들으시기 바랍니다. 나의 기도는 부족하지만 예수님께서 "무엇이든지 구하라" 구하면 주시겠다고 약속하셨으니 이 말씀이 믿어지기만 하면 여러분들이 구한 대로 이루어진다는 말씀입니다.

사랑하는 성도 여러분! 우리는 약하고 부족하여 어려운 일을 당하면 절망할 수밖에 없지만, 주님을 믿으면 그 때부터 주님의 특별한 관심의 대상이 되어 무엇이든지 믿고 구하면 그 기도대로 시행하여 주시므로 우리는 결코 절망할 필요가 없습니다. 그러므로 여러분 모두 예수님을 믿고 구하는, 기도하는 삶을 사시기를 주님의 이름으로 간절히 축원합니다. 아멘.

# 5. 머리털까지 세시는 하나님

마태복음 10장 28-31절

우리들은 왜 두려워할까요? 그리고 그 근심과 염려의 원인은 무엇일까요? 성경 이사야서 51장 13절을 보면 하나님은 사람이 두려움에 싸이는 원인은 하나님을 잃어버릴 때라고 했습니다. 우리는 어린 아이가 공원에서 엄마를 잃어버렸을 때에 두려움이 엄습하여 울음을 터뜨리듯이 하나님을 마음에서 잃어버린 사람은 두려움과 근심에 싸이게 됩니다. 그러므로 우리는 힘써 하나님을 알고 그 분을 의지해야 합니다.

**1.그 분은 우리의 머리털까지 세시는 하나님이십니다.**

하나님의 말씀 가운데 마태복음 10장 30절에 "너희에게는 머리털까지 다 세신 바 되었나니."라고 하셨습니다. 이 말씀은 하나님께서는 자상하시고 친근하시며 세밀하신 분으로 우리의 마음과 생각까지도 아신다는 것을 말씀하고 있는 것입니다.

성경에는 열두 해를 혈루병으로 앓고 있던 여인이 있었습니다. 그녀는 자신의 모든 재산을 병을 고치기 위해 사용하였지만 소용이 없었습니다. 그러던 차에 예수님의 소문을 듣고 자신의 마음에 "내가 그 분의 겉옷만 만져도 구원을 받겠다."라고 생각을 하였습니다. 그리고는 아무도 모르게 주님의 겉옷을 만졌는데, 주님은 그것을 아시고 "누가 나의 겉옷을 만졌느냐?" 하시며 "딸아! 안심하라 너의 믿음이 너를 구원하였느니라."고 하였습니다. 그러자 즉시 그녀는 그 혈루병에서 나았던 것입니다. 이와 같이 우리의 주님은 남들이 모르는 사정도 다 아시고, 위로와 격려와 치유를 하여 주시는 하나님이십니다.

**2. 우리에게 우연히 보이는 일들도 그분의 허락하심이 없이는 일어나지 않습니다.**

하나님의 말씀 마태복음 10장 29절에 보면 "참새 두 마리가 한 앗사리온에 팔리는 것이 아니냐? 그러나 너희 아버지께서 허락지 아니하시면 그 하나라도 땅에 떨어지지 아니하리라."라고 말씀하셨습니다. 이 말씀은 우리가 운이나 팔자나 재수가 없다고 치부한 모든 것들이 모두 하나님의 주권 하에서 이루어지고 있다는 것입니다. 창세기 45장에 보면 야곱의 열한 번째 아들인 요셉이 형제들의 미움을 받고 팔린 일도 우연이 아닙니다. 그것은 후에 이스라엘을 창대케 하기 위한 하나님의 계획이었습니다.

또한 사울이 집에서 잃어버린 나귀를 찾아 나선 일도 우연한 것으로 보이지만 실상은 사울로 하여금 선지자 사무엘을 만나서 왕으로 기름을 부으시려는 하나님의 뜻으로 일어난 사건이었습니다. 위의 사건들을 살펴볼 때 저와 여러분의 삶 가운데 일어나는 일들은 결단코 운이나 팔자나 재수에 의해서가 아님을 믿으시기 바랍니다. 우리 일생의 모든 일과 사건은 하나님께서 주관하십니다.

**3. 그 분은 몸과 영혼을 죽이기도 하고 살릴 수도 있는 분이십니다.**

오늘 본문 마태복음 10장 28절에 보면 "몸은 죽여도 영혼은 능히 죽이지 못하는 자들을 두려워하지 말고 오직 몸과 영혼을 능히 지옥에 멸하시는 자를 두려워하라."고 주님께서는 말씀하셨습니다. 일제 때에 주기철 목사님이 신사참배를 거절하고 못 위를 걸을 수 있었던 것은 바로 그가 오직 하나님만 두려워하고 사람을 두려워하지 않았다는 증거입니다. 또한 사드락과 메삭과 아벳느고가 우상숭배하라는 왕의 명령을 거부하고 기꺼이 풀무 불 가운데 던져지는 것을 두려워하지 않은 것도 오직 하나님만을 두려워했다는 증거입니다. 이와 같이 우리의 하나님은 머리털까지 세시고 우연히 보이는 일까지도 다스리시고 인간의 생사여탈권까지 가지신 진정한 신이시오, 왕 중의 왕이시므로 우리는 이 하나님을 잊지 말아야 합니다. 사랑하는 성도 여러분! 그러면 이제 이 하나님과 어떻게 살아야 할까요?

### 1. 하나님을 앙망해야 합니다.

구약성경 잠언 8장 17절을 보면 "나를 사랑하는 자들이 나의 사랑을 입으며 나를 간절히 찾는 자가 나를 만날 것이니라."고 했습니다. 하나님을 사랑하고 우리 하나님을 찾고 앙망하시기를 바랍니다.

### 2. 주님의 마음을 감동케 해야 합니다.

다니엘의 세 친구 사드락, 메삭, 아벳느고가 왕에게 하나님이 우리를 구하지 아니하실지라도 우리는 우상에게 절하지 않겠다고 결단 하였을 때에 우리 하나님께서 얼마나 큰 감동을 받으셨겠습니까? 주님께서 감동하시면 모든 문제는 그냥 해결해 주십니다.

### 3. 하나님께 기도해야 합니다.

어떤 분들은 하나님께서 "저의 기도를 안 들으시는 것 같아요."라고 하시는 분들이 있습니다. 그 이유가 무엇입니까? 하나님께서는 나의 머리털까지 세시는 하나님이시라 그 분은 우리의 죄를 다 알고 계시므로 죄 때문에 응답을 받을 수가 없는 것입니다. 그러므로 우리는 먼저 나의 죄를 철저하게 회개하고 죄에서 벗어나는 일을 우선적으로 해야 합니다 그렇게 되면 우연한 것까지도 주관하시는 하나님께로부터 정확한 응답을 받게 되는 줄 믿으시기 바랍니다.

사랑하는 성도 여러분! 세상의 사람들은 자신을 운명에 맡기고 살기 때문에 늘 불안해합니다. 그렇지만 하나님을 믿는 저와 여러분은 나의 삶과 인생을, 우연마저도 주관하시는 하나님을 바라보고 그 하나님께 기도함으로써 혼돈과 무질서의 정신없고 두려운 삶에서 평안을 누릴 수 있기를 주님의 이름으로 축원합니다. 아멘.

# 6. 절망에서 소망으로

누가복음 13장 10-13절

본문에는 십팔 년 동안을 귀신이 들려 꼬부라져 조금도 펴지 못하는 여자가 있었습니다. 그래서 그녀의 상황은 말할 수 없을 정도로 절망스러웠습니다. 그녀에게 밀려드는 외로움과 구차한 삶은 자신의 인생 자체를 부정할 정도로 고통스러웠습니다. 그러던 차에 그녀는 우리 예수님을 만나게 되었습니다. 그리하여 그녀는 예수님께 안수를 받고 깨끗하게 그 병에서 고침을 받게 되었습니다. 우리의 성도님들과 오늘 전하는 말씀을 통하여 만나 뵙는 모든 분들이 가정과 사업이, 병들어 꼬부라졌던 것들이 펴진 이 여인처럼 활짝 펴지기를 주님의 이름으로 축원합니다. 이제 그녀의 삶은 어둠과 절망에서 벗어나 소망을 이루는 삶이 되었던 것입니다. 우리는 이 사건을 통하여 우리의 인생에 찾아 드는 질병이나 고난, 절망의 문제들의 원인과 해법을 찾아볼 수가 있습니다. 먼저 모든 병에는 반드시 원인이 있습니다.

### 1. 죄로 인한 병이 있습니다.

저와 여러분이 하나님께 범죄하여 죄가 남아 있으면 마음에 가책과 질책이 따라옵니다. 그러면 그 마음은 우리의 몸의 오장육부와 신경 혹은 모든 뼈마디에 영향을 미치고 모든 장기와 신경 기능에 손상을 주어 위장병, 심장병 등 모든 병을 유발하게 합니다. 그러므로 마음의 모든 죄를 예수님의 피로 씻고 죄에서 자유함을 얻는 것이 바로 여러분들이 건강하게 생활하는 첫 비결입니다.

### 2. 십일조를 드리지 않아 오는 병이 있습니다.

하나님의 말씀 가운데 말라기 3장 11절을 보면 십일조를 드리면 하나님께서는 "황충을 금하여 주신다."고 하셨습니다. 이는 단지 농사를 지을 때 농작물에 해를 끼치는 벌레만을 없애 준다는 말씀이 아니라 우리 삶의 병이나 사고의 해를 받지 않게 해 주시겠다는 말씀입니다. 우리 성도님들 중에 어떤 분은 십일조를 드린 다음부터는 병원에 가는 일이 없어졌다고 간증하신 분들이 수두룩하게 계십니다.

### 3. 하나님께 영광을 돌리기 위한 병이 있습니다.

요한복음 9장에 보면 태어나면서부터 소경이 된 사람을 본 제자들은 저 사람이 소경이 된 그 이유를 우리 예수님께 묻습니다. 물을 때에 저의 소경이 된 것은 부모의 잘못도 누구의 죄도 아닌 "하나님의 영광을 돌리기 위한 병이다."라고 하시며 땅에 진흙을 이겨 그의 눈에 발라주며 실로암 못에 가서 씻으라 하여 가서 씻으니 눈이 보이게 되었습니다. 이와 같이 하나님께 영광을 돌리기 위한 병이 있으므로 이러한 병은 반드시 기도를 통하여 치료를 받을 수가 있습니다.

사랑하는 성도 여러분! 질병을 두려워하지 마시고 하나님께 나와 믿고 기도 하시기를 바랍니다.

### 4. 사고로 인한 병도 있을 수 있습니다.

우리나라는 교통사고 세계 1위로 한 해에 사고로 죽는 자와 이로 인해 장애와 질병을 얻는 사람이 엄청난 숫자에 이르고 있습니다. 먼저는 사고로부터 우리들이 주의해야 합니다. 과속이나 교통 법규를 어겨서는 안됩니다. 그리고 사건 사고가 일어나지 않도록 하나님께 언제나 도움 받기를 위해 항상 깨어 기도해야 합니다.

### 5. 담배나 술로 인한 병이 있습니다.

술과 담배는 신경계와 근육, 폐와 위, 간 등에 치명적 질병을 유발하며 수 많은 폐암과 위와 간암 등을 유발합니다. 성경 전체에는 술이 지닌 나쁜 성질과 그 술 때문에 생기는 실수가 나오면서 술을 금하고 있습니다. 하나님께서 금하신 술과 담배를 끊고 건강을 지키시기를 주님의 이름으로 부탁을 드립니다.

### 6. 너무나 피곤하여 오는 병이 있습니다.

오늘날 우리나라가 40대 사망률 1위를 차지한 것은 심한 스트레스와 과로로 인한 것입니다. 피곤하면 쉼을 가져야 합니다. 그렇기 때문에 한 주일에 안식일이 있는 것입니다. 주일은 자신을 위한 육체와 노동으로부터 안식하는 날입니다. 주일을 성수하여 건강의 축복을 받으시기를 바랍니다.

### 7. 귀신으로 인하여 오는 병이 있습니다.

이 귀신으로 인하여 다음과 같은 병이 올 수가 있습니다. 그렇다고하여 이런 병이 다 귀신이 들려서만 생긴 것이 아니고 귀신으로 인하여 이러한 병들이 나타나기도 한다는 것입니다. 오늘 성경 본문의 십팔 년 동안 꼬부리진 병은 귀신이 들려서 그런 것입니다. 마태복음 9장 32절에 보면 귀신으로 인하여 벙어리 된 사람이 예수님에 의하여 치료를 받았습니다. 우리 청주 은성교회 초창기에도 한 벙어리 된 아이를 부모가 데리고 금요 철야에 참석하였는데, 그 입에 손가락을 대고 "에바다! 열려라." 소리치며 주의 이름으로 "벙어리 되게 한 귀신아 떠나가라."고 명령하였더니 그 아이의 입이 열려 아빠를 불렀습니다. 또한 마태복음 12장 22절에도 귀신으로 말미암아 눈이 보이지 않는 사람이 있었는데 예수님께서 치료하여 주셨습니다. 이와같이 많은 문제들이 있지만 예수 믿고 성령 받으면 귀신은 떠나가고 절망의 상황들은 소망으로 변하며 내세에 대한 확고한 믿음이 생기게 됩니다.

사랑하는 성도 여러분! 이제 저와 여러분 모두 예수님을 만나기만 하면 모든 질병에서 깨끗하게 치료 받을 수 있습니다. 그러므로 어떤 어려움이 있어도 주님을 믿는 믿음으로 모든 질병에서 승리하는 삶을 사시기를 주님의 이름으로 축원합니다.

간증

## 할머니를 살려주세요

이윤미 학생

2005년 4월 24일 주일 저녁, 전화 벨소리에 무심코 전화를 받았던 저는 전화 속에서 들리는 내용에 하마터면 수화기를 놓칠 뻔 했습니다. 할머니께서 교통사고를 당하셨다는 청천벽력 같은 소식이었습니다. 7년 전, 엄마와 아빠를 교통사고로 잃고, 할머니와 오빠 이렇게 세 식구가 살고 있었는데.......

이 전화에 저는 너무 큰 충격을 받아서, 고모에게 어떻게 전화를 걸었는지도 기억나지 않았습니다. 급히 달려오신 고모와 함께 병원으로 간 오빠와 저는 응급실에서 할머니의 모습을 보고는 눈물을 참지 못했습니다. 할머니께서는 의식이 없으셨고, 뒤통수에서 흘러내린 피는 침대를 다 적시고 있었습니다. 할머니의 정확한 상태는 알 수 없었지만, 무척 심각한 상태라는 것은 어린 저도 짐작할 수 있었기에 불안하고 겁이 나기 시작했습니다. 제게는 엄마요, 아빠이신 할머니이신데, 언제나 든든한 기둥이시고 커다랗고 시원한 나무 그늘이신 할머니의 모습이 그 때만큼은 저보다 작고 나약해 보였습니다. 수술은 빨리 해야 하고 수술을 해야 정확한 것을 안다고 하시는 의사 선생님의 말씀에 할머니는 수술실로 들어가 큰 뇌수술을 받으셨습니다. 의사선생님께서는 수술실로 들어가면서 다시 한번 수술을 해야 할지 모르고, 수술을 하고 깨어나신다해도 생활하시는데 많은 불편이 생겨 혼자는 아무 일도 할 수 없을 거라 말씀하셨기에 너무 불안하고 걱정이 되었는데 목사님과 사모님, 또 교회에 많은 집사님과 권사님들, 장로님들이 오셔서 수술하는 동안 기도해 주시고 위로해 주셔서 많은 위안이 되었습니다. 힘겨운 수술이 끝나고 중환자실로 옮기신 할머니는 한동안 정신을 차리지 못하셨고 수술은 잘 되었다고 의사 선생님은 말씀하셨습니다. 조마조마한 날들이 하루하루 지나면서 너무나도 많은 분들이 문병을 오셔서 기도해 주셨는데 할머니는 아무도 기억하지 못하셨습니다. 목사님과 사모님께서 기도해 주시고 돌아가신 날 무조건 막막하기만 해서 아무것도 할 수 없었던 저는 이렇게 바보같이 울기만 하고 있었는데 그 때 바로 '기도해라' 라는 음성이 들렸고 밑져야 본전이라는 생각에 잘되지 않는 기도지만 할머니를 살려달라고 하나님께 울며 매달리기 시작했습니다. 전 교인이 새벽기도부터 구시 찬양예배까지 할머니를 위해 기도하고 계심을 알았기에 기도를 할수록 제 마음에는 확신이 생겼고 시간이 지나면서 할머니의 상태는 눈에 띄게 좋아지기 시작했습니다. 할머니는 많은 힘든 일들이 있었지만 모든 것을 이겨내셨고 항상 새벽 4시만 되면 일어날 수 없었을 땐 누운 채로, 일어나실 수 있을 때는 앉아서 기도하셨습니다. 좋아지시는 할머니를 보면서 의사 선생님도 기적이라 하셨고 할머니는 건강하게 퇴원하게 되었습니다.

하나님께서 나를 버리신 것만 같아서 원망도 많이 했지만 이렇게 큰 사고와 수술을 겪고서도 하나님께 감사하다고 고백하며 하나님께서 새로 주신 생명이니 더욱 더 열심히 봉사해야 한다며 예전에 하셨던 새벽기도와 식당봉사 일을 하시는 할머니의 모습을 보면서 저의 기도에 응답해 주신 하나님께 늘 감사하며 봉사하는 삶을 살아야겠다는 생각이 들었습니다. 제 기도보다는 많은 분들의 기도와 그분들의 마음이 하나님을 감동시켜 이런 기적이 일어날 수 있었습니다. 그래서 제게 많은 힘과 위로와 격려가 되어주셨던 목사님과 사모님, 그리고 전교인들께 깊이 머리 숙여 감사드립니다. 할머니께 늘 효도하는 모습과 어려움에 처한 분들을 위해 기도하는 모습으로 그 큰 감사함에 보답하겠습니다.

# 7. 열 처녀의 비유

마태복음 25장 1-13절

오늘 본문의 말씀은 예수님의 열 처녀 비유입니다. 이 비유의 말씀을 통하여 지난해 여러분의 삶과 신앙을 점검해 보고 올 한 해 성공적인 인생과 신앙을 새롭게 결단할 수 있는 여러분들이 되시기를 바랍니다. 오늘 본문의 열 처녀의 비유는 우리에게 다음과 같은 교훈을 줍니다.

**1. 종말에 관한 교훈입니다.**

오늘 주님의 이 말씀은 우리 믿는 성도들은 신랑을 기다리는 열 처녀와 같다는 것입니다. 즉 신랑이 오시는 날 또는 신랑을 만나야 하는 날이 있다는 것입니다. 그리고 이 종말에는 개인적인 종말과 우주적인 종말이 있고 그 날은 언제일지 모른다는 것입니다.

**2. 종말을 맞이하는 자세입니다.**

1) 등을 들고 있어야 합니다.

신랑을 맞이하는 자들은 모두 등을 들고 있어야 합니다. 이는 우리에게 경건한 모양의 필요성을 말씀하고 있는 것입니다. 왜냐하면 물건을 담기 위해 그릇이 필요하고 내용의 모양을 정하기 위해 주물이 필요한 것과 같기 때문입니다. 여러분은 어떤 모양, 어떤 경건의 모양을 가지고 있습니까? 여러분의 지난 한 해 기도의 모습, 봉사의 모습, 헌신의 모습은 어떤 모습이었습니까? 그리고 새해에는 어떠해야 하겠습니까?

2) 등 이외에 별도의 기름을 가지고 있어야 합니다.

말씀 속의 처녀들은 다 등은 들고 있었습니다. 그런데 문제는 다섯 처녀는 기름을 등에 가지고 있었지만 다섯은 등에 기름을 가지고 있지 못했다는 것입니다. 그 결과 다섯은 신랑을 맞으러 나갔지만 다섯은 신랑을 맞으러 나가지를 못했다는 것입니다. 왜냐하면 그들의 불이 꺼져가고 있었기 때문입니다. 어떻습니까? 여러분은 등을 가졌지만 별도의 기름이 없지는 않습니까? 우리의 영적 신랑이신 예수님을 맞을 수 있는 성령의 기름을 충만히 준비하시기를 바랍니다.

3) 등에 가지고 있어야 할 기름은 무엇일까요?

우리는 등의 기름은 소멸하고 없어지는 성질이 있다는 것에 주목하게 됩니다. 성경 누가복음 4장 18절에서 성령을 기름으로 비유하고 있으며 데살로니가전서 5장 19절에서는 기름을 소멸하듯이 "성령을 소멸치 말라."고 말씀하고 있습니다. 성령의 역사와 도움이 없는 봉사와 전도와 기도와 헌신은 오래 지속할 수 없습니다. 사랑하는 성도 여러분! 이제 올 한 해에는 성령의 충만함을 받으셔서 기도와 봉사와 헌신의 열정이 불타오르는 해가 되시기를 바랍니다.

### 3. 종말에 대해 경고하고 있습니다.

1) 이 기름은 절대로 남에게 빌릴 수가 없다는 것입니다.

미련한 다섯 처녀가 기름을 준비한 처녀에게 그 기름을 빌리려고 했지만 그럴 수가 없었습니다. 사도행전 8장 20절에 베드로는 "시몬에게 네가 하나님의 선물을 돈 주고 살 줄로 생각하였으니 네 은과 네가 함께 망할지어다."라고 말씀합니다. 그러므로 성령은 오직 말씀과 기도 외에는 받을 길이 없는 것입니다. 이 새해에는 기도에 더욱 힘을 써서 성령의 충만을 받기를 바랍니다. 성령 충만 받는 것은 하나님의 명령입니다. 저와 여러분 모두 성령의 충만함을 받으시기를 주님의 이름으로 축원합니다.

2) 다시 만날 기회가 없다는 것입니다.

오늘 본문에 나오는 미련한 다섯 처녀는 혼인 잔치 집 문이 닫힌 후에는 다시 그 집에 들어갈 수가 없음을 그때서야 깨달았습니다. 깨달았지만 다시 기회가 주어지지 않았습니다. 우리의 봉사의 일이나 믿음의 생활이 날마다 주님을 만날 기회가 있고 성령의 충만은 언제나 가능하다는 생각이 바탕이 된다면 우리들도 미련한 다섯 처녀와 같다는 말씀입니다. 우리 인생의 마지막 그 날과 시는 아무도 모르고 오직 하나님만이 아시기 때문에 그 날이 도적같이 임한다고 하셨습니다. 그러므로 날마다 자신의 모습과 신앙 상태를 살피고 회개하지 않으면 믿음과 성령의 충만한 삶을 자신도 모르는 사이에 잃어버리고 맙니다.

사랑하는 성도 여러분! 저와 여러분 모두는 지나간 한 해를 거울로 삼아야 합니다. 그리고 동일한 실수를 반복해서는 안됩니다. 더 나아가 언제든지 우리의 신랑되신 주님 앞에서 부끄러움이 없는 삶을 살기 위해 우리의 등에 성령의 기름을 충만히 채우는 삶을 사시기를 예수님의 이름으로 간절히 축원합니다.

## 주와 함께 살겠네

김응태 성도

저희 가족이 믿음 생활을 한지는 6~7년 정도 되었습니다. IMF시절 어려운 상황으로 청주에 온 당시 하나님을 의지하게 되었는데 처제와 장모님의 인도로 은성교회에 나오게 되었습니다. 그리고 하나님께서 저희 가정 위에 역사하신지는 2년이 되어가고 있습니다. 지난 2003년, 저의 몸에 이상이 오기 시작했습니다. 음식물만 넘기면 구토증으로 수개월 동안 고통 속에 지냈습니다. 몸이 이렇다 보니 한약이든 양약이든 안 찾아본 약이 없을 정도였습니다. 한의원에서는 아무래도 위암증세 같으니, 종합병원에 가보라고 하였고, 종합병원에서는 서울에 있는 병원에 가보라고 했습니다. 구토증과 호흡곤란을 반복하며 병원을 찾아다니던 저는 결국 수원에 있는 아주대학병원까지 가게 되었습니다. 입원하기 전, 호흡곤란으로 인한 전신마비와 더욱 심한 경우에는 숨이 끊어져 생과 사를 넘나들기도 했습니다. 결국 그 병원에서 종합 진단을 받아 본 결과, 병명을 알 수 없다는 판정을 받기에 이르렀습니다. 저와 식구들이 병원을 찾아다닐 동안, 제 형제들과 어머님은 소위 말하는 용한 무당집을 다 찾아다니고, 절실한 불교신자인 여동생이 다니는 사찰의 주지스님한테도 물어보며 저의 병을 고치려 하였습니다. 그러나 모든 곳에서 '살 가망이 없다.' 하고 싶은 것 원 없이 해주고 보내라는 말들 뿐이었습니다. 그때 저는 하나님을 몰랐기에 눈앞이 캄캄해지며 아무것도 생각이 나질 않았습니다. 점점 시간이 지나자 하늘을 원망하고 세상을 미워하기 시작했습니다. 저 말고는 수입원이 없던 저희 가정에는 물질적인 어려움도 닥치기 시작했습니다. 그렇게 힘겨운 나날 보내기를 몇 개월……. 어느덧 1년이 다 되어 가고 있었습니다. 그러던 어느 날 수원에 입원해 있던 저를 사모님과 권사님들께서 찾아와 기도해 주셨습니다. 저를 찾아와 기도해 주신 것을 보며 '이것이 하나님 자녀들의 사랑이구나.' 하며 천사를 만난 것만 같았습니다. 그 후로 저는 눈앞의 절망을 버리고 아내를 따라 교회에 나오게 되었습니다. 열심히 새벽기도, 철야예배, 모든 예배를 빠지지 않으려 노력하며 부족하지만 조그마한 믿음의 싹을 틔우게 되었습니다. 철야 때마다 주시는 하나님의 은혜와 새벽예배의 잔잔함 속에서 하나님과의 대화와 저를 위해 기도하는 중보자들의 기도가 저의 발걸음을 생명의 길로 인도하였습니다. 그동안 저희는 "내가 너희에게 이르노니 목숨을 위하여 무엇을 먹을까 무엇을 마실까 몸을 위하여 무엇을 입을까 염려하지 말라 목숨이 음식보다 중하지 아니하며 몸이 의복보다 중하지 아니하냐"(마 6:25)라는 하나님의 말씀처럼 하나님의 은혜로 먹고 입으며 생활하였습니다. 제주도에 봉사하러 갔던 작년 여름. '갈 길 몰라 헤매 일 때 나를 찾아오신 주 어둠 속에 방황할 때 내 손 잡아주신 주 눈물 많은 세상 속에 내 눈물을 닦아주며 염려마라 염려마라. 내 마음을 달래시네. 내 십자가 내가 지고 주님 따라가는 길 무거운 짐 대신 지고 길동무가 되신 주 일어나라 일어나라. 내가 너와 함께하리. 구름 같은 세상이요 티끌 같은 인생인가 나그네길 다 가는 날 주님 나를 영접하리 주는 나의 소망이요 나의 왕이 되시나니 할렐루야 할렐루야. 주와 함께 살겠네, 주와 함께 살겠네.' 이런 가사의 찬양을 듣게 되었습니다. 한없이 눈물이 흘렀고, 진심으로 "할렐루야!"가 터져 나왔습니다. 주와 함께 살겠네. 주와 함께 살겠네. 하나님의 크신 은혜를 알고부터 저는 하나님을 기쁘시게 하는 일을 찾게 되었습니다. 그것이 곧 전도라는 것을 깨달았고, 찬양의 가사를 넣은 명함을 만들어 전도의 씨 뿌리는 일을 시작하였습니다. 지금까지는 8명 전도하였고, 올해가 다 가기 전 목표는 10명입니다. 다가오는 해에는 더 큰 목표를 갖고 온전히 하나님을 기쁘시게 하는 일에 더욱 힘

쓸 것입니다. 이 자리를 빌어서 저희 가정을 위해 물심양면으로 베풀어 주시고 도와주신 많은 분들께 감사의 말씀을 드립니다. 이렇게 지낸지 어언 2년이 되었습니다. 아직 끝나지 않은 이 길을 언젠가는 온전한 승리로 다시 한 번 간증 할 수 있게 되기를 기도합니다. 이 간증을 보시는 모든 분들의 가정에 하나님의 크신 사랑과 축복이 함께 하실 것을 믿고 하나님께 감사드립니다. 아멘. 할렐루야! 주님께 영광을 돌립니다.

# 8. 야곱의 축복

창세기 30장 27-31절

말씀의 제목은 '야곱의 축복' 입니다. 먼저 야곱의 일생을 살펴보면 그는 이삭과 리브가 사이에서 쌍둥이 아들 중에 작은 아들로 태어났습니다. 그리하여 그는 운명적으로 장자의 축복을 받을 수가 없었습니다. 그렇지만 그는 형으로부터 장자의 명분을 팥죽 한 그릇에 사게됨으로 결국에는 장자가 받아야할 축복 기도를 아버지로부터 받아냅니다. 장자의 축복을 통해서 그가 받은 복을 살펴보며 축복의 사람들이 다 되시기를 바랍니다.

**1. 야곱은 축복의 계보를 이어 받았습니다.**

야곱은 장자권을 통하여 할아버지 아브라함과 이삭으로 이어지는 메시야의 계보에 참여하는 큰 축복을 받은 사람입니다. 비록 그는 이삭의 작은 아들로 태어났지만 믿음으로 운명을 극복하고 개인의 영광은 물론 축복의 가문을 이루었던 것입니다. 성경에 이러한 사람들이 또 있습니다. 요셉도 야곱에게 열한 번째 아들로 태어났지만 그 역시 영광과 축복의 가문을 일으켰습니다.

사랑하는 성도 여러분! 야곱이 믿음으로 장자의 명분을 산 사건처럼 여러분들도 믿음으로 하나님의 축복이 나와 자녀들에게 흐르는 영광을 받아 축복의 가문을 이루시기를 바랍니다.

**2. 야곱은 임마누엘의 축복을 받았습니다.**

그는 아버지의 축복의 기도를 받은 후에 그의 형으로부터 생명의 위협을 받아 혼자서 하란으로 떠나게 되었습니다. 그 때 야곱은 자기 힘과 방법으로는 아무런 보호책도 없었습니다. 그렇지만 그는 벧엘, 즉 옛 루스 땅에서 하나님께서 그의 평생에 함께 해 주시겠다는 임마누엘의 축복을 받았습니다.

하나님 말씀 가운데 이사야 43장 2절 말씀에 보면 주님은 우리에게 야곱에게 말씀하신 것같이 물 속을 지날 때에도 불 속을 지날 때에도 함께 하여 주시겠다는 임마누엘의 축복을 주셨습니다. 그러므로 우리도 올 한 해 의지할 곳이 없어도 도와 줄 곳이 없어도 내가 하나님의 자녀임을 믿고 항상 우리 하나님께서 나와 어디든지 함께해 주시는 것을 경험하시기 바랍니다.

**3. 축복의 통로가 되는 복을 받았습니다.**

오늘 야곱이 가는 곳마다 아니면 야곱이 하는 일들마다 그를 통하여 하나님의 축복이 임했다는 사실입니다. 하나님께서는 야곱을 축복의 통로로 삼으신 것입니다. 그가 삼촌 라반의 집에서 양 떼를 칠 때에도 복을 받았습니다. 성경에 그의 아들 요셉이, 그리고 다윗이 어디로 가든지 무엇을 하든지 그의 손으로 하는 일에 복을 주셨다고 말씀하고 계십니다.

**4. 남의 인정을 받는 축복을 주셨습니다.**

야곱은 자신의 처지를 원망하는 대신 자기에게 맡겨진 일에 열심을 다하여 충성할 때에 하나님께서 그 손으로 하는 일에 복을 주셨고 처갓집 장인이며 외삼촌인 라반에게 인정을 받게 되어 무엇이든지 그가 정하는 것을 삯으로 받을 수 있게 해 주셨습니다. 그러므로 저와 여러분들도 우리에게 주어진 삶이나 직분을 원망하는 대신 믿음 안에서 최선을 다하여 인정받는 삶을 살 수 있기를 바랍니다.

## 간증 저희 가정은 하나님께 축복받은 가정입니다

### 김기숙 권사

결혼 후 잠시 쉬었던 신앙생활을 청주로 이사를 오면서 저는 교회에 등록하게 되었습니다. 그렇지만 왠지 모르게 저는 교회가 너무 싫었습니다. 교회가 싫다 보니 자연히 교회에 출석하지 않게 되고 마음이 교회와 하나님에게서 멀어지고 있었습니다. 그러다 우리 가정에 먹구름이 끼기 시작했는데 그 누구도 예상하지도 짐작하지도 못한 일이 생겼습니다.

막내 혁민이가 생후 1개월이 되어 누구나 그러하듯이 예방접종을 하기 위해 소아과를 찾았습니다. 예방접종 전에 간단한 테스트를 마쳤는데 이게 웬 마른하늘에 날벼락인가! 의사의 말이 지금까지 살아있는 것이 기적이라고 했습니다. '내가 잘못 들었겠지!' 하는 마음으로 다시 물으니 여전히 같은 소리 "살아있는 것이 기적입니다."

아니 병을 예방하기 위해 병원을 찾았는데 심장 판막 결석증이라는 병이 들었다니 정말이지 하늘이 무너지는 것 같았습니다. 의사의 말을 듣고 청주에서 유명하다는 곳은 모두 찾아가 보았지만 결과는 여전히 가망 없다는 소리만 할 뿐……. 그래서 서울의 큰 병원을 찾아가 보기로 했습니다. 무너지는 마음을 뒤로하고 서울대학병원을 찾았습니다. 의사의 오진이기를 기대하며……, 여기저기 수속을 밟고 뛰어다녔는데 저도 어디로 어떻게 뛰어다녔는지를 모르게 뛰어다녔습니다. 드디어 검진결과가 나왔습니다. 그런데 이게 웬 말인가? 무얼 어떻게 해보자고도 하지 않고 희망이 없으니 집으로 데리고 가라고 했습니다. '내가 잘못 들었겠지!' 하며 다시 물어보았으나 대답은 여전히 집으로 데리고 가라는 것이었습니다. 1개월 된 막내를 품에 안고 돌아오는 길은 왜 그리도 멀기만 하고, 발은 무겁기만 한지, 집으로 돌아온 저는 그래도 살려보겠다는 심정으로 리라병원에 입원을 시켰습니다.

병원에 약 4개월간 어린 것 혼자 중환자실에서 옷 하나 걸치지 않고 누워있는 막내의 옆을 지켜주지 못하는 나의 무능함에 한없이 울었습니다. 그래도 힘이 되는 것은 시시때때로 심방 오시는 목사님과 사모님께서 기도해 주며 권면해 주는 말씀에 힘이 되고 용기를 얻어 하루하루를 살았습니다. 목사님께서 계속 기도하라는 말씀에 혁민이를 위해 간절히 기도하던 중 하루는 하나님의 세미한 음성을 들었습니다. "사랑하는 자여! 혁민이는 너의 자녀가 아니라 나의 자녀다." 이 음성을 세번이나 들려주셨습니다. 깜짝 놀라 눈을 떠 주위를 살폈지만 그 곳에는 나 혼자뿐 아무도 없었습니다.

하나님의 응답을 받은 나는 이때부터 '우리 아들이 아닌 하나님의 아들 혁민이가 죽지 않고 살겠구나!' 하는 확신이 생겼습니다. 내가 교회와 하나님을 멀리하고 살았음에도 불구하고 우리를 기억해 주시는 하나님의 음성에 나는 너무나도 감사하고 기뻤습니다. 이 모든 것이 우리를 위하여 기도해 주시는 목사님과 사모님 그리고 우리를 위하여 끊임없이 기도해 주시는 분들이 있었다는 것을 깨닫게 되면서 제 삶의 태도에 변화가 시작되었습니다. 심방을 와서 울며 위로를 하는 사람들에게 오히려 내가 울지 말라고 하나님이 고쳐 주실 거라는 말로 그들을 위로했습니다. 교회에서 성도님들의 아픔을 내 것인 양 늘 금식하며 기도하시는 우리 목사님과 사모님, 또 온 성도들의 중보기도로 혁민이의 병세는 점점 좋아졌습니다.

서울 백병원에서 그전에는 수술을 꿈도 꾸지 못했는데 이제는 수술을 한번 해보자고 했습니다. 3~4차례 수술을 하자는 것이었습니다. 나는 기뻐 어쩔 줄을 몰랐습니다. 몇 달 전에는 수술은커녕 희망이 없으니 집으로 데리고 가라던 아들에게 수술을 받아보라니……. 하나님이 드디어 역사하기 시작하시는구나! 시험 삼아 한번 해보자는 의사의 말이지만 그 말에도 감사했습니다. 드디어 수술 날! 마음이 들떠 뜬눈으로 밤을 새우다시피하고 수술실 앞에 있었지만 어느 때보다 나의 몸은 상쾌하기만 하였습니다. 수술이 끝나고 나오는 혁민이를 보면서 하나님께서 반드시 고쳐 주실 것이라는 확신이 더 들었습니다. 수술을 하고 나온 의사들도 놀랐습니다. 너무 기적 같은 일이 일어났다는 것입니다. 그냥 자기들은 시험 삼아 해보자고 했는데 이건 수술이 너무 잘되었다는 것이었습니다. 이 말에 하나님께 나는 감사를 드리면서 그동안의 잘못이 주마등처럼 스쳐갔습니다.

구역예배 드리러 온다고 하면 어떤 핑계를 삼아 못 오게 했던 일들(구역예배를 드리러오면 문을 잠그고 속에서 소리 내지 않고 숨어 있다가 돌아가면 나오고, 또 친정으로 도망가고……), 그리고 십일조 생활도 하지 않았던 일들을 하나님께서 생각나게 하시고 나로하여금 철저하게 회개하도록 하셨습니다. 하나님께서는 혁민이를 깨끗하게 고쳐 주심으로 의사들의 입을 통해 "하나님은 살아 계시다"는 고백을 듣게 하셨습니다.

우리 하나님은 정말이지 살아계시고 위대하신 분이십니다. 수술 후 혁민이는 건강하게 잘 자랐습니다. 그런데 가끔 혁민이가 힘없이 쓰러지기도 했습니다. 그때마다 병원으로 달려갔지만 병명도 모르고 그냥 그렇게 아프기만 했습니다. 그 모습에 남편이 물었습니다. 혁민이가 언제 아프기 시작했냐고? 남편은 짐작 가는 게 있다며 그때서야 고백을 했습니다. 혁민이가 아파서 병원에 있을 때 우리 아들만 고쳐주면 담배를 끊겠다고 하나님께 서원을 했다고 했습니다. 그런데 남편이 참지를 못하고 담배를 피우는 정확한 그 시간에 하나님께서 혁민이를 통해 깨닫게 하신 것입니다. 하나님은 작은 약속이지만 그것을 지키시는 것을 원하시는 하나님이심을 다시 한번 깨달았습니다.

목사님께서 축복을 받으려면 예배를 소홀히 여기지 말라는 권면의 말씀에 순종하여 우리 부부는 이때부터 구역예배, 새벽예배, 수요예배, 금요철야예배, 주일은 말할 것도 없이 예배의 성공자가 되려고 하였습니다. 그리고 단에서 나오는 말씀은 무조건 순종하며 작은 힘이라도 교회에 소용이 되어지고 목사님 사모님께 조금이라도 도움이 되어드리고자 하는 마음으로 신앙생활을 하였습니다. 하나님께서 주신 은혜에 비하면 표현할 수 조차 없는 아주 작고 미미한 것이었지만 하나님께서는 더 큰 축복으로 함께 해 주셨습니다.

지금은 부족한 저희 가족을 사랑하시는 하나님의 축복 속에 남편은 장로가 되고 저는 권사가 되었습니다. 기도와 예배를 철저히 하니 하나님이 축복해주셔서 지금은 하나님의 복된 손길 속에 살아가고 있습니다.

# 9. 도와주시고 지켜주시는 하나님

시편 121편 1-4절

할렐루야!

사랑하는 성도 여러분! 먼저 오늘은 우리 청주 은성교회가 하나님의 도우심과 온 교회 성도들의 뜨거운 기도와 헌신, 그리고 교회 주위의 많은 이웃들의 격려와 관심으로 교회 창립 25주년을 맞이한 날입니다. 지금부터 25년 전 교회 창립 당시에 성도 5명으로 시작한 우리 청주 은성교회가 지금은 청장년 출석 성도만 이천여 명이 넘는 아주 큰 교회로 성장했습니다. 이렇게 큰 교회로 성장시켜 주신 하나님께 영광과 감사를 돌립니다.

청주은성교회가 오늘날 이렇게 큰 부흥과 아름다운 성전과 제주선교센터까지 세울 수 있었던 것은 살아계신 우리 하나님께서 도와주시고 지켜주셨기 때문입니다. 하나님은 지금도 보이지 않는 가운데 저와 여러분을 또 우리 교회를 지켜주시고 보호하고 계십니다. 그 하나님을 여러분들은 확실하게 믿으시기 바랍니다.

그런데 아직도 예수님을 믿지 않는 어리석은 사람들 중에는 어떤 옛날 우리 조상님이 도와주셨다는 사람들도 있고, 절간의 부처가 도왔다고 믿는 사람도 있습니다. 게다가 무슨 일이 생기면 무당집에 찾아가 귀신에게 도움을 요청하는 사람들도 자주 보게 됩니다. 이런 사람들은 결국 그들이 섬기는 조상이나 우상이나 귀신에게 전혀 도움을 받지 못합니다.

사람이 만든 우상이 어찌 우리에게 도움을 줄 수 있을 것이며 만약에 죽은 조상이 돕는다면 다 사람마다 죽은 조상들이 있는데 어찌 잘 사는 사람과 못 사는 사람이 있겠습니까? 또한 귀신은 앞에 절하고 도움 받는 것은 원하지만 결코 우리 인간을 돕지는 않습니다. 도리어 사람에게 고통과 괴로움만 주는 영적으로 사악한 존재입니다. 여러분 주위에 귀신들려 고통당하는 사람들을 보면 너무나 잘 알지 않습니까?

오늘 본문의 시편을 쓴 다윗은 "눈을 들리라 나의 도움이 어디서 올꼬 천지를 지으신 여호와에게서로다."라고 고백합니다. 저희 청주은성교회가 지금까지 지켜주시고 보호해 주신 하나님으로부터 도움을 받은 것처럼 오늘 지면을 통하여 말씀을 듣는 모든 성도들도 우리 하나님으로부터 도움 받으시기를 간절히 축원합니다.

그렇다면 하나님께 도움을 요청하여 어렵고 힘든 가운데 도움을 받은 사람들이 실제로 있을까요?

있습니다. 많은 사람들이 하나님께 도움을 받았고 그들의 고통스러운 문제로부터 해결을 받았던 것입니다. 오늘 본문에 '야베스'란 사람은 이스라엘 하나님께 아뢰어 가로되 "원컨대 주께서 내게 복에 복을 더하사 나의 지경을 넓히시고 주의 손으로 나를 도우사 나로 환난을 벗어나 근심이 없게 하옵소서 하였더니 하나님이 그 구하는 것을 허락하셨더라." 우리 하나님께서는 야베스의 그 기도를 들으시고 복에 복을 더하시고 지경을 넓혀 주셨고 야베스를 환란에서 벗어나게 해주셨습니다.

우리가 잘 아는 소년 다윗과 블레셋의 장수 골리앗의 싸움에도 하나님께서 어린 다윗을 도와주심으로 다윗이 가진 물매로 골리앗을 죽이고 이 싸움에서 승리하게 하셨습니다. 졸지도 않고 주무시지도 않는 하나님의 도우심은 사자굴 속에 들어간 다니엘에게도 평소보다 칠 배나 뜨거운 풀무 불에 들어간 다니엘의 세 친구인 사드락과 메삭과 아벳느고에게도 있었습니다.

우리 청주은성교회도 25년 전 5명으로 시작해서 오늘날에 이르기까지 그냥 쉽게 이루어진 것이 결코 아닙니다. 청주에서도 가난한 사람들이 모여 사는 판자촌에, 또 무당집들이 나열한 무당 골목과 인근에 절간까지 있는 곳에 세워졌기에 말할 수 없는 고통과 어려움을 당하면서 성장한 교회입니다. 어려움과 핍박과 고통이 찾아올 때마다 눈물로 기도했고 그 때마다 하나님의 도우심으로 승리한 교회가 우리 청주은성교회입니다.

우리 눈에는 보이지 않지만 무당과 중을 조종하는 어둠의 영인 원수 사단 마귀와의 싸움이었기 때문에 더 어렵고 고통스럽고 힘들었던 것입니다. 그 때마다 "네 입을 넓게 벌려라 내가 채우리라", "너는 내게 구하라 내가 시행하리라" 라는 이 말씀을 붙들고 때로는 금식하며 때로는 온 밤을 지새워 가면서 울며불며 하나님께 도움을 간구했습니다.

하나님께서는 우리들의 간구하여 부르짖는 그 기도를 들으시고 그 많던 무당들도, 절간의 중도 다 떠나 이사 가게 하셨습니다. 그 후에 성전을 이전하고 또 3억 가지고는 기초공사도 못할 금액으로 성전건축을 시작했지만, 하나님께서는 아름다운 성전을 건축하고도 돈이 남는 기적의 큰 은총을 저희 교회에게 주셨습니다. 지금까지 목회하면서 단 한 번도 다른 교회에 손을 벌리거나 도움을 받은 적도 없습니다. 사람에게 도움을 구하지 않고 하나님께 도움을 구한 결과 많은 성도와 아름다운 성전과 약 30개 교회를 도울 수 있는 저희 청주은성교회가 오늘날 되어진 것입니다.

사랑하는 성도 여러분! 지금도 하나님은 살아계십니다. 하나님께서는 우리 눈에는 보이지 않지만 보이지 않은 가운데 저와 여러분을 돕고 계십니다. 분명히 돕고 계신데, 성도들 가운데 아직도 왜 하나님께 도움을 받지 못하는 성도가 있습니까? 하나님께 도움을 받지 못하는 이유는 도움을 주시는 하나님을 믿지 못하기 때문입니다. 도움을 주실 하나님을 기쁘시게 하는 행동을 하지 못하기 때문입니다.

오늘 말씀을 듣는 여러분들은 졸지도 아니하시고 주무시지도 아니하시는, 나를 지켜주시고 도와주시는 그 하나님을 분명히 믿고 바라보시기를 바랍니다. 어렵고 힘들 때마다 하나님께 도움을 요청하시기 바랍니다. 그래서 여러분 모두 하나님께 도움을 받는 축복의 사람들이 다 되시기를 예수님의 이름으로 간절히 축원합니다. 아멘.

## 간증 나의 힘이 되신 여호와여!

### 유경상 집사

저는 몇 년 전에 뜻하지 않은 사고로 인해 허리디스크 판정을 받고 3~4개월 정도 치료를 받다가 별 차도가 없어서 중단하고 약을 먹고 집에서 쉬고 있었습니다. 그러다가 다시 직장을 다니게 되어 열심히 최선을 다해서 일했습니다. 너무 무리해서인지 몸 이곳저곳이 아파 왔고 그러던 중 회사의 인원 감축이 있어 직장을 그만두게 되었습니다. 쉬는 동안 병원에 가서 검사를 받았는데 허리 디스크가 심하다고 수술을 권유받았습니다. 저는 수술이 두려운 마음에 한의원에 침을 맞았지만 차도가 없었습니다. '그냥 이렇게 고통스럽게 살아야 되나' 하는 생각이 들어 믿음생활이나 잘해 천국이나 가야겠다는 생각이 들어서 열심히 예배에 참석하기로 했습니다.

주일날과 수요예배는 그럭저럭 잘 참석했는데 철야나 새벽기도회는 마음은 있지만 쉽게 참석하지 못하고 있었습니다. 그러던 어느 날, 수요예배를 마치고 나오는데 박 권사님이 지금 우리 목사님께서 자체 부흥회를 직접 인도하신다고 하면서 이번 성회에 꼭 참석하여 은혜 받으라고 권유를 하는 것이었습니다. 하도 간곡한 권유라 그러겠다고 하고 집에 왔습니다. 그리고 집에서 기도하다가 교회 가고 싶다는 생각이 들어서 목요일 집회 때부터 참석하여 열심히 기도하였습니다. 목사님께서 "해결 받지 못하면 집에 안 간다는 각오로 매달리라."고 하셨을 때 저도 열심히 땀을 흘리며 최선을 다해 찬송하며 박수를 쳤습니다. 그런데 저에게 성령께서 강하고 뜨겁게 역사하셨습니다. 처음에는 눈물만 나오더니 조금 지나니까 새 방언이 나오며 계속 기도하는데 "제 병을 고쳐주지 않으시면 차라리 저를 천국에 보내 달라."고 떼를 쓰며 기도했습니다.

한참 동안 악을 쓰며 간절하게 기도하던 저에게 눈에서 눈물이 코에서 콧물이 온 몸에는 땀이 범벅이 되고 머리는 텅 빈 것 같고 아무 생각도 나지 않더니 등과 허리 뒷목 줄기를 타고 무엇인가 뜨거워지는 것을 느꼈습니다. 그리고 온몸이 마비가 된 듯 움직일 수 없는 상태까지 되었습니다. 그 와중에도 이렇게 천국 가나 싶었습니다. 몸은 말을 안 듣고 주위에서는 아무 소리도 안 들리고 기도가 끊기려고 하면 나 이대로 죽기 싫다고 하면서 예수의 이름으로 물리쳤습니다. 몇 번을 물리치고 방언으로 기도하는데 온 몸이 풀리고 머리에서 발끝까지 시원해지는 걸 느꼈습니다. 예수님의 이름으로 기도를 마치고 집으로 돌아와 기도하고 잠을 잘 잤습니다. 평소에는 등허리 뼈가 바닥에 닿으면 아파서 잠을 못 잤는데 너무나 잘 자고 편해졌습니다. 성령께서 역사하신 것 같았습니다. 예수님께서 치료해 주신 것이라고 생각하니 너무 기뻤습니다. 그다음 날 새벽과 철야 집회를 다 참석하고 주일 낮에 목사님께서 아픈 사람 일어나라고 기도해 주신다고 해서 습관적으로 일어섰다가 어떻게 아셨는지 목사님이 "하나님께서 고쳐주셨는데 왜 일어났느냐고 의심하지 말라"고 해서 다시 앉아 기도를 했습니다. 그리고 의심하지 않게 해달라고 계속 기도했습니다.

지금은 허리 디스크가 깨끗하게 다 나아서 매일 새벽마다 주님께 감사하며 살고 있습니다. 이제부터는 신앙생활 잘하며 맡겨진 일에 충성하면서 늘 쉬지 않고 기도하고 항상 기뻐하며, 범사에 감사하면서 살겠습니다. 살아서 역사하시는 하나님! 저의 질병인 허리 디스크를 깨끗하게 고쳐 주신 나의 힘이 되신 여호와 나의 하나님이여! 내가 주를 사랑하나이다.

# 10. 죄는 사람을 망하게 한다

마태복음 9장 1-2절

여러분에게 증거할 말씀의 제목은 "죄는 사람을 망하게 한다."라는 것입니다.

하나님의 말씀 가운데 저와 여러분이 함께 본 마태복음 9장 1절과 2절을 보면 한 중풍병자가 예수님께 왔는데 그의 병든 이유가 바로 죄로 인한 것이라는 사실을 우리 주님께서는 밝히셨습니다. 이로 볼 때에 죄라는 것이 사람을 병들게 한다는 것을 알아야 합니다. 그러므로 오늘 이 시간은 우리 모두 '죄'에 대해 자세히 살펴보고자 합니다. 오늘 말씀을 잘 들음으로 올 한 해만큼은 죄로 인하여 당할 어려움과 환란을 피하고 축복의 한 해로 만들어 가시기 바랍니다.

## 1. 그렇다면 죄가 무엇입니까?

'죄'란 하나님의 말씀에 대한 불순종인데 우리의 인류의 조상인 아담과 하와가 하나님께서 금하신 금단의 과실인 선악을 알게 하는 나무의 실과를 따먹은 데서부터 비롯되었던 것입니다. 사람들은 '선악과를 따먹은 일이 우리에게 그게 뭐 대수인가?" 하겠지만 이 선악과는 하나님과 사람 사이에 맺은 행위 계약서인데 이것을 뱀의 유혹을 받아 어긴 것은 창조주이신 우리 하나님께 불순종함으로 하나님의 법을 파괴한 범죄 행위입니다.

## 2. 죄의 영향은 어떠합니까?

이 죄의 영향은 우리의 지식의 부패를 가져왔습니다. 지식과 감정, 의지의 부패를 가져옴으로 모든 사람들에게 인격의 손상을 입혔습니다. 그리고 죄는 마치 전염병처럼 모든 사람들을 병들게 하였습니다. "의인은 없나니 하나도 없다."라고 성경은 말씀합니다. 이런 연고로 사람이 있는 곳에는 언제나 범죄가 끊이지 않습니다. 저와 여러분들도 거룩하고 아름다운 모습으로 앉아 있어도 사실은 죄악을 밥 먹듯 하고 살아갑니다. 그리고 이 죄는 세상 끝이 다가오기에 점점 추악해지고 끔찍하고 흉악해져 가고 있습니다.

### 3. 죄의 결과는?

1) 하나님과의 관계를 파괴했습니다.

이 죄로 인간은 하나님의 생명과 복과 은혜를 받아 누릴 수 없게 됨으로 죽음과 불행을 맞이하게 되었습니다.(렘2:13, 롬6:23)

2) 죄의 권세에 굴복하게 되었습니다.

이 죄로 인간은 사단에게 속하게 되었고, 결국 사단이 쓰는 육체적인 정욕의 노예로 전락하는 비참한 삶을 살게 되었습니다. 갈라디아서 5장 "육체의 일은 현저하니 곧 음행과 더러운 것과 호색과 우상숭배와 술수와 원수 맺는 것과 분쟁과 시기와 분냄과 당 짓는 것과 분리함과 이단과 투기와 술 취함과 방탕함과 또 그와 같은 것들이라"(갈5:19-21)고 하셨습니다.

3) 각종 불행한 사건들을 낳고 있습니다.

이 죄로 인간은 각종 사고와 폭력과 이혼, 질병들을 겪게 됩니다.

물론 훈련과 하나님의 영광을 위한 경우도 있기는 합니다.(요9:3, 11:4)

### 4. 죄의 해결책은?

오직 죄의 해결책은 예수님께 있습니다. 오늘 본문에서 주님은 "네 죄

사람을 받았느니라."고 하시므로 주님이 죄를 사할 권세를 가지고 있음을 말씀하고 있습니다. 이는 그 분이 바로 창조주 하나님이요, 우리의 죄를 위해 죽으시고 부활하신 분이시기 때문입니다.(롬4:25)

그러므로 우리가 죄의 무서운 영향과 권세에서 벗어나는 길은 그 분의 이름을 믿고 회개하는 것이며 그 분의 말씀 안에 거하여 세속에 물들지 않는 것입니다.(요1:9, 요15:5, 약1:27)

### 5. 죄의 해결이 주는 축복은?

1) 하나님과 화목하게 됩니다.(롬5:1) 이는 축복의 문이 열리는 것을 의미합니다.

2) 불행한 기적이 변하여 행복한 기적이 일어납니다.(막16:16, 약1:17)

3) 영생의 축복이 있습니다.(요5:24) 이는 죄에서 돌이킨 것에 대한 하나님의 크신 축복입니다.

사랑하는 성도 여러분! 죄는 우리를 하나님과 원수가 되게 하는 것이며 우리를 망하게 하는 것입니다. 이와 같이 죄는 무서운 것이지만 저와 여러분이 주님께 나와 철저하게 회개한다면 예수님께서 흘리신 보혈의 공로로 큰 축복을 받게 됩니다. 이 기쁜 구원의 소식을 이웃들에게 전하는데 힘쓰며, 성도 여러분들이 온전히 회개하도록 힘쓴다면 하나님의 축복을 누리는 삶을 사실 수 있습니다.

성도 여러분, 모두가 이와 같이 축복의 삶을 사시기를 예수님의 이름으로 축원합니다.

# 독버섯까지도 사용하신 하나님의 은총의 손길

## 서정철 장로

처음부터 교회를 다녔던것은 아니었습니다. 결혼 후 아이를 낳고 조카가 많이 아프다는 이야기와 함께 온 가족이 기도를 해야 나을 수 있다고 해서 뭣도 모르고 교회에 첫 발을 내딛게 된 것이 벌써 16년이나 되었습니다. 믿음이 없다보니 사람이 중심이 되었고, 사람을 보며 신앙생활을 하다보니 상처받고 패이고 다치는 일들로 많이 넘어지게 되었습니다. 말 한마디에 넘어지는 제가 불쌍했던지 10년 전 주님이 저를 만나주셨습니다.

"사람을 보지 말고 주님만을 보는 신앙생활을 해라." 목사님의 이 말씀에 찔림 받고 처음으로 크게 울며 회개했습니다. 다음부터는 그런 시험을 주고 나를 넘어지게 만드는 사람을 위해 기도하게 되었고 그 사람을 통해 더욱 많이 기도하게 하심에 감사하는 기도까지 나왔습니다. 집사 직분을 받고도 술을 계속 마셨던 제가 하나님께 한대 얻어맞는 사건이 생겼습니다. 8월 어느날 버섯을 따와 찌개를 맛있게 끓여서 반주도 한잔 겸해 식사를 했습니다. 식사를 마치고 한 30분 후 어지럽고 속이 뒤틀리나 싶더니 도저히 참을 수 없을 만큼 세상이 돌기 시작했습니다. 무엇인가 잘못됐다는 생각이 들었지만 이미 일은 벌어진 후고 전 한국병원 응급실로 실려가 3일간 입원해 있어야 했습니다. 제가 먹은 버섯이 독버섯이었던 것입니다. 그때 주님의 뜻을 알게 되었고 그 이후로 절대 술은 입에도 대지 않게 되었습니다. 직분이 있는데 지금까지 술을 끊지 못하신 분들께 꼭 해주고 싶은 한마디는 "하나님께 한 대 얻어맞지 마시고 끊으세요!" 정말 간절히 말씀드리고 싶었습니다.

하나님은  우리를 사랑하십니다. 기도만 하면 다 들어주시는 분이십니다. 전 그것을 생활 속에서 느끼며 살고 있습니다. 6남전도인 저희 기관을 놓고 기도하다보니 배로 부흥되었습니다. 저희 기관이 부흥된 것도 너무 기뻤는데 어느 집사님께서 남편을 잘 이끌어 주었다고 선물까지 주셨습니다. 하나님의 일을 하고 나는 기도밖에는 한 것이 없는데 하나님께서는 제게 너무나 큰 기쁨을 주셨습니다. 안수집사의 직분도 '아멘' 으로 받고 순종했습니다. 저는 하나님의 일이라면 무조건 '아멘' 으로 순종합니다. 모든 일에 감사해서 순종밖에 할 수 없습니다. 최연소 장로가 되었지만 많이 고민했습니다. 하나님께 쓰임 받는 사람이 될 수 있을까? 본이 될 수 있을까? 장로의 사명을 감당할 수 있을까?

그러나 제가 하는 것이 아니기에. 하나님께서 하시는 일이기에 쓸모없는 저 같은 죄인을 사용하시는 하나님께 감사하고 은성교회의 쓰임 받는 장로, 본이 되는 장로가 되게 해 달라고 기도드립니다. 성도님들께 많은 기도 부탁합니다. 마지막으로 제가 정말 사랑하는 우리 호세길 목사님과 사모님! 저 천국가는 날까지 최선을 다해 모시겠습니다.

# 11. 십자가를 대신 지고 간 시몬

마가복음 15장 16-23절

예수님께서 십자가의 고난을 당하시기 위해 예루살렘에 입성하신 날부터 주님의 수난주간이 시작됩니다. 마태복음 16장 24절에서는 “아무든지 나를 따라 오려거든 자기를 부인하고 자기 십자가를 지고 나를 쫓을 것이니라.”라고 하셨습니다. 우리 예수님께서는 밤이 되도록 끌려 다니시며 여러 번의 재판을 받으셨습니다. 그 과정에서 예수님은 군병들에게 채찍을 맞으며 때리면 맞고 끌고 가면 끌려가고 침 뱉음 당하셨습니다. 머리에는 가시 면류관을 쓰셨기에 이마에서는 피가 흐르셨습니다.

오늘 말씀에는 예수님께서 빌라도의 손을 통해 십자가에 못 박히도록 로마 군병들에게 넘겨지고 있습니다. 이제 예수님은 친히 ‘자기 십자가’라 이름 지어진 십자가를 메고 해골이라 하는 골고다 언덕에 올라가셔야 했습니다. 당시 십자가는 죄인이 자기의 십자가를 직접 메고 올라가는 것이었습니다. 그래서 이것을 알고 계신 주님이 “아무든지 나를 따라오려거든 자기를 부인하고 자기 십자가를 지고 나를 따를 것이니라.” 하신 것입니다. 그런데 하나의 예외가 있습니다. 십자가를 메고 가야 될 사형수가 너무 지쳐 더 이상 걸을 수 없을 때는 그 십자가를 대신 지고 올라갈 수 있었던 것입니다.

### 1. 예수님의 십자가의 길은 어떠했습니까?

지난밤에 주님께서는 겟세마네라는 동산에서 밤이 되도록 기도하셨습니다. 새벽부터 여러 차례의 재판을 받으셔야 했습니다. 이리저리 끌려 다니며 머리에는 가시 면류관을 쓰시고 모진 채찍질을 당해야 했습니다. 그리고 십자가 형틀을 메고 해골의 언덕이라 하는 골고다까지 올라가셔야 했습니다. 한마디 원망과 불평을 하지 않고 묵묵히 자기의 십자가를 지고 가셨지만 너무나 지친 육신의 한계 때문에 언덕을 오르시다가 쓰러지고 또 쓰러지셨습니다. 이러할 때 예수님에게 꼭 필요한 사람이 있었습니다. 바로 십자가를 대신 져 주어야 할 사람들입니다. 그런데 오늘 본문에 보면 누구 하나 선뜻 십자가를 지겠다는 사람이 없었습니다. 우리 예수님은 이미 여러 차례 쓰러지시면서 일어나기조차 힘드셨습니다. 주님께서 죽는 데까지 함께 가겠다던 베드로도 그 자리에는 없었습니다. 오른편, 왼편에 앉게 해달라고 요청하던 야고보나 요한도 그 자리에는 없었습니다. 예수님의 기적 앞에서는 수천 명이 몰려왔어도 얘수님의 십자가의 길에는 한 사람도 없었습니다. 많은 사람도 아닌 단 한 사람이 필요한데 말입니다.

### 2. 구레네 시몬이 함께 하고 있었습니다.

아무도 없던 주변에 하나님이 예비하신 사람이 있었습니다 그가 바로 구레네 사람 시몬입니다. 멀리 아프리카 근방에서 유월절을 지키기 위해 왔다가 주님께서 십자가를 지고 올라가는 것을 다른 사람들과 함께 구경하고 있었습니다. 그런데 예수님이 쓰러진 것입니다. 그런 시몬에게 강제적으로 군병들은 십자가를 대신 지게 합니다. 억지로 십자가를 메게 한 것입니다. 지금 시몬은 자신의 의지와는 상관없이 십자가를 메게 된 것입니다. 골고다 언덕까지 운반한 시몬은 십자가상에서 하나님 아들의 최후를 목도하였던 것입니다. 예수님의 구원사역의 완성을 가장 가까운 곳에서 바라보는 복이 그에게 임한 것입니다. 구경꾼으로 있다가 십자가의 고난에 동참한 축복의 사람으로 변한 것입니다. 그 후에도 구레네 사람 시몬에게 하나님께서는 복을 주셨습니다. 위대한 믿음의 가정이 되었습니다. 그 십자가를 억지로 진 구레네 시몬을 예수님은 성전의 기둥처럼 밤하늘의 별과 같이 빛나도록 축복하셨다는 것입니다. 사도 바울도 로마서 1장 13절에 "루포와 그의 어머니에게 문안하라 그는 내 어머니"라고 말씀합니다. 구레네 사람 시몬의 아내를 어머니라 할 정도로 억지로 십자가를 진 시몬에게 하나님께서는 큰 축복을 주신 것입니다.

### 3. 십자가는 억지로라도 지는 것입니다.

사랑하는 성도 여러분! 십자가는 억지로라도 져야 합니다. 그래야 축복을 받습니다. 사실 우리들이 예수를 믿으면서 십자가를 지지 않겠다고 하는 것은 예수가 어떻게 되나 구경하는 구경꾼의 모습입니다. 그러므로 참 믿음의 사람이라면 자원하는 맘으로 십자가를 져야하는 것입니다. 오늘 여러분에게 주어진 십자가는 하나님께서 허락하신 십자가입니다. 십자가는 누구의 것도 아닌 바로 자신의 것입니다. 구레네 시몬이 예수의 십자가를 진 것 같지만 사실은 자신의 십자가를 진 것입니다. 그런데 왜 여러분들은 십자가를 지라하면 "왜 내가 져야 합니까?" 하면서 원망과 불평을 합니까? 내 것이 아니라 생각하니 무겁고 힘든 것입니다. 이제 억지를 넘어 자원하는 마음과 감사하는 마음으로 메야 합니다.

사랑하는 성도 여러분! 십자가는 원래 내 것입니다. 내 것인 십자가를 주님이 대신 지신 것입니다. 그러므로 자신에게 있는 십자가를 내 것이라 생각하시기 바랍니다. 그 십자가를 벗으려는데 초점을 맞추지 말고 십자가를 지고 가시기 바랍니다. 저와 여러분이 져야 할 십자가는 우리 주 예수그리스도께서 주신 십자가입니다. 주님의 것이 시몬에게서가 아니라 시몬의 것이 주님에게 있었던 것입니다. 우리들은 십자가를 메는 것도 배워야 합니다. 주님처럼 겸손과 온유함으로 십자가를 져야 합니다. 십자가에는 하나님의 축복이 숨겨져 있습니다. 여러분 모두 구레네 사람 시몬처럼 우리들에게 주어진 십자가를 지고 가서 하나님께 큰 축복을 받으시기를 주의 이름으로 축원합니다.

## 간증 태어나서 처음으로 체험한 방언은사

### 김건우 청년

처음 은성교회를 나오게 된 사연은 지난 2003년 이맘 때 사택에 '세콤' 점검을 하던 중 사모님을 통하여 은성교회를 알게 되었고, 사모님 외 권사님, 집사님과 점심을 같이 하며 사모님께서 이것저것 물으시면서 "하나님 믿어야 축복받고 장가 잘 간다."는 권면의 말씀을 들었습니다. 교회에 대하여 알게 되었지만 일이 일이다 보니 개인적인 시간과 갑작스럽게 교회에 다니게 되는 것이 좀 그런 것 같아서 망설여지게 되었습니다.

어렸을 적 교회에 다니며 하나님을 영접했지만 성인이 되면서부터 등한시하게 되었습니다. 그러다 지난 2004년 겨울 갑작스럽게 아버님이 세상을 떠나시게 되면서부터 저는 철저히 혼자가 되었습니다. 가족은 엄마와 동생이 있었는데 제가 군대시절에 이혼을 하셔서 따로 살게 되었습니다. 회사 일을 마치고 텅 비어 있는 집에 들어가기가 싫어졌고, 그래서 선배들과, 친구들과 같이 술 먹고 담배 피우고 방황을 하게 되었습니다. 그렇게 힘들게 생활하던 중 은성교회에서 저희 세콤을 이용하시게 되어 자연적으로 교회에 오게 되었습니다. 그러던 중 올해 1월 1일 새벽에 비상 출동을 하게 되었는데 원인은 오작동으로 인한 해프닝으로 끝났지만 그 새벽시간에 많은 사람들을 보고 '참 대단하구나!' 하는 생각을 가지게 되었습니다. 하나님께서 저를 교회로 인도하시는 줄도 모르고 괜히 오작동에 대해 짜증만 났었습니다. 그러던 중 이틀이 지난 1월 3일 주일 아침에 또 이상 발생이 되어(이때도 오작동) 퇴근하던 길에 교회에 들르게 되었고, 기왕 왔으니 예배드리고 가라고 해서 '지난 힘들었던 시간들을 청산하자!' 하는 생각에 교회에 나와 영화청년과 호일청년이 인도하는 대로 따르게 되었습니다. 예배를 드리고 청년회에 가입을 하고 여러 사람들을 알게 되고 하는 것이 무척 좋았습니다. 그때까지 저는 믿음 자체가 없었습니다. 그러던 중 교회 나온 지 얼마 되지 않아 부흥회가 있었습니다. 전 부흥회가 무언지도 모르지만, 4시 30분에 새벽예배가 있다는 것을 알고 있어 그때까지 친구를 만나고 새벽 부흥회에 참석하게 되었습니다. 근데 사람들이 엄청 많이 모여 있었고 통성으로 기도하고 찬송을 부르는데 저도 '저들처럼 같이 하고 싶다.'는 생각이 너무도 간절했습니다. 그때 기도했습니다. '하나님! 저도 저들처럼 같이 통성으로 기도할 수 있도록 해주세요. 부끄럽지 않게 하나님을 찬송할 수 있도록 해주세요.' 하고 기도를 했습니다. 그런데 갑자기 이상한 현상이 벌어지는 일이 있었습니다.

부흥회 마지막 날 새벽 통성기도를 하던 중 사실 아버님이 돌아가셨을 적에도 눈에 눈물을 흘리지 않았는데, 갑자기 두 눈에서 눈물이 주르륵 흘렀습니다. 그리고 통성으로 기도하던 중 혀가 갑자기 꼬이기 시작했습니다. '이게 미쳤나 보다.' 라고 혼자 생각을 하며 '집중력이 떨어졌구나!' 하고 생각했습니다. 새벽기도를 마치고 열심히 일을 하던 중, 새벽기도 때 일어난 일이 생각이 나서 여러 청년들과 사촌에게 아침에 일어난 일을 얘기하고 무슨 일일까? 하고 자문을 구하는데 여러 사람들이 축하한다며 방언을 받았다는 얘기를 들었습니다. 순간 피곤하다는 생각은 없고 "주님! 감사합니다. 보잘것 없는 저에게도 주님의 은혜를 주시니 감사합니다."라고 기도하고 싶다는 생각이 간절했습니다.

그리고 그날 저녁 집회 때 목사님께 방언 테스트를 받으려 했지만 근무가 겹쳐 집회에 참석할 수는 없고 항상 대기하고 있어야 해서 기도실 문 밖에서 사람들이 뜨겁게 찬양하며 기도하는 모습을 보며 근무 시간이 빨리 끝나기를 기다리며 있는데, 출동이 걸려 다시 출동을 하게 되었고 끝나고 급히 달려와 보니 이미 집회는 끝나고 다들 돌아가고 몇몇 청년들이 남아 악기 정리를 하고 있었습니다. 새벽에 방언도 받은 것 같고 계속해서 기도하고 싶었는데 다 끝나고……, 주님의 은혜를 받고 모든 생활들이 즐겁고 몸 또한 가벼워졌습니다.

불과 교회 다닌 지 3주 만의 일이었습니다. 여러 사람들이 부럽다고들 하는데, 저 또한 무한한 영광으로 생각하고 더욱 주님을 섬기며 더욱 주님을 위해 생활하려고 노력하고 있습니다. 또 담배를 끊었는데, 담배 냄새 풀풀 풍기는 입으로 기도하면 주님이 "이놈아! 담배 냄새 난다."하실 것 같아 그 길로 확 끊어 버렸는데 별로 힘들지 않았습니다. '이것도 역시 하나님께서 역사 하시는구나!' 하는 것을 느꼈습니다. 일하며 예배를 드리려고 애쓰지만 근무 시간이 2교대에다 밤, 낮 없이 주일 없이 일하는 직업인지라 기도하면 할수록 주일을 잘 지키지 못하는 직장이 하나님께 방해가 되는 게 아닌가 하는 마음이 들었습니다. 그러나 쉽게 그만두기도 그렇고, 요즘 직장 잡기도 어렵기 때문에 이런저런 사람의 생각으로 마음은 있지만 쉽게 결정하기가 힘들었습니다. 하지만 나의 마음속에 갈등이 점점 깊어 질 때쯤 친구의 소개로 우연히 '(주)캄코' 라는 회사의 직원분과 연결이 되어 인사를 나눌 자리가 마련이 되면서 나의 마음이 결정 되어지는 계기가 되었습니다. 주일 지키는 직장을 달라고 작정하며 기도를 시작했습니다. 그러나 의심 반, 아쉬움 반, 확실한 믿음보다 때때로 흔들렸던 것을 고백합니다. 지금의 직장 세콤을 들어갈 때도 회사 앞을 지나며 마음으로 '하나님! 저 회사에 들어가면 하나님 잘 믿을게요!' 기도했던 생각이 나면서 '이 직장도 하나님이 주신 것이 아닐까?' 하는 마음의 갈등이 생겼습니다. 옆에서 꾸준히 권면해 주시는 분들이 있기에 흔들리면서도 마음을 굳혀갈 수 있었습니다.

작정하며 기도하던 중 (주)캄코에서 면접을 보러오라는 연락을 받고 면접을 보고 며칠 후 출근하라는 연락을 다시 받고 6월 1일부터 (주)캄코에 출근하게 되었습니다. 어린 시절 하나님께 나아갔던 나의 모습을 기억하고 언제나 어디서나 나의 작은 속삭임에도 응답하시는 하나님! 하나님께서 저 건우를 이렇게 사랑하시니 감사합니다. 이제는 하나님을 기쁘게 해 드리는 삶을 살려고 노력하고 늘 기도 하며 살아가는 자녀가 되겠습니다.

# 12. 하늘의 시민권

빌립보서 3장 20-21절

함께 은혜 나누실 말씀의 제목은 "하늘의 시민권"입니다. 사랑하는 성도 여러분! "오직 우리의 시민권은 하늘에 있는지라."

이 말씀처럼 영원한 천국에 들어가는 하늘의 시민권을 모두 다 얻고 소유하시기를 축원합니다.

그런데 우리가 얻을 하늘의 시민권은 단지 교회만 다닌다고 얻어지는 것은 아닙니다. 오직 주 예수를 믿는 성도에게만 주어지는 줄 믿으시기 바랍니다. 그렇다면 누가 교회만 다니는 성도며 누가 예수님을 믿는 성도이겠습니까? 평상시에는 교회를 다니는 사람과 예수를 믿는 사람을 구분하기가 어렵습니다. 그러나 가장 어렵고 힘든 일과 환란을 만나면 분명하게 드러납니다. 진짜 믿음이 있는 사람은 어렵고 힘든 가운데서도 하나님의 말씀을 붙들고 그 말씀을 신뢰하고 믿는 사람입니다. 환란과 고통 가운데 원망하고 불평하는 것이 아니라 주님의 뜻을 찾고 하나님께 영광을 돌리는 성도입니다.

단지 교회만 다니는 성도는 환란과 고통을 만나면 말로 원망하고 불평하는 사람입니다. 그 대표적인 사람이 욥의 아내입니다. 남편인 욥에게 물질과 자녀와 병으로 인한 고통이 오자 "하나님을 욕하고 죽으라." 고 원망 불평한 사람이었습니다. 욥의 아내처럼 한다면 그는 교회를 다니는 사람이지 진정 하나님을 믿는 신앙의 사람이 아닙니다.

사랑하는 성도 여러분! 여러분들은 고통과 환란 가운데서도 원망하거나 불평하지 마시고 도리어 하나님께 감사하시기 바랍니다. 우리들은 교회를 다니는 사람이 아니라 예수님을 믿는 참 믿음의 사람이 되어야 합니다. 우리가 예수님을 믿을 때 주님의 도움을 받을 수 있습니다. 또한 여러분들이 믿음을 가질 때 무슨 일을 만나든지 어디를 가든지 하나님의 인도하심을 받을 수 있습니다.

가수 최희준씨가 부른 유행가의 "인생은 나그네 길 어디서 와서 어디로 가나"의 가사처럼 하나님을 믿지 않는 세상 사람들은 불쌍하게도 인생이 어디서 와서 어디로 가는 줄 모르고 삽니다. 그러나 하나님을 믿는 저와 여러분들의 인생은 하나님께로 와서 영혼은 하나님께로 가고 육신은 땅으로 가는 인생임을 분명히 알아야 합니다.

한 번은 영덕에서 제가 부흥회를 인도할 때 믿음 없는 한 여자 집사가 부흥회 때 천국을 보고 오는 큰 은혜를 체험하게 되었습니다. 그 체험이 있고 나서 그녀의 삶과 신앙이 완전히 달라진 일이 있습니다.

사랑하는 성도 여러분! 우리들도 하늘나라에 들어갈 수 있는 저 천국 시민권을 얻도록 노력해야 합니다. 교회만 왔다 갔다 하는 형식적인 신앙만 가지고는 안됩니다. 우리가 잘 알듯이 미국에 살려면 미국의 영주권이 있어야 합니다. 미국에 들어가는 것이 말처럼 쉽지 않습니다. 미국 비자 하나만 발급받는 것도 어려운데 그 나라 영주권을 얻는 것은 무척 힘듭니다. 그 영주권을 얻기  위해 최선을 다해 노력해야 합니다. 미국에서 잠시 살기 위한 영주권을 얻는 것도 이렇게 어려운데 우리가 가야 할 저 영원한 하늘나라를 어떻게 그냥 들어 갈 수 있습니까? 하나님과 영원토록 함께 살 천국에 들어가려면 우리들이 이 땅에서도 최선을 다하고 충성을 다하며 날마다 새롭게 되는 변화하는 삶을 살아야 합니다.

하늘의 시민권을 얻기 위해 우리는 무엇보다 예수님을 믿어야 합니다. 슬픔도 고통도 죽음도 없는 가장 행복하고 좋은 저 영원한 나라인 천국에 들어가려면 우리 모두 천국의 시민권을 얻어야 합니다. 그런데 이 하늘의 시민권은 돈이나 물질 가지고 얻는 것이 아닙니다. 오직 주 예수 그리스도를 믿는 믿음으로 얻는 천국의 시민권입니다. 오늘 말씀을 듣는 여러분들은 교회만 다니는 사람이 아닌 예수님을 믿는 사람이 되어 하늘의 시민권을 얻어 모두 다 저 영원한 천국에 들어가는 축복이 있기를 예수님의 이름으로 축원합니다.

간증 **이제는 하나님만 의지하고 살겠습니다**

박상균 집사

지금으로부터 10년 전 믿음이 없던 저를 큰 누님께서 억지로 끌고 가 난생 처음 영운동에 있는 은성교회에서 예배라는 것을 처음으로 드렸습니다. 아이들이 한 두 번은 다 갔을 성탄절에도 저는 가본 적도 없었던 곳, 지금 생각해도 저 자신도 이해가 되지 않습니다. 그때 성전 건축을 위하여 한창 기도를 하셨을 때였고 어느 날인가 목사님 말씀 중에 복 받는 길이라 하시기에 믿음은 없었지만 그저 막연히 드려야겠다는 생각에 저에겐 큰돈이라 할 수 있는 액수를 헌금 한번 해본 적 없는 상태에서 건축 헌금으로 하나님께 드렸습니다. 드리면서도 아깝다는 마음은 없었습니다.

그 때부터 신앙생활을 하게 되고 세례도 받았지만 믿음이 없었기에 아직은 세상이 더 좋았습니다. 금요철야 예배였는지 부흥성회였는지 한 번 보고 지금은 '성령 충만하여 뜨겁게 기도 하는구나!~' 하겠지만 그 당시 제 생각으로는 '미쳤다' 는 생각만 들었습니다. 교회는 ' 내가 있을 곳이 아니구나!' 하면서 신앙생활이 점점 나태해졌습니다. 친구들과 술 마시고 세상 속에 노는 것이 더 좋아서 교회는 1년에 서너 번 다니는 척 했습니다.

2003년도에 음주운전으로 1년간 시험도 볼 수 없는 면허취소 처분도 받았고 벌금도 많이 물었습니다. 딱 한 번의 실수인데 하면서 원망도 생겼지만, 마음 한구석에 내가 하나님께 드릴 십일조 떼어먹은 결과라는 마음 또한 들었습니다. 그러던 중 지난 8월초 집사람이 코가 막혀 성모

병원에 갔고 조직검사 결과 일종의 뇌종양이라는 사실을 알게 되었고 입원까지 하게 되었습니다. 수술을 하기 위해서였습니다. 이비인후과가 아닌 신경외과의 전문의로부터 뇌수술까지 해야 한다는 이야기를 들었을 때 제 마음은 하늘이 무너지듯 암담했습니다. 그 뒤 입원 후에도 CT, MRI, 혈관조형술까지 각종 검사를 거치고 일주일이란 시간이 흐르고 서울 원자력병원으로 가보라는 의사의 권유로 8월 27일 원자력병원에서 9월 13일 수술 날짜를 받았습니다.

성모병원에 입원 당시 큰 누님으로부터 사모님께서 저만 제대로 교회로 나오면 해결될 것이라는 말씀을 하셨다는 이야기를 들었습니다. 그때는 그 말이 솔직히 믿어지진 않았습니다. 하지만 집에서 기다려야 하는 17일 동안 '밑져야 본전이다' 란 생각을 가지고 수술 날짜를 받던 27일까지 철야 예배에 참석했습니다. 한 번은 가장 맨 뒷자리 구석에 앉았는데 느닷없는 목사님의 부르심으로 맨 앞까지 많으신 분들이 쳐다보는 가운데 걸어가는데 다른 때 같으면 상상도 못할 일이었습니다.

당회장 목사님께서 기도원에서 내려오셔서 자체 부흥성회를 인도하신다는 말씀을 듣고 9시 기도회는 힘들어도 새벽기도회는 참석하겠다고 다짐했습니다. 월요일 처음 겨우 택시로 참석을 하였고 그렇게 한 주일을 새벽기도회에 나왔습니다. 그리고 잠자리에 들기 전에 '제가 기도를 할 줄 모릅니다. 기도의 문이 열리게 해주세요' 라고 속으로 중얼거리는 기도를 드렸습니다.

부흥회가 시작되던 화요일 아침, 목사님께서 기도를 뜨겁게 시키시기에 '이번에 한 번 미쳐보자' 라고 결단하고 기도하려고 해도 "주여, 하나님"이란 말만 나왔습니다. 솔직하게 저는 기도 할 줄 몰랐습니다. 그날 저녁부터는 갑자기 목이 칼칼하더니 그 목소리조차 나오질 않는 것입니다.

목요일 새벽에 방언 못 받은 사람 나오라고 하시는데 어디서 용기가 생겼는지 맨 뒷자리에서 벌떡 일어서 나갔습니다. 근데 목사님 쳐다보시는 눈빛이 '넌 뭣 하러 나왔냐?' 하시는 듯한 느낌이 들어 더 오기를 갖고 기도했습니다. '성령의 불을 주시옵소서!' 하다가 '불' 만 하라고 하시기에 목이 쉬어서 말은 안 나와도 있는 힘껏 그냥 '불, 불, 불' 기도 했습니다. 그 순간 옆에 계신 분이 방언을 하시는 것 같아서 저는 더 큰소리로 '불, 불, 불' 부르짖었습니다. 허리가 끊어질 듯 아프면서 고개를 확 숙이는 순간 혀가 꼬이면서 뭔지 알 수 없는 말이 제 입에서 나오기 시작했습니다. 방언의 은사를 받았습니다.

이제는 말씀도 잘 듣고 있으며 말씀대로 이루어진다는 믿음이 저에게 생겼기에 열심히 기도하고 있습니다. 아내를 위해 기도해 주신 목사님 내외분과 온 성도님들께 머리 숙여 감사드립니다. 제 아내도 간단한 수술로 다 나았습니다. 앞으로의 모든 삶 속에서 하나님만 믿고 의지하며 말씀대로 살고자 합니다. 새벽예배도 꾸준히 잘 드리며 신앙생활도 열심히 하겠습니다.

은혜를 받고 제 인생을 돌이켜 생각해보니 무엇 하나 감사하지 않은 것이 없습니다. 하나님의 자녀로서 하늘나라의 시민으로서 하나님의 영광을 위해 살아가겠습니다.

# 13. 지금도 도우시는 주님

창세기 31장 20-24절

함께 은혜 나누실 말씀의 제목은 '지금도 도우시는 하나님' 입니다. 사랑하는 성도 여러분! 하나님께서는 지금도 여러분들을 보이지 않는 가운데서도 돕고 계십니다. 하나님께서는 외삼촌 라반의 집에 있는 야곱을 도와주셨습니다. 하나님께서는 야곱에게 네 명의 아내와 많은 자녀와 소와 양이 떼를 이루는 거부가 되도록 축복해 주셨기에 이제는 더 이상 외삼촌 라반과 함께 살 수가 없어 야곱은 외삼촌 몰래 고향집으로 돌아갑니다.

야곱이 몰래 도망한 사실을 안 라반은 야곱이 도주한 길을 찾아 야곱을 잡으려고 추격합니다. 칠일 길을 따라가 야곱이 머무는 길르앗산에 미칩니다. 그때 하나님께서는 큰 위험 가운데 있는 야곱을 도와주십니다. 꿈에 라반에게 말씀하시기를 "너는 삼가 야곱에게 선악 간 말하지 말라."고 하심으로 위기 가운데 있는 야곱을 도와 주셨습니다.

하나님께서는 야곱을 도와주신 것처럼 하나님의 자녀인 여러분들을 도아주시지만 하나님 말씀에 순종하지 않고 원망하고 불평하는 사람은 도와주시지 않습니다. 지금도 돕고 계신데 원망하고 불평하는 것은 하나님을 무시하고 믿지 않는 불신의 행위입니다. 야곱은 하나님을 원망하거나 불평한 적이 없는 사람입니다. 아브라함을 보시기 바랍니다. 백세에 낳은 독자 이삭을 번제로 드리라 해도 하나님을 원망하거나 불평하지 않았습니다. 하나님께서는 그런 아브라함에게 큰 복을 주셨습니다. 요셉도 불평하거나 원망한 적이 없습니다. 여러분들도 하나님께 감사하면서 어떤 말씀을 하시든지 하나님께 순종하시기 바랍니다.

사랑하는 성도 여러분! 지금도 하나님께서는 여러분들을 돕고 계십니다. 우리가 하나님을 믿지 못하고 하나님 말씀을 거부하면 절대로 하나님께서는 도와주지 않습니다. 저는 전교인 여름대축제를 통해 이 진리를 뼈저리게 깨달았습니다. 하나님의 도움이 없는 그 어떤 행사도 성공할 수 없다는 사실입니다. 이제 야곱이 라반과 헤어져 고향집에 가까이 오자 형 에서가 군사 4백을 거느리고 야곱에게 달려온다는 소식을 듣습니다. 야곱은 또 한 번의 위기를 만났습니다. 그러나 이 위태한 지경에서도 얍복강가에서 주를 찾아 간절히 기도하는 야곱을 하나님께서는 보이지 않는 가운데서 도와주셨습니다. 에서의 분노와 증오를 삭이고 동생 야곱을 사랑하는 마음으로 변화시켜 주심으로 야곱을 도와주셨습니다.

사랑하는 성도 여러분! 저와 여러분들이 하나님께 도움받기를 진정 원한다면 하나님 말씀에 전적으로 순종해야 합니다. 한 번은 베드로가 밤이 맞도록 그물을 내렸지만 얻은 것이 없었습니다. 그러나 예수님께서 하신 "깊은 곳에 가서 그물을 내리라."는 말씀을 듣고 그 말씀에 순종하여 깊은 곳에 가서 그물을 내렸더니 그물이 찢어질 정도로 많은 고기를 잡게 되었습니다.

올 한해 여러분들의 하는 일들과 사업도 보이지 않는 가운데 하나님께서 주셔야 형통할 수 있고 성공할 수 있습니다. 만약에 베드로가 자기 생각만 가지고 주님의 말씀을 무시했더라면 베드로는 하나님께 도움을 받지도 못하고 엄청난 축복도 놓쳐 버렸을 것입니다. 여러분들도 하나님의 도우심 없이 자기의 노력과 열심만을 가지고는 성공할 수는 없습니다. 왜 사업이 안 되고 물질로 혹은 자녀로 혹은 건강으로 고통을 당합니까? 하나님께 여러분들이 도움을 받지 못하기 때문입니다.

사랑하는 성도 여러분! 여러분들이 하나님께 도움을 받기 원한다면 먼저 하나님을 찾아야 합니다. 부르짖어 간구해야 합니다. 기도해야 합니다. 그리고 하나님께서 어떤 말씀을 하시든지 그 말씀을 믿고 순종해야 하나님께 도움을 받을 수 있습니다. 사랑하는 성도 여러분! 여러분 인생의 모든 문제를 하나님께 몽땅 맡겨 도움을 받는 삶을 사시기를 예수님의 이름으로 축원합니다. 아멘.

## 간증 '범사에 그를 인정하라 그리하면 네 길을 지도하시리라'

### 신영식 집사

수년 전, 경기도에 있는 외국인 회사에 다니고 있을 때였습니다.

저는 양지영 집사와 결혼한 후 주말부부로 생활하고 있었는데, 어머님께서 만성신부전증이라는 병으로 이틀에 한번씩 혈액투석을 받아야만 하는 힘든 상황에 놓이게 되었고, 또한 첫째 딸 지호가 태어나서 집사람 혼자 담당하기에는 무척 어려운 상태였습니다. 밤에도 어머님께서 아프셔서 응급실을 몇번 씩 다녀왔다는 전화를 받았을 때는 집사람에게 너무나 큰 짐을 지워준 것 같아서 마음이 괴로웠습니다. 그래서 결국 이사를 해야하는 상황이 되었습니다. 그러나 은성교회에 어려서부터 출석하기 시작하여 학생시절과 청년시절을 보내왔고 또한 성가대와 선교단의 직분을 맡고 있었기에 쉽게 결단을 내릴 수가 없었습니다. 그래서 담임목사님께 상담을 드렸더니 "사명을 버리고 물질을 따라가면 처음에는 잘 되는 것 같아도 나중에는 후회를 하게된다고"라고 말씀해 주셨고 기도하던 중에도 올바른 길이 아니라는 생각을 하나님이 주셔서 결국 제가 직장을 청주근처로 옮기자는 결론을 내렸습니다.

얼마 후, 저는 청주 인근의 회사로 옮기게 되었는데 몇 개월 지난 후 직무의 특성상 격일제 근무를 할 수 없이 하게 되었습니다. 말씀시간에 올바른 주일성수를 해야한다는 말씀을 들으면 항상 저는 쥐구멍이라도 있으면 들어가고 싶은 심정이었고, 찬양 인도도 힘있게 할 수가 없었고 모든 직분을 감당하기에 큰 부담을 느끼게 되어서 담임목사님께 다시 한번 상담을 드리게 되었습니다.

목사님께서는 저의 마음을 위로해 주시면서 계속 기도하면 하나님께서 앞길을 인도해 주실 것이라고 말씀해 주셨고 에바다선교단원들과 호산나성가대원들께서도 저에게 위로와 격려를 해주셔서 다시 직분을 부족하나마 감당할 수 있었습니다.

이렇게 온전한 주일성수와 사명감들을 위해 3년을 기도하면서 준비하던 가운데 드디어 작년 겨울에 집사람이 "사랑하는 딸아 아무것도 염려하지 말라 여호와의 젖과 꿀이 흐르는 땅으로 내가 인도하리라"는 음성을 듣게 되었습니다. 한편으로는 믿어지면서 자꾸 정말 될까라는 의심마귀가 틈을 노릴 때 마다 의심하는 자는 바람에 밀려 요동하는 바다와 같아서 아무것도 얻을 수 없다는 말씀이 생각나서 예수이름으로 물리치곤 하였습니다.

몇 군데 원서를 접수하고 기도하던 중에 드디어 미국인 회사에서 연락이 왔습니다. 그래서 기쁜 마음으로 서울에서 면접을 보고 내려왔는데 며칠이 지나도 결과가 오지 않아서 한편으로는 불안한 생각도 들었지만 하여튼 하나님께서 응답하셨으니 어디든 될 것이라는 확신이 생기고 오히려 마음이 편해졌습니다. 장모님께서 40일 작정기도를 거의 마치시던 날 최종면접을 보러 서울로 다시 오라는 연락을 받게 되었을 때 이제 되었다는 확신이 들었습니다.

다음날 최종면접을 보러 서울에 올라가기 전에 목사님께 전화 드렸더니 목사님께서 간절하게 기도해 주셔서 너무나 감사하였습니다. 면접을 마치고 이틀 후에 합격했다는 연락을 받게되었습니다. 더욱 더 감사한 것은 합격한 것 뿐만 아니라 승진까지 하게 되었으며 또 다른 한가지의 기도제목도 이루어졌다는 것입니다. 정말로 하나님께서 자녀에게 좋은 것으로 넘치도록 채워주신다는 말씀이 온 몸으로 느껴지면서 하나님의 크신 은혜에 감사하여 두 눈에 눈물이 저절로 흘러내렸습니다.

먼저 하나님께 모든 영광 올려 드리고 저를 위해 기도해주신 담임목사님과 사모님께 감사드립니다. 그리고 저를 믿어주시고 기도해주신 호산나성가대원님들, 에바다선교단원들, 10남전도 회원님들, 늘 저에게 힘과 용기를 심어주고 기도해주신 장인, 장모님과 환자이신 시어머니를 모시면서도 한마디 불평 없이 감사함으로 기도하면서 성심껏 가정의 사역을 감당해 온 양지영집사에게 감사드립니다. 할렐루야!

# 14. 고넬료의 믿음

사도행전 10장 1-8절

저는 여러분에게 하나님께 인정받았던 한 사람과 그의 가정을 소개하려고 합니다. '고넬료'라고 하는 사람으로, 그는 가이사랴 지방의 이달리아 군대의 백부장이었습니다. 오늘 본문 사도행전 10장 4절에 보면 하나님의 사자가 가로되 "네 기도와 구제가 하나님 앞에 상달하여 기억하신 바가 되었으니"라고 말씀합니다.

오늘 본문에서는 고넬료의 기도 생활과 구제 생활이 하나님께 상달되었다고 말씀합니다. 더 나아가 그의 기도와 구제에 대하여 이제는 우리 하나님께 기억된 바가 되었다고 말씀합니다. 고넬료는 하나님께 인정을 받았다는 말씀입니다. 그래서 저는 오늘 이방의 백부장인 고넬료의 믿음을 살펴보면서 오늘 밤에 함께 은혜를 나누고자 합니다.

### 1. 그는 하나님을 온전히 섬긴 사람입니다.

고넬료라는 사람은 이방인이었기에 하나님을 섬기기에 어려운 환경과 여건 가운데 있었지만 그 어려운 상황을 극복하고 하나님을 온전히 섬기고 경외한 사람입니다. 당시에 이스라엘 사람이 아닌 이방 사람들이 하나님을 섬긴다는 것은 아주 힘들고 어려운 일이었습니다. 그 이유는 이방인들은 하나님이 아닌 다른 신을 섬기고 있었기 때문입니다. 그러한 상황에서 고넬료가 하나님을 믿기란 쉽지 않은 일입니다. 대부분 권세와 힘을 가진 사람은 언제나 자신을 믿고 자신을 의지하기 때문에 하나님을 믿는 것을 단호하게 거부합니다. 그러나 백부장인 고넬료는 부자이고 힘과 권력을 가졌지만, 그는 특별히 예외의 인물이었습니다. 그래서 고넬료가 하나님을 섬기게 된 것은 바로 하나님의 은혜입니다. 하나님의 말씀인 성경 66권을 보시기 바랍니다. 한 시대를 움직이고 일으킨 인물들 모두가 하나님 중심의 사람들입니다. 여러분들도 고넬료와 같은 삶을 사시기를 바랍니다.

### 2. 고넬료는 하나님께 인정받은 사람입니다.

오늘 백부장 고넬료를 보면 위로는 하늘의 창이 열리고 옆으로는 이웃에 창이 열린 사람이었습니다. 여러분들은 기도가 무엇이라고 여기십니까? 기도를 통하여 하나님과 나와 함께 하는 것입니다. 더 나아가 주님과 대화하는 것입니다. 하나님과 나와 친밀함을 누리는 것입니다. 기도는 하나님과 나와 바른 관계를 가지게 하는 일입니다. 그래서 기도는 우리 신앙에 있어서 제일 소중하고 귀한 것입니다. 기도 없는 신앙생활은 있을 수도 없고, 생각할 수도 없습니다. 그런데 우리 성도들 가운데는 기도 생활은 안하면서도 교회 잘 다니고 거기에 직분까지 맡아서 일하는 분들이 있습니다. 한마디로 아주 대단한 사람들입니다.

사랑하는 성도 여러분! 기도 없이 수고한 모든 일과 봉사는 하나님의 인정을 받을 수 없습니다. 그러므로 우리는 어떤 일을 해도 기도가 가장 우선 되어야 합니다. 그리고 기도가 하나님과 나와의 관계에서 이루어지는 일이라면 구제는 나와 이웃과의 관계에서 이루어지는 일입니다. 우리가 신앙 생활하는데 이웃과의 관계도 아주 중요합니다. 오늘 백부장 고넬료는 사도행전 10장 2절의 "하나님을 경외하며 백성을 많이 구제하고"라는 성경말씀처럼 그는 이웃을 구제하는 선한 일을 많이 한 사람입니다. 예수님께서는 선한 사마리아인의 비유로 우리의 이웃에 대하여 말씀하십니다. "누가 강도 만난 자의 이웃이 되겠느냐 가로되 자비를 베푼 자니이다" 우리의 이웃은 바로 여러분의 도움을 필요로 하는 사람들입니다. 어떤 분은 여러분의 사랑을 필요로 합니다. 어떤 분은 시간을, 어떤 분은 여러분이 가진 재능을 필요로 합니다. 구제는 돈으로만 하는 것이 아닙니다. 여러분 주위에는 여러분의 따뜻한 위로의 말을 듣기 원하는 분도 있습니다. 그 분에게 따뜻한 위로의 한마디를 건네주시기 바랍니다. 그것이 구제입니다. 물론 간혹 여러분들이 가진 물질도 절실하게 필요해서 좀 나누어 달라고 할 때가 있습니다. 그렇다면 그들에게 자비를 베푸는 손길이 되시기를 바랍니다. 오늘 고넬료라는 사람은 이웃의 필요를 거절하지 않고 자기 것을 나누어 주는 것을 아는 사람이었습니다.

**3. 고넬료는 하나님께 축복을 받은 사람이었습니다.**

오직 구원은 예수님을 나의 구주로 모시고 믿을 때 구원을 받습니다. 고넬료가 하나님을 경외했지만 그것만으로는 그 가족이 구원을 받기에 부족했습니다. 아직 예수님을 믿지 않았기 때문입니다. 그래서 하나님께서는 하나님을 경외하는 고넬료를 구원하기 위해 욥바에 있는 베드로 사도를 고넬료 가정에 보내셨고, 주의 종 베드로를 통하여 주님의 복음을 듣게 하셨습니다. 그리하여 고넬료는 베드로 사도가 전하는 말씀을 통하여 예수님을 영접하고 주님을 믿고 성령의 세례를 받은 큰 은혜를 체험하게 됩니다. 진정한 구원의 축복이 고넬료에게 임하고, 하나님을 경외한 고넬료를 통하여 그 가족과 주위의 사람들이 구원을 얻게 되었던 것입니다.

올 한 해 예수님을 믿는 성도 여러분들과 여러분 가정의 온 식구들이 다 예수 믿는 놀라운 축복이 일어나기를 축원합니다. "주 예수를 믿으라 그리하면 너와 네 집이 구원을 얻으리라" 기도하면 성령께서 온 식구들 마음속에서 역사하십니다. 고넬료를 통하여 그의 온 식구를 구원하신 것처럼 성도 여러분의 온 가족들이 다 주께로 돌아 올 것을 믿고 더욱 더 기도에 힘쓰시기를 주님의 이름으로 축원합니다.

# 만삭 되어 나지 못한 자

## 동홍춘 집사

주님의 은혜로 간증까지 하게 됨을 감사드립니다.

부족한 저는 교회문화와는 거리가 먼 성장 과정을 거치면서 힘든 세상 속에서 살아남기 위한 발버둥이라고나 할까? 말할 수 없이 거칠고 강팍한 생활을 해왔습니다. 세상 것을 즐기며 사는 것이 마치 바보가 아닌 이상 남자로서 당연히 꼭 그렇게 살아야 한다고 생각하여 죄가 죄인 줄도 모르고 주님의 마음을 아프게 했던 사람입니다. 아내 최순숙 집사와 결혼해 살면서도 열심히 신앙 생활하는 아내를 보면 이해가 되지 않고 뭔가에 미쳐서 산다며 핍박을 하고는 했습니다.

1997년 IMF가 오면서 조그맣게 하던 사업조차 부도가 나서 끼니조차 해결할 수 없게 되었을 때 교회에도 잘 나가지 않던 때였지만, 하나님 아버지를 찾게 되면서 20일 새벽기도를 작정하게 되었고, 주님의 응답하심이 있었기에 어려운 때 였지만, 주님께서 경제적인 문제도 해결해 주셔서 풍요로운 삶을 살 수 있도록 많은 복을 주셨습니다. 우리의 생활을 보면서 분명히 하나님 아버지는 살아 계신 하나님임을 믿지만 어찌된 일인지 마음과 입술엔 늘 원망과 불평이 떠나지 않고, 주님 은혜에 깊은 감사를 드릴 줄 몰랐습니다. 마치 하나님 아버지를 생각해서 믿어주는 사람처럼 어쩔 수 없이 주일예배를 드리며 헌금하는 사람일 뿐이었습니다. 올해 청주 경제가 힘들어지면서 제 일인 석재 일거리가 하나도 없었습니다. 작년까지만 해도 남들이 다 힘들다고 해도 저만큼은 겨울에도 일을 할 정도로 많은 일을 주님께서 주셨기에 걱정이 하나도 없었던 저였습니다.

일이 없는 관계로 시간도 많고 기회도 좋아 3월 제주 성령컨퍼런스에 참석하게 되었고, 그곳에서 많은 회개를 하고 은혜를 받았습니다. 방언의 은사를 받지 못해 항상 마음에 부담과 아쉬움이 있던 중, 5월 성령컨퍼런스에 또 참석하게 되었습니다. 그런데 그때까지도 없던 일거리가 하필이면 컨퍼런스 가는 날, 더군다나 가는 시간에 만나서 결정하자는 제의가 들어 왔습니다. 어려운 시기라 마음의 갈등이 생겨 인간 된 생각으로는 공사가 중요했지만, 강권적인 성령의 인도하심이 있었기에 제주행을 택할 수 있었습니다. "구하라 그러면 주실 것이요"라고 하신 주님께서 저에게 놀라운 축복을 방언의 은사로 주셨습니다. 기쁨이 넘치는 상태로 집에 도착해 보니 견적서만 던지고 갔던 공사를 시작하라는 축복까지도 제게 주셨습니다.

주님의 은혜 가운데 이어서 40일 부흥회라는 천국 잔치를 열어 주셔서 더 많은 은혜와 축복을 받았습니다. 부족한 죄인을 포기하지 아니하시고 이 자리까지 오게 해주신 하나님 아버지께 무한 감사를 드립니다. 또한, 저를 낳아주신 부모님도 저를 잡아주지 못하시고 돌아가셨건만 하나님 아버지께서 사랑하시는 목사님! 사모님! 기도와 사랑으로 저를 양육해 주심을 진심으로 감사드립니다. 40일 대 부흥성회에서 제게 주신 응답의 말씀인 "사랑하는 자여 네 영혼이 잘됨 같이 범사에 잘 되고 강건하기를 내가 간구하노라" 요한3서 2절의 말씀처럼 살아 주님께 드려지는 삶이 되길 간절히 기도합니다. 감사합니다.

# 15. 문제해결 받으려면

마태복음 15장 21-28절

세상 사람들은 모두 다 문제를 하나씩 갖고 있습니다. 어느 누구도 예외일 수는 없습니다. 그런데 그 문제를 어떻게 해야 해결할 수 있겠습니까? 우리 주위에서 보면 어떤 자는 즉시 문제를 해결 받는 이가 있는가 하면, 어떤 자는 문제를 해결 받지 못해 밤낮 근심과 걱정 가운데 사는 사람이 있습니다. 오늘 여러분들은 모두 말씀을 듣는 가운데 문제를 해결 받는 역사를 체험하시길 예수님의 이름으로 축원합니다.

**1. 가나안 여인에게는 커다란 문제가 있었습니다.**

오늘 본문 말씀에 가나안 여자는 문제가 있어서 예수님을 찾아 왔습니다. "다윗의 자손 예수여, 나를 불쌍히 여기소서! 내 딸이 흉악한 귀신 들렸나이다."하고 소리쳤습니다. 제자들이 듣다가 시끄러워서 예수님께 부탁하기를 "주님 무슨 문제인지 몰라도 저 여자의 문제를 빨리 해결하여 보내주소서." 하였지만 예수님께서는 "나는 이스라엘 집의 잃어버린 양 외에는 다른데로 보내심을 받지 아니하였노라." 하였습니다.

그래도 여자는 포기하지 않고 "주여 저를 도우소서."하자 예수님은 "자녀의 떡을 취해서 개들에게 던짐이 마땅치 아니하니라."고 말씀하십니다. 이 말씀은 여자에게는 매우 충격적인 말씀입니다. 하지만 가나안 여자는 예수님께 뭐라고 하였습니까? "주여 옳소이다마는 개들도 제 주인의 상에서 떨어지는 부스러기를 먹나이다."라고 주님께 매달렸습니다. 참으로 놀라운 고백이 아닐 수 없습니다. 사랑하는 성도 여러분! 마음에 큰 시험이 올 때 더욱 간절히 기도하면 시험은 어느새 사라지고 주님의 은혜와 평안이 뒤따라옵니다. 시험이 오더라도 끝까지 얘수님게 매달려서 문제를 해결 받는 성도가 되기를 축원합니다.

## 2. 가나안 여인은 부르짖었습니다.

"다윗의 자손 예수여, 나를 불쌍히 여기소서." 이것은 예수님께 간절히 부르짖어 기도했다는 의미입니다. 그 때에 우리 주님께서는 나 몰라라 하지 않으셨습니다. 기꺼이 해결해주셨습니다. 마태복음 8장 1절부터 4절에 보면 예수님께 문둥병자가 찾아와서 "주여 원하시면 저를 깨끗케 하실 수 있나이다" 하였습니다. 내가 원해서 깨끗하게 되는 것이 아닙니다. 문둥병자가 사람들이 많이 있는 곳에 찾아와 예수님께 간구하고 있는 것은 사람들이 던지는 돌에 맞아 죽을 각오를 하고 나온 것입니다. 우리가 문제를 가지고 기도할 때 죽을 각오를 하고 하나님께 매달리면 반드시 응답 받습니다. 쓰러질 때까지 한 번 기도해 보십시오. 응답 받을 때까지 기도해 보십시오. 주님이 도우시면, 주님이 원하시면 어떤 문제라 할지라도 순식간에 해결 받습니다.

## 3. 자기의 문제를 확실히 고백할 때 문제를 해결 받습니다.

우리들은 이 시간 자기의 기도 제목이 무엇인지 확실히 알아야 합니다. 또한 기도하는데 중언부언하지는 않는지 되돌아보아야 합니다. 가나안 여인처럼 "내 딸이 흉악히 귀신 들렸나이다."라고 정확하게 고하고 있습니까? 확실한 기도 제목을 가지고 간절하게 기도할 때 그 때에 우리 하나님께서 도와주십니다.

소경 바디매오는 주님 앞에 자신이 원하는 것을 확실하게 고하였습니다. 예수께서 "내가 너에게 무엇을 해주기를 원하느냐"라고 하실 때 바디매오는 확실하게 "주여 보기를 원하나이다"라고 했습니다. 그 때 예수님은 "네 믿음대로 될지어다."라고 말씀하시며 소원의 기도를 들어주셨습니다.

**4. 기도하다가 응답이 좀 더딜지라도 끝까지 포기하지 않고 기도해야 합니다.**

오늘 본문의 가나안 여인도 예수님을 쫓아오면서 포기하지 않았기 때문에 문제가 해결되었습니다. 그리고 주님은 "여자야 네 믿음이 크도다. 네 소원대로 되리라."라며 칭찬해 주셨습니다. 기도 할 때는 하나님께서 응답하실 때 까지 기도해야 합니다. 기도하다가 낙망해서는 안 됩니다.

사랑하는 성도 여러분! 어려운 일이 있습니까? 하나님께 부르짖기를 바랍니다. 응답이 올 때까지 간절히 부르짖을 때 하나님은 역사하십니다. 확실하고 분명하게 간구하며, 나의 기도는 반드시 응답된다는 확신을 가지고 간구할 때 어떤 어려운 문제도 해결되는 역사가 일어납니다. 여러분 모두에게 문제가 해결되는 축복이 임하시기를 예수님의 이름으로 축원합니다.

## 간증 에바다! 나의 눈아, 열려라

### 이해숙 집사

저는 2002년에 '베체트' 라는 병명 진단을 받았습니다. 처음에는 '포도막염' 이라 염증만 사라지면 괜찮을 거라고 생각했는데, 구내염과 함께 전신에 퍼진 것입니다. 저는 이 병을 알고서야 주님을 알게 된 사람입니다. 사실 그전에는 교회를 습관적으로 다니는 사람에 불과했지요. 병 때문에 주님을 알게 됐지만, 비로소 저는 교인이 아닌 성도가 되어감에 기쁨을 느낄 수 있었습니다. 주님을 온전히 영접하며 저의 몸이 조금씩 좋아졌습니다. 그러나 저는 주님의 은혜를 또 다시 잊은 채 세상 낙에 젖어 들었고, 이번에는 시작할 때 한쪽 눈에만 있던 염증과 유리체 혼탁이, 양쪽 눈에 망막 뒤까지 염증과 혼탁, 혈관염까지 같이 오게 되었던 것입니다.

제 몸이 많이 좋지않다는 것을 직감하고 있었지만 이 정도 될 줄은 몰랐습니다. 병원에서 돌아오는 차 안에서 낙심이 되어 답답해 있는데 마음 한편으로는 '이번이 기회야, 다시 주님을 찾아야지! 주님 만나야지!' 하는 생각이 들었습니다. 그래서 바로 40일 새벽기도와 9시 기도를 작정하고 기도를 시작했습니다. 때마침 담임목사님께서 인도하시는 자체 부흥성회가 열렸습니다. 하나님께서는 이 성회를 통하여 제게 회개의 문을 열어주셨는데 '입으로만 주를 찾지 않았느냐? 너는 얼마나 내게 부르짖었느냐?' 라는 음성이 들렸고 그 음성을 통해 완악한 제 마음은 서서히 녹아졌습니다. "죽으면 죽으리라." 에스더 같은 각오로 기도했습니다. 기도하다가 완전히 기진맥진한 저에게 방언이 터져 나왔습니다. 그렇게 받고 싶던 방언의 은사를 받고 보니 그 기쁨은 말로 다 할 수 없었습니다. "주님! 감사합니다. 감사합니다."

다음날, 새벽예배 시간에 단상을 보는데 평상시 안 보이던 것들이 제 눈에 보이는 것입니다. 물론 선명하고 뚜렷하게 다 보이지는 않았지만 부분 부분이 뚜렷하게 보였습니다. 그날부터 가까운 글씨만 빼고 다 보였습니다.

그러던 중 저희 구역이 수요예배에서 특송이 있는 날이었습니다. 가까이 있는 글씨가 보이지 않아 보이길 간절히 기도하며 찬양을 연습했고, 수요 구역 찬양이 있던 날 찬송을 부르는 중에 처음에는 조명 때문에 그럴 거라고 생각했는데 위에서 빛이 저를 향해 내려온다고 할까요? 그러더니 등이랑 발이 뜨거워지기 시작했습니다.

그때 저의 눈이 치료 받았다는 것을 다음날 새벽예배 시간에 알게 되었습니다. 새벽에 안경을 벗고 성경책을 보게 되었는데 언제 안보였냐는 듯 놀랍게도 다 보이는 것입니다. "에바다 열려라" 제 눈을 고쳐주신 하나님의 사랑과 은혜에 저도 모르게 눈물이 저절로 흘렀습니다.

그 다음날 다니던 병원에 갔는데 의사 선생님께서 한쪽은 아직 약간의 염증이 있긴 하지만 다른 한쪽은 언제 그랬는지 흔적조차도 없다고 말씀하셨습니다. 제 간증을 들으신 의사 선생님은 전에 '염증이 사라져도 시력이 회복되기는 어렵다.' 고 제가 지레 겁먹을 것 같아 미리 말하지 못했다고 하셨습니다. 그러면서 염증이 흔적도 없이 사라졌다고 하시면서 혈관이 터지지 않은 것이 기적이라 했습니다.

2004년 가을 자체 성회는 제게 밝은 세상을 안겨 주었고 천국 소망을 확실케 하는 너무 소중한 기회가 되었습니다. 성회를 통하여 '간절히 부르짖는 자의 하나님' 이라는 것을 제가 확실하게 믿게 되었습니다. 구하고 찾고 두드리는 자에게 응답하시는 하나님이심을 깨달은 성회였습니다.

그동안 저를 위해 기도해 주신 모든 분들께 이 글을 통해 진심으로 감사드리며 저와 같이 하나님을 만나고 싶으신 분들이 계시다면 우리 청주 은성교회를 여러분들에게 자신 있게 소개합니다.

# 16. 혀의 권세

잠언 18장 20-21절

우리에게 있는 혀를 잘 쓰고 긍정적인 말을 하는 자는 좋은 열매를 맺게 되고, 똑같은 혀로 부정적인 말을 하는 사람은 나쁜 열매를 맺게 됩니다. 나쁜 열매는 죄악입니다. 긍정적인 말로 좋은 열매를 맺어서 하나님께 영광을 돌리는 귀한 성도들이 되시기를 예수님의 이름으로 축원합니다.

**1. 입에 나오는 열매로 배가 부르다고 하였습니다.**

오늘 본문 20절에 "사람은 입에서 나오는 열매로 하여 배가 부르게 되나니." 입에서 나오는 그 열매로 인하여 배부르게 된다고 하였습니다. 혀로 좋은 열매를 맺으면 좋은 열매를 먹게 되고 나쁜 열매를 맺으면 나쁜 열매를 먹게 된다는 겁니다.

창세기 33장을 보면 야곱이 죽게 되었습니다. 형 에서가 4백명을 거느리고 야곱을 죽이러 오고 있었습니다. 그런데 야곱이 얍복강가에서 밤새도록 생명을 내거는 기도를 하고 형을 만나는데 그 때 야곱이 형 앞에 나아가 굽실리며 뭐라고 합니까? "내가 형님의 얼굴을 뵈온즉 하나님의 얼굴을 본 것 같사오며 형님도 나를 기뻐하심이니이다"(창33:10) 그 말 한마디에 야곱을 죽이려고 쫓아왔던 에서의 마음이 봄 눈 녹듯이 녹아버렸습니다.

사랑하는 성도 여러분! 우리가 말을 할 때에 한마디 말을 하더라도 신중하게 생각하여 듣는 사람들이 기쁘고 자녀들에게 본이 되는 말을 하시기 바랍니다.

### 2. 죽고 사는 것이 혀의 권세에 있습니다.

출애굽기 3장에 모세가 하나님의 산 호렙에 이르매 떨기나무가운데서 부르시고 그에게 말씀하시기를 이스라엘 자손을 애굽에서 인도하여 내라고 말씀하십니다. 그때 모세가 11절에 "주여 제가 누구관대 바로에게 가며 이스라엘 자손을 애굽에서 인도하여 내리이까?"하니 12절에 하나님이 "내가 정녕 너와 함께 있으리라."고 말씀 하십니다. 그러나 모세는 핑계를 대면서 계속해서 갈 수가 없다고 말합니다. 그러자 문둥병이 치유되는 기적과 지팡이 기적을 보여 주지만 모세는 계속 이유를 대면서 갈 수가 없다고 말합니다. 그래도 가라고 하니까 이제는 4장 10절에 입을 핑계 댑니다. "나는 입이 뻣뻣하고 혀가 둔한 자니이다."라고 말합니다. 그러니까 하나님께서 모세를 책망 하면서 4장 11절부터 12절에 "누가 사람의 입을 지었느뇨 누가 벙어리나 귀머거리나 눈 밝은 자나 소경이 되게 하였느뇨 나 여호와가 아니뇨 이제 가라 내가 네 입과 함께 있어서 할 말을 가르치리라."고 말씀하십니다. "네 혀 끝 위에 함께 하리라."고 모세가 하나님의 명령을 받고 애굽 왕 바로에게 가서 "우리 이스라엘 민족을 내보내라."(4:17)고 하자 바로 왕이 거절합니다. 모세는 피 재앙부터 시작해서 열 가지 재앙을 일으켰는데, 이는 모세가 말하는 대로 모두 하나님께서 역사하신 것입니다. 죽고 사는게 혀 끝에 있습니다. 여러분의 혀 끝에 하나님이 함께만 하시면 놀라운 일들이 일어납니다.

사랑하는 성도 여러분! 우리가 이 땅에 잘 살고, 못 사는 이유가 어디에 있습니까? 우리의 혀 끝에 있습니다. 죽고 사는 권세가 혀끝에 있다는 사실을 깊이 깨닫고 혀끝으로 좋은 열매를 맺는 성도들이 되시기를 예수님의 이름으로 축원합니다.

### 3. 긍정적인 말만 하고, 하나님께 영광 돌리는 혀가 됩시다.

성령 충만을 받은 사람들은 부정적인 말을 하지 않습니다. 그러나 은혜가 떨어지면 부정적인 말을 하게 됩니다. 성령이 소멸되면 부정적인 말을 하게 됩니다. 우리가 하나님의 축복 받기를 원하면 입으로 시인할 줄 알아야 합니다. 창 12:3절에 "너를 축복하는 자에게는 내가 복을 내리고 너를 저주하는 자에게는 내가 저주하리니 땅의 모든 족속이 너를 인하여 복을 얻을 것이니라."고 말씀하셨습니다. 우리는 하나님 자녀의 권세를 받았습니다. 혀끝으로 긍정적인 말을 하고 하나님께 영광을 돌리면 하나님은 우리에게 놀라운 축복으로 역사하십니다. 긍정적인 말만 하는 혀끝이 되어서 하나님의 축복을 마음껏 받는 성도들이 되시기를 예수님의 이름으로 간절히 축원합니다.

사랑하는 성도 여러분! 우리의 입에서 나오는 열매로 우리가 배부르게 된다는 사실을 깨닫기 바랍니다. 또한 우리가 가진 혀의 권세로 우리가 죽고 산다는 것도 깨닫기 바랍니다. 또한 긍정적인 말만 하는 혀끝을 통해 하나님의 축복이 임한다는 사실을 깊이 깨달으시기 바랍니다. 혀의 권세로 하나님의 놀라운 축복을 받아 하나님께 영광 돌리는 귀한 성도들이 되시기를 예수 그리스도의 이름으로 간절히 축원합니다.

## 간증 환난 날에 나를 부르라

신미경 집사

저는 3년 전부터 시작된 알레르기 비염 때문에 무척이나 큰 고통에 시달렸습니다. 장소와 계절에 상관없이 저에게 계속 고통을 주기에 그 스트레스는 이루 말할 수 없었습니다. 약을 먹어도 잠시뿐 늘 코에서 피가 나고 붓고, 막힘으로 두통까지 심했으며 새벽예배를 드리려고 일어나면 제일 먼저 시작되는 건 그칠 줄 모르는 재채기였습니다. 그리고 나면 멍한 상태에서 예배를 드리게 되고 기도 시간에 고개를 숙이면 견딜 수 없는 두통과 호흡곤란까지 이어져 은혜 받고도 마음껏 우는 것조차 힘겨웠습니다. 하지만 금번의 자체 부흥성회를 통하여 이 모든 고통으로부터 승리하게 해주셨습니다. 하나님께서 저의 알레르기 비염을 깨끗이 고쳐주셨습니다.

하나님께서는 저의 병만 고치신 것이 아니라 저에게 큰 믿음도 주셔서 소극적이며 내성적인 여린 마음을 강하고 담대하게 적극적으로 사는 인생으로 변화시켜 주셨습니다. "이 산을 들어 저리로 옮겨도 그대로 된다."라는 큰 믿음 주신 하나님께 감사드리며 글로 고백하게 되어 너무도 기쁩니다.

2003년 3월에 이사 오면서 갈급한 마음으로 은성교회를 나오게 되었고 목사님의 말씀을 듣던 중 제 마음의 벽이 깨어지면서 많은 체험과 은혜를 입게 되었습니다. 말씀 듣다가 회개하고, 말씀 듣다가 성령 충만 받고, 말씀 듣다가 방언의 은사를 그리고 성령의 체험을 주셨을 때는 하나님의 섭리가 있다고 봅니다. 종갓집 며느리로서 갖가지 집안일과 행사로 주일을 지키기가 무척 어렵고 힘들었던 저에게 큰 믿음 주셔서 온전히 주일을 지키게 하셨습니다.

하나님은 참으로 좋으신 분입니다. 하나님께 나의 뜻을 향하였더니 저를 축복하여 주셨습니다. 교통사고 후유증으로 인한 발목 통증과 만성 편도선염을 이미 치유 받았고 교회 자체 부흥회를 통해 평생 갖고 살아야 될 줄 알았던 알레르기 비염까지도 치유 받았습니다. 저의 친정어머니 역시 집회 동안 참석하여 믿음을 회복하시고 고혈압, 당뇨, 관절염, 불면증 등을 모두 치유 받아 일체 약을 끊게 되셨습니다. 혼자 사시는 모습이 늘 걱정스러웠는데 은혜와 건강 주셔서 이제부터 열심히 주의 일에 힘쓰겠다고 결단하시는 모습을 보면서 너무도 감사했습니다. 너무나 값진 체험을 하였기에 저는 불교와 유교의 사상에 빠져 있던 저의 시댁에 복음을 전하였습니다. 더 용기를 얻어 시아버지께 찾아뵐 때마다 간증하며 주님을 전하고 있습니다. 하루빨리 시댁 식구들이 예수님을 영접하여 주일에 같이 예배드리고 하나님을 찬양하기를 기대합니다.

세상을 쳐다보았던 눈을 돌이켜 하나님을 바라본 것뿐인데 우리 하나님께서는 저에게 이렇게 커다란 축복을 허락해 주셨습니다. 저는 하나님의 약속의 말씀을 믿습니다. 그 말씀을 믿기에 늘 순종하며 감사하며 기쁨으로 살아가겠습니다. 강단에서 선포 되어지는 목사님 말씀 중에 긍정적인 말을 하고 하나님께 영광 돌리면 놀라운 축복이 있을거라는 말이 생각납니다. 긍정적인 말과 긍정적인 생각으로 하나님 앞에 순종하며 영광 돌리면 저를 만나주셨던 하나님은 분명 저의 남편과 시댁을 속히 구원해 주시리라 믿습니다.

하나님! 늘 사랑하며 오직 믿음으로만 살겠습니다.

# 17. 불꽃 가운데서 건져주신 하나님

누가복음 16장 19-31절

가난하고 병든 나사로와 부자가 나옵니다. 부자는 왕처럼 차려입고 좋은 음식으로 잔치를 하며 친구들과 더불어 즐겁고 남부럽지 않게 살았습니다. 그렇지만 나사로는 부자의 대문가에 앉아서 병든 몸을 이끌고 구걸을 하며 개들과 벗이 되어 살았습니다. 그 후 세월은 흘러 두 사람은 모두 죽었습니다.

그렇게 인생의 모든 것이 끝이 났다고 하면 그만이겠지만 주님은 인생의 삶이 육신을 가진 인생으로 끝나는 것이 아니라 분명한 내세가 존재하며 이들의 운명이 확연하게 갈리어지고 있음을 말씀하셨습니다. 그 말씀에 의하면 부자는 죽어서 지옥의 불꽃 가운데로 떨어져 고민하였고 나사로는 죽어서 천국에서 위로를 받았다고 하였습니다. 오늘 이 말씀을 통하여 우리의 삶을 어떻게 살아야 할 것인가? 이에 대하여 생각하여 보고자 합니다.

### 1. 우리의 인생은 깨어 있어야 합니다.

나사로와 부자를 비교하여 보면 부자는 인생의 지혜와 능력을 소유한 깨어 있는 사람 같고 나사로는 어리석고 게으르고 병들고 답답한 어둠 속에 사는 한심한 인생 같습니다. 그래서 둘 중의 어느 인생을 택하겠느냐 물으면 서슴없이 부자를 택할 것입니다. 그러나 우리가 나사로를 일방적인 기준만을 세우고 어리석게 여길지 모르지만 한 가지 놓치지 말아야 할 것은 부자의 가슴 속에는 세상의 향락에 타오르는 불이 있었지만, 나사로는 성령의 불이 있어 그의 의식과 삶 전반에 걸쳐 하나님을 모시는 인생을 살았다는 것입니다.

그 결과 예수님의 평가에서 누가 지혜롭고 깨어 있는 사람이었습니까? 부자처럼 세상 향락의 불에 탐닉된 삶이었습니까? 아닙니다 그는 어두움 속에서 사망의 잠을 자는 삶이었습니다. 반면에 나사로는 어둠 속에 있는 잠자는 사람 같았지만, 그는 하늘을 의식하고 하나님을 의식하는 성령의 불을 소유한 깨어 있는 사람이었습니다. 그러므로 우리 성도들은 성령의 빛으로 깨어 있는 삶을 살 수 있기를 바랍니다.

**2. 삶의 문제를 어떻게 다룰 것인가 하는 것입니다.**

우리는 나사로와 부자의 삶 속에서 인생의 문제들이 무엇인가를 엿볼 수가 있습니다. 먼저 나사로에게는 육신의 질병과 소외된 삶이 있었습니다. 그리고 부자에게는 이웃의 아픔에는 아랑곳하지 않는 이기적인 불에 타는 삶이 있었습니다. 이러한 사회는 아픔과 상처가 많은 삶을 사는 사람들이 많습니다. 이러한 삶을 극복하는 유일한 길은 성령의 불을 받는 것입니다. 사도행전 4장 32~35절에 "무리가 한마음과 한뜻이 되어 모든 물건을 서로 통용하고 제 재물을 조금이라도 제 것이라고 하는 이가 하나도 없었고, 그 중에 핍절한 사람이 없었다"고 하였습니다. 그리고 성령의 권능으로 질병이 치유되는 삶이 회복되는 일이 일어났습니다. 이 얼마나 놀라운 삶입니까? 이처럼 성령의 불을 받으면 가난한 자도 부자도 서로 하나가 되고, 갈등도 상처도 없는 사랑의 삶과 건강한 삶을 살 수 있습니다. 이러한 삶을  위해 우리는 성령의 충만을 받아야 합니다. 이들이 이러한 삶을 살 수 있는 것은 사도행전 2장에서 성령의 불을 받고 난 다음이 일이었습니다.

그러므로 오늘 우리 중에 가정과 직장에 상처와 갈등이 있고, 질병의 문제와 가난이 있다면 성령의 충만을, 성령의 불을 받아야 합니다. 왜냐하면 그러한 삶은 오직 성령의 불, 성령의 충만함 외에는 해결 방법이 없기 때문입니다.

### 3. 우리는 내세를 준비하는 삶을 살아야 합니다.

우리의 인생은 결국 죽음에 이르게 됩니다. 그리고 인정하든지 않든지 간에 천국과 지옥의 갈림길에 서게 됩니다. 여기 나사로는 죽어서 천국에서 위로를 받는 최후의 승자가 되었습니다. 그러나 반면에 부자는 죽어서 지옥의 물 한 방울도 적심을 받을 수 없는 불꽃 속에서 돌이킬 수 없는 고통과 고민의 삶을 살았습니다.

그럼 이들을 이렇게 갈라놓은 것은 무엇입니까? 그것은 다름이 아닌 나사로는 예수를 믿고 성령의 불을 받아 늘 깨어서 천국을 사모하며 주님이 주시는 위로 속에 살았지만, 부자는 성령도, 내세에 대한 의식도 없이 이 땅의 쾌락과 향락 속에만 빠진 삶을 살았기 때문입니다.

사랑하는 성도 여러분! 이 마지막 때에 우리들은 어떻게 살아야 하겠습니까? 또 어떻게 신앙생활 해야 하겠습니까? 우리 신앙에 제일 중요한 일은 예수 믿고 성령의 불을 받아 사는 것입니다. 부자와 같이 죄악에 빠져 결국 불꽃 속에서 고민하지 말고, 인생의 문제 속에 역사하는 하나님의 은혜 속에서 늘 내세인 천국을 준비하는 지혜로운 삶을 사시기를 예수님의 이름으로 축원합니다.

# 내게 확실한 믿음을 주신 하나님

김갓난 권사

옛 어른들께서 말씀하시기를 집안에 새 식구가 잘 들어오면 흥해지고 복을 받으며, 잘못 들어오면 집안이 망한다고 하셨습니다. 우리 집은 청주 용암동 중고개를 지나서 전원생활이 풍족한 이정골 동네입니다. 농사를 조금 짓고 겨우 입에 풀칠을 하면서 살아가는 어려운 형편에 아들 장가는 보내야 하겠고 또 삶을 영위해야 했으니 그 심적 고통이란 어찌 말로 다 할 수가 있었겠습니까? 게다가 귀신에게 정한수 떠놓고 빌면서 기원을 청하면 복이 저절로 굴러 들어오는 줄 알고 부적을 집안 구석구석에 붙여 놓고 무당을 데려다 굿을 하는 것도 빼놓지 않았으니 이러한 삶을 누가 좋게 봐 줄 수 있었겠습니까? 제가 신이 들렸다는 무당의 말을 그대로 믿고 시행했으니 그나마도 없는 살림에 가정 형편은 더욱 더 궁핍해져 갔습니다.

지금까지 밝힌 것처럼 우상을 섬기기에 으뜸이었던 저희 가정을 하나님께서 측은하게 여기시고 교회 잘 다니는 며느리를 보내 주셔서 우상과 멀어지게 하셨습니다. 며느리를 따라 교회를 다니기 시작했습니다. 처음에는 예배시간마다 졸음이 오고 목사님께서 말씀하시는 설교를 알아듣지 못했는데 날이 갈수록 말씀이 꿀처럼 달고 맛있게 느껴졌으며 상한 갈대와 같았던 저의 온몸 전체를 깨끗하게 치유시켜 주셨습니다. 제가 지금까지 살아온 것이 모두 다 죄악의 늪에 빠져서 허덕이고 고통과 방황 속에서 탈출하지 못했던 거짓 인생이었구나! 생각하니 참으로 하나님께서 쏟아부어 주시는 한량없는 은혜에 다시금 머리가 숙여졌습니다.

세월이 흐를수록 마음이 새로워지고 생기가 돋아나고 성령 충만해지니 귀신들려 몸이 시름시름 아프고 이렇다 할 병명도 없이 몸이 빼빼말라 고통스러웠던 것이 모두 떠나가고 생활에 활력이 넘치기 시작했습니다. 그리고 그 해 가을부터 농사가 잘 되어 대풍년으로 이어졌고 자녀들이 한결같이 축복을 받고 교회를 다니기 전과는 달리 우리 가정은 사랑이 넘치고 웃음꽃이 만발하기 시작했습니다. 그런데 간사하고 두 얼굴을 지닌 것이 사람의 마음인지라 농사철이 되어서 눈코뜰 새 없이 바쁘다보니 너무 피곤하다는 핑게로 차차 교회를 멀리하게 되고 자연적으로 믿음도 식어져 갔습니다. 어느 날 하나님께서 살아 역사하심을 인식해서 겨우 교회는 나갔는데 저에게 큰 시험이 닥쳤습니다.

1986년 3월 26일 수요예배에 참석하려고 동네사람들과 시내버스를 타고 교회에 오는 도중 버스가 청주 영운동 파출소 앞에서 정차했습니다. 막 내리려고 준비를 할 때 갑자기 문이 탁 열리더니 순간 버스가 급하게 브레이크를 밟는 바람에 충격으로 내 몸은 땅바닥에 내동댕이쳐져 머리가 땅에 떨어졌습니다. 저는 그 순간밖에 기억할 수가 없었고 같이 동행했던 동네사람들의 말에 의하면 몸이 거꾸로 쑤셔박히자 머리와 양쪽 귀에서는 피가 콸콸 쏟아지는데 참담하고 비참한 상태를 말로 표현할 수가 없었다고 했습니다. 마침 파출소 앞이라 경찰관의 도움으로 병원으로 옮겨졌답니다.

제가 입원했던 병원은 지금은 없어진 서울병원으로 병원 응급실에는 저와 똑같은 교통사고 환자가 두 명 있었다고 합니다. 그 두사람 모두 뇌수술을 받던 도중 불행하게도 세상을 떠났다고 합니다.

담당 의사가 하는 말이 '조금 전 두사람도 이 할머니와 똑같은 증상인데 죽는 마당에 뭐하러 머리에 칼을 댑니까?' 하며 자포자기 상태로 말을 하더랍니다. 그러면서 하는 말이 귀에서 피가 나오고 있는 한은 어떻게 손을 댈 수도 없고 속수무책이라면서 우선 문제는 귀에서 나오는 피를 멈추게 하는 것이 급선무라고 하더랍니다.

이 글을 읽으시는 여러분 한 번 상상해 보세요. 그 참담하고 암담한 상태를 어찌 말로 다 할 수 있겠습니까? 그런 제가 정신을 잃고 혼수상태에서 경험하고 실제로 본 것이 있었습니다. 갑자기 어떤 시커먼 사람들이 나타나서 내 손을 덥석 잡으며 어디론가 가자고 했습니다. 무서워 벌벌 떨고 있는데 하늘에서 구름 같은것이 내려오면서 사람이 탈 수 있는 판자가 되더군요. 시커먼 사람의 손에 이끌리어 판자를 타니까 주춤주춤 하늘로 올라가기 시작했고 한참 위로 올라가다 밑을 내려다보니, 남한일대가 한눈에 내려다 보였습니다. 다시 한참 올라가다 보니 넓은 대지가 나타났습니다.

거기에는 수많은 집들이 있었는데 그 집들은 끝이 보이지 않을 정도로 많았고 말끔히 단장되어 있었습니다. 그 중 가장 큰 집이 있었는데 거기는 '심판 하는 곳' 이라고 가르쳐 주셨습니다.

또 다른 곳을 보여주는데 거기는 예수 잘 믿었던 사람들이 육이 죽고 와서 '면류관 받는 곳' 이라고 하는데 눈이 부셔 바라볼 수가 없었습니다. 그 순간 시커먼 사람은 없어지고 흰옷 입은 분이 나타나셨는데 유난히도 희어서 눈이 부셨습니다. 제게 가까이 오시더니 '너는 어떻게 하여 여기에 오게 되었느냐?' 고 물으셨습니다. 그래서 '아까 있던 시커먼 사람이 자꾸만 가자고 하여 따라왔습니다.' 하고 말씀 드렸더니 '너는 아직 여기 올 때가 되지 않았다.' 고 하시면서 말씀하시기를 '이제부터 너는 앞만보고 달려가라. 만일 뒤를 바라보는 날에는 모든 것이 헛되느니라.' 고 하시면서 신신당부 하셨습니다.

그 순간 수많던 아름다운 집들은 보이지 않고 제 앞에는 고속도로처럼 반듯하게 펼쳐진 넓은 길이 보였습니다. 저는 그 길을 앞만 보고 쉬지 않고 달려왔는데 어느 사이 이정골 뒷고개를 넘어왔습니다. 동네가 보이자 이제는 살았구나! 하는 안도의 숨을 길게 내쉬는 순간 귓가에서 가물가물하게 호세길 목사님의 간절하고도 눈물어린 기도소리가 들려왔습니다.

그 때가 바로 사고나고 병원에 실려온 지 7시간만에 정신이 돌아온 순간이었습니다. 목사님께서 기도를 마치시는 순간 양쪽 귀에서 흘러내리던 피도 멈추었다고 합니다.

담당의사선생님이 '이것은 정말 기적입니다. 당신은 목사님 기도로 살았습니다.' 라고 하시면서 자기가 의사생활 10년이 넘었지만 호세길 목사님처럼 간절히 기도하시는 분은 처음 보았다고 하시면서 기쁨의 환호성을 수 없이 연발하셨습니다. 입원기간 동안도 수십차례나 그 말을 되풀이 했습니다. 병원진단은 3개월이 나왔지만 주님의 은혜로 병세가 빠르게 회복되어 한 달 만에 건강한 몸으로 퇴원을 할 수 있었습니다.

짧은 시간이나마 죽음을 통해 천국에 갈 수 있는 소망을 주신 주님께 진심으로 감사와 영광을 드리면서 말주변도 없고 비록 글을 잘 모르는 할머니지만 주님을 몰라 고통당하며 마귀와의 전쟁에서 항상 패배하고 죄악의 늪에 빠진 상한 갈대와 같은 영혼들을 위해 주님께서 부르시는 그 날까지 전도의 사명자로 충성하며 예수님의 증인으로 생을 살아갈 각오 입니다. 배은망덕하게 하나님을 잠시 멀리했던 이 죄인에게 회개의 영을 부어주시고 깨달음의 눈을 허락하셨으니 더욱 주님을 사랑하며 충성할 것을 맹세하며 모든 영광을 하나님께 돌립니다.

# 18. 아름다운 열매를 맺자

마태복음 7장 16-21절

본문 21절에 의하면 주님은 "주여! 주여! 하는 자마다 천국에 다 들어갈 것이 아니요 다만 하늘에 계신 내 아버지의 뜻대로 행하는 자라야 들어가리라."라고 말씀하셨습니다. 그러면 우리가 어떻게 사는 것이 아버지의 뜻대로 사는 것일까요?

## 1. 좋은 나무가 되어야 합니다.

본문 16절에 의하면 주님은 "가시나무에서 포도를, 또는 엉겅퀴에서 무화과를 따겠느냐?"라고 하셨습니다. 즉, 좋은 열매는 반드시 좋은 나무가 있어야 맺는다는 것입니다. 여러분은 어린 시절에 산에서 고염나무를 보았을 것입니다. 그 나무는 보기는 그럴싸 하지만 열매에 씨만 많고 조그마하여 먹을 것이 통 없습니다. 그렇지만 그 고염나무의 밑을 싹둑 자르고 좋은 감나무를 가져다가 접을 붙이면 그 후부터는 좋은 감나무가 되어 탐스러운 열매를 맺게 되는 것입니다. 또 여러분들은 머루나무를 알고 있을 것입니다. 그 머루는 그리 좋은 나무는 아니지만 거기에 좋은 품질의 포도를 접을 붙이면 보기 좋고, 먹기 좋은 맛있는 머루포도가 나옵니다.

이와 같이 우리는 본래 가시와 엉겅퀴를 내는 좋지 못한 나무입니다. 그렇지만 로마서 11장 17절에 "또한 가지 얼마가 꺾여졌는데 돌감람나무인 네가 그들 중에 접붙임이 되어 참감람나무 뿌리의 진액을 함께 받는 자 되었은즉." 이라는 말이 있습니다. 우리가 예수를 영접하고 그 분을 주로 시인을 할 때에 하나님은 주님에게 우리를 붙여 그의 생명과 능력을 공급받는 삶을 사는 자가 되게 하신다는 말씀이 됩니다. 그러므로 아직 주님을 영접하지 못하신 분들 중에 정말 새로운 삶을, 좋은 열매 맺는 삶을 살고자 하시는 분이 있다면 예수를 주로 영접하시기를 바랍니다.

**2. 좋은 열매를 맺으려면 끝까지 예수라는 나무에 매달려 있어야 합니다.**

제가 교회의 감나무들을 돌아보며 '올해는 감을 많이 먹을 수가 있겠구나.' 하고 생각하였더니 태풍이 한 번 씽하고 불고 지나가자 연약하고 병든 열매들은 우수수 열매들이 떨어져 버렸습니다. 이래서 땅에 떨어져 버린 열매들은 더 이상 좋은 열매가 될 수가 없었습니다. 그렇지만 개중에 모진 바람에도 떨어지지 않고 붙어 있던 것들은 가을의 좋은 열매로 성숙하게 되었습니다. 이와 같이 우리가 좋은 열매 맺는 삶을 살려면 주님께 잘 달라붙어 있어야 합니다. 어떤 시험의 바람이 불어와도 흔들리지 않고 떨어지지 않아야 합니다.

**3. 좋은 나무의 좋은 열매는 바로 하나님의 뜻대로 사는 삶입니다.**

우리의 삶의 열매들은 어떤 것들은 사람들의 비난을 받는 것도 있습니다. 그리고 하나님의 마음에 들지 않는 것들이 있습니다. 그러기에 성경 마태복음 7장 21절에서 주님은 하나님의 뜻대로 사는 삶이 아름다운 열매를 맺는 삶이라고 하였습니다. 말로만 나더러 "주여! 주여!"하는 자가 다 좋은 열매를 맺어 천국에 들어가는 것이 아니라고 하였습니다. 오직 좋은 열매는 그의 뜻대로 예수를 믿고 어떤 시험이 닥쳐오더라도 주님께 붙어서 기도하며, 육신의 정욕을 도모하지 말고 오직 마음을 새롭게 함으로 변화를 받아 하나님의 선하시고 기뻐하시고 온전하신 뜻을 찾아 행하려는 행실을 가질 때에 그의 연약함 가운데에서 기쁨을 얻고 축복하시므로 맺을 수가 있는 것입니다.

주님은 나를 구원하시기 위해 이 땅에 오셔서 십자가의 고난을 말없이 받으셨다는 단 한 가지 사실만으로도 우리는 자신의 어려운 현실을 뛰어넘어 기뻐하고 감사하는 사람이 되어야 한다는 것을 깨달으시길 바랍니다.

사랑하는 성도 여러분! 진정 올 한해를 어떻게 아름답게 마무리하겠습니까? 그러기 위해서는 단순히 교회를 다니는 사람이 아니라 하나님을 믿는 사람이 되어야 합니다. 예수님께서는 주를 믿는 모든 이들에게 은혜를 주셔서 우리 모두를 감격하게 하십니다. 이 감격이 여러분들에게 넘쳐서 다사다난했던 올 한해를 감사와 기쁨으로 마무리하게 하시기를 예수님의 이름으로 축원합니다.

## 간증 모든것이 하나님의 은혜와 축복입니다

최순숙 집사

하나님이라는 단어조차 전혀 모르던 저희 시댁과 친정……, 친정 아버지는 알콜중독과 의사가 고칠 수 없는 원인도 모르는 병마에 시달리셨고, 친정어머니는 이유 없이 앞을 보지 못하는 병으로 1년에 몇 번씩 빚을 얻어서라도 무당굿을 했었고, 시어머님은 알콜중독에 시아버님은 언제 시작되었는지도 모르는 질병으로 양가는 가난과 환난이 끊어지지 않는 그런 가정에서 저는 이것이 저에게 주어진 삶의 모습 전부인 줄 알고 살았습니다.

어느 날, 무당이 70일 동안 터주 귀신에게 정성을 드리면 어머니의 병이 낫는다는 말을 믿고 정성껏 지성을 드렸습니다. 70일이 되던 날 무슨 기적이라도 일어날 것 같아 기대를 했지만 아무런 응답이 없었습니다. 그 후로 가짜인 줄 알고 주변의 교회를 갔었지만 마귀에게 눌린 저를 해방시켜 주지 못했습니다. 그러던 어느 날 당시 은성교회 집사님이셨던 전삼분 권사님을 만나 은성교회로 발걸음하게 되었습니다. 담임이신 호세길 목사님과 사모님을 만나게 되어 세상과 마귀에 속박당해 강퍅하고 찌들었던 저의 심령에 희소식이 들려왔습니다. 마음의 완악함과 강퍅함 때문에 주님의 음성이나 사랑은 느낄 수 없었지만 목사님과 사모님의 영혼을 향한 애절한 사랑만은 느낄 수 있게 되었습니다.

'아하! 정말 하나님이 이곳에 계시는구나!'라는 생각에 마음의 문이 열리기 시작했고, 주님의 음성도 들을 수 있게 되자 소망이 생기기 시작했으며 왜 살아야 하는지, 어떻게 살아야 하는지, 어디서 와서 어디로 가야 하는지를 깨닫게 되었습니다. 나도 모르는 사이 사단의 권세 속에 살던 나에게 하나님께서는 엄청난 성령의 역사하심으로 다가왔고 그 성령의 역사는 소외되고 짓눌렸던 이 딸을 통하여 지금도 살아서 역사하시는 하나님을 보여 주시기라도 하는 듯 물 붓듯 성령을 부어주셔서 주님의 음성과 사랑하심을 느끼는 하나님의 자녀가 되어 가고 있었습니다. 이 모든 과정 속에는 세상을 피하여 숨어든 길 잃은 양을 보호하고 사랑하시는 우리 목사님 사모님의 마르지 않는 눈물이 숨어 있었습니다.

주님을 만나고 난 후 나는 하나님은 우리 눈에 안 보이시는 분이시니 목사님의 말씀이 곧 하나님의 말씀으로 알고 순종하며 어떻게든 지키려 애쓰며 마치 미친 사람처럼 하나님을 의지했고 그런 저를 보며 남편은 미친 사람처럼 교회에 간다고 핍박하였습니다. 그 당시 남편은 하는 일마다 되는 일이 없어 사는 것조차 포기하고 싶어 했던 상황이 계속되었습니다. 생명 내걸고 의리 지키며 사랑했던 친구들조차도 어려워지니 배신하며 등을 돌려 경제적으로, 인간적으로 엄청난 실의에 빠져 있을 때였습니다. 삶의 포기 상태와 같았던 남편에게 하나님을 의지하는 저의 모습이 어리석게 보였던 것 같습니다. 지금 와서 생각해 봐도 육체적으로나 정신적으로 가해지는 엄청난 핍박을 이길 수 있었던 힘은 늘 부족한 저를 위하여 눈물로 기도해 주시는 우리 목사님, 사모님이 계셨고, 부족한 이 딸을 위하여 중보 해주시는 많은 성도님들의 기도가 부족한 저를 살리는 힘이 되었습니다. 정말 죽을 수밖에 없었던 이 딸은 저 같은 죄인 살리신 그 은혜 감사하여 그 사랑을 모르는 이들에게 우리 주님의 사랑을 전하지 않고는 견딜 수가 없었습니다. 핍박과 환난 중에 더 뜨겁게 역사하시는 주님은 부족한 딸의 기도에 응답하셔서 강퍅해져 있던 나의 남편에게도 하나님의 긍휼하신 손길로 그의 영혼을 살려 당신의 자녀 삼으시는 데까지 미쳤습니다.

"사랑하는 자여 네 영혼이 잘됨 같이 네가 범사가 잘되고 강건하기를 내가 간구하노라"하신 말씀과 같이 영혼을 구원하시는 주님께서 환난과 질병과 가난 속에서 구원하셨고, 남부럽지 않을 만큼의 재산도 주셔서 저의 가까운 가족이나 저를 아는 모든 분들이 제가 얘기하기도 전에 예수님 믿고 복 받았다고 먼저들 말씀하시곤 합니다. 믿지 않는 가족들까지도 저희 내외가 교회 안 가면 큰일 나는 줄 알고 교회 가라고 합니다. 저희 가족을 보면서 하나님이 살아계심을 인정하게 되었습니다. 주님 저희 가족 부족하지만 무지무지 하나님 사랑해요. 그리고 목사님 사모님 부족한 저희를 위해 늘 눈물로 기도해 주셔서 너무나 감사합니다.

# 19. 모르면 망합니다

호세아 4장 6-10절

저와 여러분 모두는 누가 무슨 말을 하든지 하나님을 섬기는 주의 백성들입니다. 우리들이 원하는 대로, 우리들이 좋아하는 대로 하나님을 섬기는 것이 아니라 하나님께서 원하시는 대로 섬겨야 우리 하나님께서는 기뻐하십니다. 하나님은 결코 우리의 생각으로 섬기는 것을 좋아하지 않습니다. 그런데도 성도들은 자신들 생각대로 주님을 섬기다 신앙생활이나 예배에 실패하곤 합니다. 왜 그럴까요? 그것은 주님을 온전히 모르기 때문입니다. 그래서 오늘은 그 실패하는 근본적인 원인에 대하여 알아보면서 은혜를 나누고자 합니다.

## 1. 모르면 하나님과 싸우게 됩니다.

바울도 한 때는 즉 다메섹 도상에서 예수님을 만나기 전에 하나님을 나름대로 열심히 섬긴 사람입니다. 그러나 그 열심이 하나님을 모르고, 예수님을 모른 채 한 충성이었기에 교회를 핍박하고 하나님을 대적하기에 이르렀습니다. 예수님을 믿는 사람들을 잡아 죽이는 것이 하나님에 대한 충성이라고 믿었기 때문입니다. 바울의 잘못된 지식과 신앙이 얼마나 예수님을 대적했는지 그는 디모데전서 1장 13절에서 이렇게 고백합니다. “내가 전에는 훼방자요, 핍박자요, 포행자였으나 도리어 긍휼을 입은 것은 내가 믿지 아니할 때에 알지 못하고 행하였음이라.” 훼방이나 핍박, 포행이란 말처럼 그는 적극적으로 하나님을 대적했다는 말입니다. 하나님을 모르면 하나님을 대적하여 그 분과 싸울 수밖에 없습니다. 바울이 예수님을 만나기 전에는 그리스도인들을 핍박하고 교회를 진멸하는 일이 하나님을 대항하여 싸우는 것이란 생각을 하지 않았습니다. 그는 그게 하나님을 위하는 일이라고 생각했습니다.

사랑하는 성도 여러분! 어느 누구도 하나님과 싸워 이길 사람은 없습니다. 사무엘상 2장 10절 말씀에 "여호와를 대적하는 자는 산산이 깨어질 것이라, 하늘 우레로 그들을 치시리로다. 여호와께서 땅끝까지 심판을 베푸시고 자기 왕에게 힘을 주시며 자기의 기름 부음을 받은 자의 뿔을 높이시리로다"라고 하셨듯이 하나님과 싸우고 망하지 않을 사람은 없습니다.

## 2. 모르면 하나님께 죄를 짓습니다.

우리가 하나님을 온전히 안다면, 하나님을 멸시하지 않고 하나님께서 기뻐하시는 예배를 드릴 수밖에 없습니다. 그 분의 능력을 안다면 하나님 앞에 교만할 수 없습니다. 그 분의 선하심을 안다면 항상 주님께 감사할 수밖에 없습니다. 우리들이 하나님에게 죄를 짓는 것은 하나님이 누군지 잘 모르기 때문입니다. 예수님께서 십자가를 지고 돌아가실 때 십자가에 자신을 못박고 달아매는 사람들에게 누가복음 23장 34절에서 이렇게 말씀하십니다. "이에 예수께서 가라사대 아버지여 저희를 사하여 주옵소서! 자기의 하는 것을 알지 못함이니이다." 예수님을 십자가에 단 사람들은 예수님이 누군지 모르는 사람들입니다. 모르면 이처럼 죄를 짓게 됩니다. 만약 그들이 예수님이 메시아라는 사실을 알았다면 그렇게 무지막지한 죄를 저지르지 않았을 것입니다. 오늘날도 하나님을 몰라 이처럼 죄를 짓는 사람이 얼마나 많은지 모릅니다. 심지어는 교회 안에서도 하나님을 몰라 죄를 짓는 성도가 있습니다. 하나님을 모르면 절대로 하나님을 섬길 수 없습니다. 하나님을 섬기지 않는 것이 바로 죄입니다.

### 3. 모르면 하나님으로부터 망하게 됩니다.

이스라엘은 하나님에 대한 지식이 없으므로 망한다고 말씀합니다. 왜 지식이 없으면 망합니까? 그것은 하나님을 올바로 섬길 수 없고 하나님을 대적하기 때문입니다. 하나님과 싸워 잘 될 사람은 없습니다. 하나님은 인간을 만드실 때 자신을 찬양하고 예배하도록 만들었습니다. 그러나 예배하기는커녕 그 분과 싸운다면 결과는 뻔합니다. 하나님은 그 사람을 버리고 주셨던 특권과 자녀됨의 복을 거두어 가십니다. "네가 지식을 버렸으니 나도 너를 버려 내 제사장이 되지 못하게 할 것이요, 네가 네 하나님의 율법을 잊었으니 나도 네 자녀들을 잊어버리리라."

하나님께 버림받고 멀어진 사람이 잘 될 사람은 한 사람도 없습니다. 하나님에 대한 무지는 주님께 예배하는데 실패하게 만들고, 예배에 실패하는 자는 그 인생에 실패하게 되는 것입니다. 그래서 이사야 5장 13절에 "이러므로 나의 백성이 무지함을 인하여 사로잡힐 것이요, 그 귀한 자는 주릴 것이요, 무리는 목마를 것이며,"라고 하셨습니다. 결과적으로 인생이 망하게 되는 이유는 하나님이 예배를 받으시길 원하시는 분이란 것을 몰라서 진정으로 예배드리는 일에 실패하기 때문이라는 것입니다.

사랑하는 성도 여러분! 여러분들은 하나님을 온전히 알고 잘 섬겨 복을 받으시겠습니까? 아니면 모르고 하나님을 대적하며 계속하여 죄를 지어 실패한 인생을 살겠습니까? 오직 답은 한가지입니다. 우리는 하나님을 온전히 알고 온전히 믿고, 섬기고 예배하는 자가 되어야 합니다. 오늘 여러분 모두는 하나님을 온전히 알고, 온전히 잘 섬김으로 말미암아 축복의 복을 받아 누리시기를 주의 이름으로 간절히 축원합니다.

## 간증 아내의 디스크를 고쳐주셨습니다

우성호 장로

할렐루야!

우환이 빚이라는 말이 있듯이 우리 가정은 아내가 디스크로 고생을 하다 보니 형편도 기울고 가정에 기쁨이라곤 없었습니다. 병원에 입원도 해보고 일년이면 수없이 많은 병원을 찾아다니며 고쳐보려고 애써 보았지만 효과를 보지 못하였습니다. 하루종일 일하고 집에 들어오면 아내는 아프다고 웅크리고 있는 것을 볼 때 너무도 속상하고 짜증이 났습니다. 그때마다 술과 담배를 벗 삼아 살았습니다. 가정에서의 재미라곤 느낄 수도 없었습니다. 왜 그랬는지 일요일이면 불화가 더욱 잦았습니다. 마음에 불평이 쌓이던 어느 날, 술을 과하게 먹고는 이웃집에 사는 집사님 댁을 찾아갔습니다. "우리아내 교회 좀 데리고 가주세요." 하며 말을 건넸습니다. 그 집사님 말씀이 "예 감사합니다. 생각 참 잘하셨습니다." "그런데 저희 교회는 교통편이 좀 멀어서요. 은성교회로 가시는 것이 어떨까요?" 성령과 은혜가 충만하다고 소문이 났다며 전하는 것이었습니다. 그때 마침 우리 동네에 은성교회 다니시는 분이 계셨습니다. 그 분을 따라서 아내는 은성교회에 등록을 하였습니다. 등록한 날이 1992년 7월 7일이었습니다.

그 후, 8월 30일 부흥성회가 끝나는 날 새벽. 아내는 방언을 받았다며 기뻐했습니다. 신기하고도 기적적인 사실은 그렇게도 아프던 허리의 통증은 씻기고 마음에 기쁨을 찾으며 예전에 볼 수 없었던 것을 눈으로 실감케 했습니다. 양말 한 짝도 빨지 못하고 밥상도 들지 못하던 예전에 아내의 모습과는 달리 하나님의 능력이 나타났던 것입니다.

그 후 나는 몇 주를 놓고 아내의 행동을 지켜보았습니다. 이상하도록 효과가 있었습니다. 방언이 무엇이길래? 저는 의심하였습니다. 정말 하나님께서 살아서 역사하실까? 저는 아내에게 물었습니다. '도대체 방언이 무엇이냐?' 물었더니 한다는 말이 찬송을 부르는 순간에 나도 모르는 사이에 이상한 소리가 입에서 나온다고 말했습니다. 궁금한 나머지 나도 구경 한번 가볼까? 하고 따라나섰습니다. 아내는 무척이나 기뻐하였습니다. 그날이 1992년 9월 25일 금요 철야 때였습니다. 기도실에 들어갔더니 구역장님이 반가이 맞으면서 제일 앞자리에 앉히시는 것이었습니다. 찬송을 부르고 한참 열기가 달아오르더니 온 성도들이 여기저기에서 울며 눈물 콧물을 흘리며 여러 가지 이상한 소리를 내었습니다. 처음 보는 나는 이상했습니다. 하지만 이 많은 사람들이 무엇 때문에 하루 종일 일하고 피곤할 텐데 밤을 새워가며 이렇게까지 할까? '나도 한번 예수를 믿고 문제를 찾아봐야지' 하는 감동이 나도 모르는 사이에 일어났습니다. 철야에 다녀온 이후부터는 모든 잡념을 버리고 성경말씀을 틈만 나면 읽어보곤 했습니다.

철야 예배는 빠지지 않고 꼭 참석하고 열심히 다녔습니다. 나 자신도 모르는 사이에 마음에 기쁨이 오고 평안이 오기 시작했습니다. 그렇게 2개월 지나고 나도 방언의 은사를 받았습니다. 확실히 하나님은 계시구나! 깨닫게 되며 기쁨과 소망이 넘쳐 하늘을 나는 듯한 기쁨이 찾아왔습니다.

'하나님께서 이 죄인도 사랑하시는구나. 열심히 최선을 다해야지! 옛 모습을 버리고 새 출발해야지!' 하는 마음뿐이었습니다. 예배에 참석하는 시간마다 말씀 말씀이 내 가슴에 와 닿으며 내가 이제껏 세상 것만 바라보고 산 것이 잘못된 것을 새삼 깨달았습니다.

이 세상 어느 것과도 바꿀 수 없는 하나님 아버지 은혜에 무한한 감사를 드립니다. 예수를 영접하고 난 뒤부터는 가정에서나 사회에서나 말씀 가운데 바르게 살려고 노력하고 옛것을 버리고 새것으로 채우려고 노력합니다.

이 죄인을 사랑하셔서 이토록 하나님 아버지를 의지하며 살 수 있도록 은혜 베푸신 하나님께 감사드립니다. 아내의 디스크로 인해 우리 온 가족은 구원받아 복된 가정이 되었답니다. 이 모든 영광을 하나님께 돌립니다.

# 20. 거듭나야 천국에 들어간다

요한복음 3장 3-5절

어느 날 밤에 유대인의 관원인 니고데모라는 사람이 예수님에게 나왔습니다. 그는 예수님께 "랍비여 우리가 당신은 하나님께로서 오신 선생인 줄 아나이다. 하나님이 함께 하시지 아니하시면 당신의 행하시는 이 표적을 아무라도 할 수 없음이니이다."라고 하였습니다. 이에 주님은 그가 왜 이렇게 밤중에 사람을 찾아와서 뜸을 들이고 있는지를 아셨습니다. 그래서 주님은 그가 왜 왔는지, 그리고 그에게 지금 무엇이 필요한지를 알고 말씀하여 주셨습니다. 지금 당신은 사람이 어떻게 해야 구원을 받을 수 있는지 알고 싶어 하는군요. 당신은 지금까지 율법의 멍에를 메고 고군분투했지만 마음의 평화와 구원에 대한 확신을 가지지 못하고 번민하고 있습니다. 이제 당신이 천국에 들어가고 싶으면 거듭나야 합니다. 이제 주님이 말씀하신 거듭남에 대한 말씀을 좀 더 자세히 살피며 그에 따르는 삶의 문제들로 넘어가 봅시다.

### 1. 거듭남이란?

우리의 주님이 말씀하신 거듭남의 의미는 '다시 나다.' 라는 뜻입니다. 세상에 속하여 있던 사람이 하늘 아버지의 자녀로, 새로운 존재가 되었다는 것입니다. 이 때에 천국에서는 엄청난 기쁨의 잔치가 벌어집니다.(눅15:7)

### 2. 거듭남의 도구(방법)는 무엇입니까?

주님은 혈과 육으로 난 것은 육이라고 하였습니다.(요3:6) 오직 물과 성령으로 난 자가 영적인 존재로 거듭난다고 하였습니다.(요3:5) 그러므로 세상의 어떤 학문이나 도덕에 의하여 수양을 쌓아 고매한 인격을 가져도 하나님 앞에서는 새사람이 아닙니다. 그는 여전히 옛사람 혹은 자연인입니다. 오직 거듭남은 하나님의 말씀을 들을 때에 성령의 감동과 역사로 자신이 죄인임을 깨닫고 통회 자복하며 회개한 사람이 거듭나게 되는 것입니다.

### 3. 거듭난 사람의 축복은?

오늘 본문에도 말씀하시지만 우리의 주님은 거듭난 사람에게 주시는 하나님의 축복은 천국에 들어 갈 수 있는 복이라고 하셨습니다. "예수께서 대답하시되 진실로 진실로 네게 이르노니 사람이 물과 성령으로 나지 아니하면 하나님의 나라에 들어갈 수 없느니라"(요3:5) 그러므로 거듭난 사람은 천국에 대한 확신과 믿음 가운데에 기쁨으로 살게 됩니다.

### 4. 거듭난 사람의 삶은 어떻게 나타나는가?

이 땅에 씨를 심어 싹이 나면 그 자라나는 모습이 있고 아기가 나면 자라는 삶의 모습이 있듯이 거듭난 사람의 삶의 모습이 있습니다.

1) 그는 늘 회개의 삶을 살게 됩니다.

그는 자신이 하나님 앞에서 새사람인 것을 알기 때문에 세상의 죄를 괴로워하며 예수의 피로 씻는 삶을 살게 됩니다. 그러므로 우리의 성도들도 내가 거듭난 사람이라면 늘 달력에 하루의 삶을 반성하며 주님 앞에서 회개의 삶을 살 수 있기를 바랍니다.

2) 그는 과거를 묻지도 기억하지도 않고 삽니다.

성경 고린도후서 5장 17절에 보면 "그런즉 누구든지 그리스도 안에 있으면 새로운 피조물이라 이전 것은 지나갔으니 보라 새 것이 되었도다."라고 하셨습니다. 그러므로 우리는 자신에 대하여 새로운 마음으로 바라보며 과거의 상처나 삶에 매이지 말아야 하며 성도들과 이웃의 과거를 묻고 기억하며 관계를 파괴하는 삶을 살지 말아야 합니다.

3) 그는 하나님을 어떻게 하면 기쁘시게 할 것인가를 생각합니다. 그의 마음은 하나님의 성령에 의해서 난 마음이기 때문에 그는 어떻게 하면 하나님을 기쁘시게 할 것인가를 생각합니다. 단상의 꽃은 어떻게 할 것인가? 기관의 부흥은 어떻게 할 것인가 등등 늘 하나님께서 원하시고 기뻐하시는 일만 생각합니다.

4) 그는 성령의 충만함과 열매 맺는 삶을 삽니다.

그는 성령이 소멸되지 않도록 주의하며 늘 충만한 삶과 열매 맺는 삶을 살기에 힘을 씁니다. 그러한 이유로 우리의 교회에서 지속적이고 계속적인 성령의 충만 운동을 하고 있습니다.

사랑하는 성도 여러분! 오늘 우리의 과제는 나의 거듭난 삶과 그에 따르는 삶에 있습니다. 그러므로 위의 말씀에 자신의 삶을 비추어 나의 신앙 점검하는 기회를 가지시기를 예수님의 이름으로 축원합니다.

## 간증 하나님을 모신 저희 가정은 변화되었습니다

백대완 집사

청주은성교회 집사로서 먼저 하나님의 크신 사랑과 축복하심에 감사와 영광을 드립니다. 저는 약 35년 전 주님을 알지 못했을 뿐 아니라 세상을 술과 쾌락으로 찌들어 살았으며 기독교라는 것을 많이 비판했습니다. 그러던 중 저의 가정에는 4남매가 태어나게 되었고 이들 4남매가 성장하여 학교에 입학하게 되자 부모가 배우지 못한 것이 한이 되어 이들에게 가르치는 것에 소망을 두고 열심히 뒷바라지했습니다. 큰딸이 초등학교를 졸업하고 중학교에 입학하여 2학년 2학기 무렵에 갑자기 행동이 불안해지며 공부에 취미를 잃어가고 이따금 웃는 모습과 행동이 이상해짐을 발견하게 되었습니다. 우리는 너무나 충격적이고 당황하여 무어라 말로 표현할 수가 없었습니다. 그래서 우리는 병원에 찾아갔습니다. 진찰 결과 의사의 말이 '놀라서 생긴 병'이라고 했습니다. 우리는 하는 수 없이 대전 정신과 병원에 입원시키게 되었습니다. 그렇게 자식들에게 기대를 걸었던 저 자신은 모든 것이 한순간에 무너져 버리고 말았습니다. 날마다 눈물과 근심과 불안의 시간이 어언 20개월이란 세월이 흐르게 만들었습니다. 그 무렵 우리 딸아이의 병세는 많이 호전되어 퇴원하기에 이르렀습니다.

그런데 집에 돌아와 보니 다시 병이 재발하여 아이의 행동이 도로 이상해지는 것이었습니다. 우리는 하는 수 없이 좋은 약이란 약은 다 먹여 보았습니다. 심지어는 무당굿도 해보았습니다. 아니, 사람이 할 수 있는 최선의 방법은 다 해보았습니다. 그러나 우리 아이에겐 별다른 차도가 없었습니다. 우리는 실의에 빠져 모든 것에 힘을 잃었습니다. 그때 저희에게 한 귀인이 나타났습니다. 예수를 잘 믿는 성도 한 분이 저희집에 방문하셨습니다. 그 분이 예수라는 분을 소개하며 믿고 모든 것을 맡겨 보자는 것이었습니다.

그런데 이상한 것은 과거에 그렇게 핍박하던 예수님이었는데 그분의 말씀에 서서히 제 마음이 끌리기 시작했습니다. 그래서 예수를 믿고 주님께 모든 것을 맡기고 살기로 결심하여 교회를 찾아 나가게 되었습니다. "주 예수를 믿으라 그리하면 너와 네 집이 구원을 얻으리라" (행 16:31) 짧은 신앙생활에 예수님의 사랑과 은혜를 깨닫고 체험하게 되었습니다. 정말 부끄러웠습니다. 왜 진작 예수님을 몰랐는지……, 빨리 예수님을 영접하지 못한 것을 후회하며 주님께 회개했습니다.

"이전에 주님을 내가 몰라 영광의 주님을 비방했다. 지극한 그 은혜 내게 넘쳐 날 불러 주시니 고마워라." 이 찬송가의 가사처럼 제 인생을 하나님께 맡기게 되었습니다. 예수님을 영접하고 나니 저희 가정은 저부터 변화되기 시작했습니다. 그렇게 많이 마시던 술도 어느새 주님이 거두어 가시고 나의 삶은 차츰 하나님의 말씀을 따라 살게 되었습니다. 그리고, 우리 가정에 고통을 주었던 큰딸의 병세도 차츰 주님의 도우심으로 호전되어 가고 집안에는 웃음꽃이 피어나기 시작했습니다. 할렐루야!

지금은 4남매가 대학을 마치고 장남은 직장에 취직하게 되었으며 둘째 딸은 목사 사모가 되었습니다. 게다가 주님은 간구한 일들을 응답하사 아름답게 저희 가정을 축복해주셨습니다. 완전히 변화시켜 주셨습니다.

끝으로 이 글을 대하는 여러분! 우리 마음속에 하나님을 모시기 바랍니다. 그리고 우리의 모든 것을 맡기시길 바랍니다. 우리 하나님은 믿고 맡기는 자를 도우시는 분이십니다. 또한, 이 글을 쓸 수 있도록 축복해주신 하나님께 감사드리며, 모든 영광 주님께 돌립니다. 아멘.

## 21. 순종하는 가정

에베소서 6장 1-4절

여러분 가정의 행복은 자녀들이 부모님의 말씀에 순종을 할 때에 이루어질 수가 있습니다. 우리는 흔히 자녀들이 말을 듣지 않는다고 합니다. 이렇게 되면 부모님에 대한 순종은 끝이 난 것입니다. 그러면 이러한 자녀들의 순종은 어떻게 가능할까요? 그것은 부모를 공경할 때에 가능합니다. 그 부모에 대한 자녀의 공경이 없이는 자녀의 순종을 기대할 수가 없습니다. 그러면 이 부모에 대한 자녀의 공경은 어떻게 가르쳐야 합니까?

### 1. 먼저 자녀에게 사랑을 가르치기 전에 공경을 가르쳐야 합니다.

우리는 자녀 교육에서 먼저 사랑을 주기 전에 공경을 가르쳐야 합니다. 그들에게 옳고 그름과 마땅히 행할 길을 가르치고 부모의 은혜를 알게 한 다음에 사랑을 해야 만 그들은 부모를 공경하게 됩니다. 만일 그들이 부모의 무분별한 과잉보호 속에서 이기적인 사랑에 익숙해진다면 부모들이 무엇인가를 말하면 귀찮고 잔소리나 하는 불편한 존재로 여기게 됩니다. 그러니 과일 하나를 줄때에도 먼저 아버지에게 좋은 접시에 담아 드리게 하여야 합니다. 이렇게 할 때에 우리의 자녀들은 부모님을 공경하게 됩니다.

### 2. 부모는 자녀들의 모범이 되어야 합니다.

이 세상의 교육 중에서 가장 효과적인 교육은 학생들에게 본을 보여주는 교육입니다. 우리의 말에도 자식들 앞에서는 찬물도 마시지 못한다는 말이 있습니다. 그토록 부모의 행동 하나하나는 자녀들에게 그대로 투사가 됩니다. 효자 부모 밑에서 효도하는 자식들이 나옵니다. 순종하는 부모 밑에서 자라난 자식들이 순종하는 자식들이 나옵니다. 좋은 믿음의 부모 밑에서 좋은 믿음의 자녀들이 나옵니다.

어느 안수집사님이 임직을 받기 전에 '내가 어떻게 그냥 임직을 받을 수가 있는가?' 라고 하면서 교회에 휴게실을 만들어 성도님들이 이용할 수 있게 하였습니다. 어느 집사님이 제주도 선교 센터에 물 공급이 어렵다는 말을 듣고 즉시 비행기를 타고 와서 모터를 교체하고 이 어려운 문제를 해결해 주었습니다. 이와 같이 주님의 일을  위해 하나님을 기쁘시게 하는 분들의 헌신적인 삶은 그들의 자녀들의 삶에 좋은 영향력으로 작용하여 긍정적이고 복 있는 자녀들로 만드는 것입니다.

### 3. 자녀들을 노엽게 하지 말아야 합니다.

본문 4절 상반 절에 보면 "또 아비들아 너희 자녀를 노엽게 하지말라."고 하셨습니다. 우리 자녀들의 마음에 상처는 인생을 부정적으로 만들고 맙니다. 우리가 생각 없이 던지는 말 한마디 '너는 왜 이렇게 생겼니?' 는 외모에 대한 콤플렉스를 만듭니다. '네가 하는 짓이 다 그렇지.' 라고 하는 말은 자신감을 상실하게 합니다. '너는 왜 옆집의 철수만큼 하지 못하니?' 라는 말은 열등감을 심어주게 됩니다. '좀 더 잘하라 조금만 더 잘하라.' 라는 완벽주의는 아이들에게 좌절감을 심어줍니다. 또 이유 없는 폭행이나 화풀이성의 회초리는 아이의 가슴 속을 멍들게 하고 분노를 가지게 하여 그가 장차 성인이 되었을 때 인간관계가 원만하지 못하고 늘 마음에 상처를 담는 사람으로 살게 합니다.

### 4. 주님의 말씀과 훈계로 가르쳐야 합니다.

본문 4절 하반 절에 보면 "또 아비들아 너희 자녀들을 오직 주의 교양과 훈계로 양육하라"고 하셨습니다. 우리의 자녀들의 순종하는 삶은 그들의 가슴속에 하나님의 말씀이 새겨질 때 가능합니다. 어느 집사님의 자녀들이 학교 공부에 무관심하고 타이르는 부모의 말씀에도 귀를 기울이지도 않았습니다. 그래서 하나님의 지혜를 얻어 공부하라는 말은 싹 빼고 식사 때마다 모든 식구가 성경 구절을 3구절씩 암기하도록 했습니다. 만일 암기하지 않으면 금식을 하도록 했습니다. 그랬더니 학교에서도 직장에서도 말씀을 암기하느라고 다른 생각을 하지 못하고 오직 말씀과 함께하는 삶을 살게 되었습니다. 그러는 사이에 남편은 오직 말씀 안에서 직장에 집중하니 모범 사원이 되었고, 자녀들도 학교에서 1등과 2등을 다투는 자들이 되었습니다. 이렇게 하나님의 말씀 교육은 부모의 여러 가지 인간적인 교훈과 가르침보다도 더욱 효과적입니다. 그러므로 이제부터라도 하나님의 말씀으로 자녀들을 가르치고 한 구절이라도 암기를 시키며 교육하도록 합시다.

사랑하는 성도 여러분!

5월은 가정의 달입니다. 이와 같이하여 여러분의 자녀들이 부모님께 순종하는 화목하고 행복한 가정을 이루어 이 땅에 복된 사람들이 다 되시기를 주님의 이름으로 축원합니다.

# 사랑하는 아들을 하나님께 맡깁니다

## 신명옥 권사

여러분의 자녀들도 제 아이들보다는 훨씬 더 믿음도 좋고 똑똑하고 훌륭하다고 여깁니다. 또 하나님께서도 여러분들에게 축복의 자녀들을 선물로 주셔서 여러분의 믿음의 다음 세대를 이어 줄 후사라고 저는 믿습니다. 제가 부득불 제 아이를 소개하려는 것은 결코 잘났거나 훌륭해서가 아니라 엄청난 문제가 있었고 그 문제를 하나님께서 해결 해주셔서 그 은혜를 함께 나누고자 함입니다.

제 아들은 '강욱' 이란 이름을 가진 청년입니다. 작년에 공군에 입대하여 지금 군 생활을 충실하게 하고 있는 아들입니다. 강욱이도 처음에는 아주 착하고 여린 마음을 가진 아이였습니다. 초등학교 때는 주일학교 잘 다니는 아주 모범적인 아이었고 그 어린 나이에 성령 체험도 할 만큼 하나님을 사랑하는 아이였습니다. 그 후로도 신앙이나 학교생활에 전혀 문제가 없었고 성적도 항상 상위권에 있었습니다.

문제는 사춘기에 찾아왔습니다. 교회에 다니는 중 · 고등부 친구들과 좋은 만남이 되지 못하고 도리어 그 친구들로부터 놀림과 갈등으로 인하여 제 아이가 마음에 많은 상처를 입게 되었던 것입니다. 그러면서 교회 학생회를 나가는 것을 꺼려했고 마침내 그 좋았던 자신의 신앙까지 포기할 정도에 이르게 된 것입니다. 신앙을 포기한 것 뿐 아니라 점점 내성적으로 변하여 마치 사회와 격리된 아이처럼 학교, 집, 식구들밖에 모르고 집에 와도 자기 방에서 잘 나오지 않는 폐쇄적인 그런 학생이 되어 있었습니다. 그런 아이의 모습을 바라보는 부모의 마음은……, 저 나름대로 더이상 강욱이의 믿음이 떨어지지 않도록 최선을 다해야 한다고 마음을 굳게 먹었습니다. 그래서 어떤 일이 있어도 강욱이가 신앙을 온전히 지킬 수 있도록 열심히 주일을 지키게 했습니다. 그렇게 하기 위하여 때로는 야단도 치고 때로는 매도 들었습니다. 고등학교 3학년이 되어도 엄마의 손에 이끌려 마지못해 겨우 주일만 나오는 강욱이를 보면서 너무너무 속상했습니다.

그러던 중 고3 수능시험 때였습니다. 아마 강욱이 반 친구 가운데 수능시험 볼 때 정답을 핸드폰을 통하여 알려 달라고 제 아들을 협박한 아이가 있었던 것 같습니다. 제 아이는 지레 겁을 먹고 이 문제를 어떻게 해결할까 하고 고민하다가 저녁 9시 기도회에 나가 자기도 기도하고 또 특별히 당회장 목사님께 그 친구 문제와 시험 보는 일들을 위하여 기도 부탁을 엄마인 저에게 하였습니다. 저는 마침 잘 되었다 여겨 9시 기도회에 같이 데리고 나와 기도하고 또 목사님께 기도 부탁을 드려 강욱이를 위하여 당회장 목사님께서 머리에 손을 얹고 직접 기도를 해 주셨습니다. 또 수능시험 보는 당일에도 우리 목사님의 간절한 축복기도가 있었습니다. 우리 목사님의 간절한 기도의 응답으로 좋은 성적이 나왔고 그 결과 자기가 원하는 대학에 들어갔습니다. 또 그 당시에 서로 사이가 좋지 않던 친구들과 일어난 문제도 깨끗이 해결되었습니다.

강욱이는 군대 갈 때도 기도로 갔다고 말해도 과언이 아닙니다. 공군을 지원 했는데 군에 간 아이가 며칠 만에 집으로 다시 돌아왔을 때는 당황스럽고 황당하기도 했습니다. 신체 조건과 갑자기 운동을 함으로 오는 근육 통증과 염증으로 일단 귀대 조치가 내려졌고, 얼마간의 시간을 주고 다시 검사를 받기로 했다는 것이었습니다. 사실 공군 입대는 불가능해진 것입니다. 그래서 저는 아이가 집으로 돌아온 날부터 새벽기도와 9시 기도회에 함께 다니며 같이 기도했습니다. 하나님의 도우심을 간구했습니다. 특별히 당회장 목사님과 사모님께 그 문제를 기도해 달라고 부탁을 드렸습니다.

하나님께서는 우리 목사님과 사모님의 기도 그리고 우리 온 성도의 기도와 저의 간절한 기도를 들어주셨습니다. 우리 강욱이의 인생길을 주님의 선하심과 그 인자하심으로 인도해 주셔서 지금은 공군에서 군 복무를 잘하고 있습니다. 저는 지금도 믿고 있습니다. 우리 강욱이는 분명 군 제대 이후에는 청주은성교회에서 크게 쓰임 받는 일꾼이 될 것입니다.

사춘기의 자녀를 두신 학부모 여러분! 우리 강욱이처럼 그 시절에는 문제도 찾아올 수 있고 친구들이 준 마음에 큰 상처로 인하여 앞으로 향하지 못하고 주저앉을 수도 있습니다. 그런 어려움을 만났을 때 하나님께 기도하시기를 바랍니다. 그리고 아이가 하나님을 잊지 않도록 최선을 다하시는 부모님이 되시기를 부탁드립니다. 하나님께서는 우리의 기도를 외면하지 않습니다.

여러분 자녀의 이름을 불러가며 도와달라고 기도하시기를 바랍니다. 하나님께서는 주의 선하심과 인자하심으로 여러분의 자녀를 그 상처로부터 구원하시며 그의 인생길을 열어주실 것입니다. 그래서 여러분의 모든 자녀들이 축복된 인생을 살아 갈 수 있길 바랍니다.

# 22. 들어가도 나가도 복을 받는 자

신명기 28장 1-6절

오늘날은 얼마나 살기 어려운 시대입니까? 그 가운데 어렵고 힘들게 사는 성도님들을 보면 마음이 아픕니다. 그래서 저의 마음으로는 우리의 성도님들이 다 복을 받기를 원합니다. 우리 성도님들이 가시는 곳마다 요셉과 같은 복을 받고, 병든 자는 치료를 받고 사업이 잘되어 행복해지기를 바랍니다. 또한 우리 하나님의 마음 역시 자녀 된 여러분들이 복을 받기를 원하십니다.

오늘 신명기 28장 1절에서 6절까지 보면 "오늘날 내가 네게 명하는 명령을 듣고 순종하면 들어가도 복을 받고 나가도 복을 받으리라."라고 하였습니다. 그러면 왜 하나님의 말씀을 들어야 복을 받을 수가 있습니까? 여러분의 자녀가 부모의 말을 잘 순종할 때에 그 자녀가 사랑스럽고 용돈도 주고 싶듯이 우리의 하나님도 당신의 말씀을 잘 듣고 순종을 하는 자녀들은 특별히 사랑하시고 복을 주시고 싶어 하시는 것입니다.

성경에 아브라함이라는 사람이 있었습니다. 그는 복의 근원이 되는 복을 받았습니다. 그는 "고향을 떠나라."하면 "예"하고 하나님이 지시하는 땅으로 나아갔습니다. 이렇게 하라, 저렇게 하라하면 "예"하고 순종을 하였더니 하나님께서 그에게 형통한 복을 주시니 그의 소유가 그가 거하는 온 땅에 가득하게 되었던 것입니다.(창13:6) 그러므로 우리 성도님들과 이 지면을 통하여 이 말씀을 듣는 모든 분들이 예수를 믿고 그 분의 말씀을 순종하여 복을 받을 수 있기를 바랍니다.

그렇다면 이제부터 하나님께서 예수를 믿고 하나님의 말씀에 순종하는 자에게 어떤 복을 주시는 지에 관하여 말씀을 드리겠습니다.

### 1. 성읍이 복을 받습니다.

이는 여러분의 사업과 직장의 복을 받는다는 것입니다. 우리가 비록 약하고 부족하지만 우리가 기도하며 성령의 인도와 도움을 받아 말씀에 순종할 때에 우리의 사업과 직장의 복을 가로막는 악한 원수 마귀는 쫓겨나고 하나님의 복이 사업과 직장에 흘러넘치는 것입니다.

어떤 사람을 보니 불같이 일어나던 사업장이 문을 닫았습니다. 그래서 '저 집이 어찌하여 문을 닫았습니까?' 하고 물었더니 '저 집의 가장이 교통사고가 나서 더 이상 장사를 할 자가 없어서 문을 닫았습니다.' 라는 것입니다. 이렇게 하나님 없이 사는 사람은 잘 되는 것 같지만 어느 순간에 무너지고 마는 것입니다. 그렇지만 이것을 지켜 주는 분이 하나님이십니다. 하나님이 지켜 주시면 돈을 벌어도 그것이 내 것이 되고 복이 되는 것입니다.

### 2. 너의 몸의 소생이 복을 받는다고 하셨습니다.

오늘날 자녀의 문제로 고통을 받는 자가 많습니다. 어떤 사람들은 자녀들이 사고를 쳐서 그 뒷수습을 하느라고 가진 돈을 다 없애며 고통을 받는 분들이 있습니다. 이렇게 자식은 내 마음대로 할 수 없으니 하나님의 말씀으로 자식을 양육하며 하나님께 순종하는 부모들은 하나님께서 자녀들을 책임지어 주십니다. 그리고 자녀들도 자신의 삶이 어려울 때마다 부모의 신앙을 본받아 자신의 문제를 해결 받는 자들이 되는 것입니다.

### 3. 토지의 복을 받습니다.

성경에 의하면 아담의 범죄로 토지가 저주를 받았습니다. 그래서 토지는 하나님께 불순종하고 믿지 않는 자들을 토하여 내는 것입니다. 여러분 한번 이남과 이북을 비교하여 보십시오. 38선 하나로 하나님을 떠난 이북은 해마다 흉년이 들고 이남은 해마다 풍년이 드는 것을 보시지를 않습니까? 예전에 이남도 복음을 받지 못했을 때에는 논두렁과 밭고랑에 곡식을 심어도 농사가 잘 되지를 않았습니다. 그렇지만 하나님의 복음이 이 땅에 들어오고 성도들이 말씀을 순종하니 이 땅이 복을 받아서 논밭에다 심지 않아도 먹고도 남음이 있지를 않습니까?

### 4. 우양의 새끼에게 복을 주신다고 하셨습니다.

예전에 우리는 고기 한 점 배부르게 먹어 보지를 못했습니다. 그런데 하나님의 말씀대로 우리가 하나님의 말씀에 순종하는 삶을 살게 되니 우양의 새끼의 복을 받아 지천에 고기가 널리게 되지 않았습니까?

사랑하는 성도 여러분! 오늘은 때가 말세의 시대입니다. 우리의 직장과 사업장이 어려움을 받고 있습니다. 자녀들이 방황을 하고 있고, 토지가 피폐해지고 있으며 우양의 새끼들이 조류 독감과 광우병과 같은 병으로 고통을 받고 있습니다. 이때에 우리는 더욱 하나님의 말씀에 순종하여 하나님의 복을 받아, 나가도 복을 받고 들어가도 복을 누리시는 자들이 되어야 합니다. 그리고 이를 위해 늘 깨어 뜨겁게 기도하시기를 바랍니다. 왜냐 하면 우리의 마음은 원하지만 우리 육의 힘으로만은 약하여 순종치 못하므로 기도하고 성령의 도우심을 받으면 순종하여 복을 받을 수가 있기 때문입니다. 저와 여러분 모두 주님께 순종하여 올 해는 축복의 한 해가 되시기를 예수님의 이름으로 간절히 축원합니다.

# 안되는 것 같지만 잘되게 하신 하나님이십니다

박순자 권사

"예수 믿으세요!" 그 소리 자체가 듣기 싫어서 대문을 꽁꽁 걸어 잠그고, 방문도 닫고 누군가가 교회라는 말만 꺼내면 까닭 없이 흉보고 핍박했으며 더군다나 남편이 남의 집 트럭운전을 하며 우리 집 생계를 꾸려가다 보니 예수 믿으면 부정 탄다고 욕설을 거듭하니 더욱 교회 가는 것은 꿈도 못 꾸고, 생각조차 하지 않았습니다.

멀고 먼 지방으로 밤낮없이 운전하고 다니니 무사고를 비는 마음에 불안하고 초조해져서 잠 못 이루고 신경은 날카로워져서 제시간에 귀가하지 않는 남편을 기다리다 항상 마음이 불안해 불면증으로 전환되고 말았습니다. 그때마다 주변에 예수 믿는 사람들이 말하기를 '남편이 운전을 하시니 무사고를 비는 뜻으로라도 교회 나와 기도하면 마음이 평안해지니 어서 주님께 돌아오라' 고 권고했지만 한 귀로 듣고 한 귀로 흘려보내곤 했습니다.

그런데 어느 날, 청천벽력같은 환란이 닥쳐왔습니다. 남편이 빗길에 사상자가 나는 대형 사고를 목격하고 유일한 목격자로서 목격한 그대로 증언했는데 사망자 유족들로부터 억울하게 협박을 받기 시작했습니다. 집으로 경찰을 사칭하여 이틀이 멀다하고 찾아와서 심문하고 남편을 다방으로 불러내어 자기네가 유리하도록 증언하라고 협박하고 밤낮없이 전화를 걸어 차마 입에 담지 못할 폭언을 일삼으며 괴롭히고 심지어는 대문 밖에만 나오면 온 식구를 모조리 죽이겠다고 협박하니 하루하루가 너무도 고통스럽고 불안하여 견딜 수가 없었습니다.

게다가 그토록 가깝게 지내던 주인집 아주머니도 무슨 변고가 일어날까 싶어선지 방을 옮겨 이사를 하라는 것이었습니다. 너무도 기가 막히고 하루하루 겪는 정신적 충격을 이길 수 없어서 하는 수 없이 교회를 생각했습니다. 이젠 제 자신이 답답하니까 내 발로 교회 다니시는 집사님 댁을 찾아가 저 좀 교회에 데려가 달라고 애원을 했습니다.

교회를 다니면 다리를 부러뜨린다던 남편도 하는 수 없이 허락을 했습니다. 주일이었습니다. 처음으로 교회를 따라가 예배를 드렸는데 왠지 모를 눈물이 걷잡을 수 없을 정도로 펑펑 쏟아졌습니다. 제 입에서는 쉬지 않고 '하나님을 늦게 영접해서 죄송합니다.' 라는 말이 연발되었으며 온통 눈물바다를 이루면서 회개를 하고 예배를 마칠 수가 있었습니다.

지금까지 핍박만 했던 예수님! 이제는 눈물로 잘못을 회개하고 혼신의 정성을 다하여 주님께 기도하고 충성해야겠다는 결심이 앞섰습니다. 아무것도 모르는 상황에서 예배시간마다 빠짐없이 참석하여 갖가지 사고로 고통받는 이웃들을 위하여 기도드렸습니다.

한동안 뜸했던 전화가 어느 날, 느닷없이 한밤중에 걸려와 갖은 폭언을 일삼으며 협박하는 것이었습니다. 울면서 매달리고 애원을 하고 사정을 하며 오해를 풀려고 해도 허사였습니다. 그런 중에 목사님을 모셔다가 예배를 드리고 그날부터 마음의 결심을 단단히 하고 100일 새벽예배를 작정하여 드렸고 가로놓인 문제를 놓고 40일간 함께 겸하여 기도를 드렸습니다. 기도 중에 하나님께서 제게 문제를 해결해 주시겠다는 응답과 함께 집을 허락하셨는데 믿음이 약했던 저는 사람의 생각으로 전세방만 허락 해주시면 원이 없겠다는 생각으로 나날을 보냈습니다. 그런데 이게 웬 날벼락입니까? 설상가상으로 느닷없이 남편이 교통사고를 당했습니다.

승용차를 운전하고 집으로 귀가하던 도중 과속으로 달리던 봉고트럭과 충돌을 했는데 대형사고가 나서 승용차를 그 자리에서 폐차시킬 정도로 현장이 참혹했었습니다. 상대방 사람들은 남편이 죽은 줄로만 알고 찾아왔지만 남편은 이마의 상처와 무릎에 가벼운 찰과상 정도만 입고 기적같이 살았습니다. 주님을 모르는 사람들은 제가 예수를 믿어 사고가 났다고 수군수군 손가락질을 하기 시작했고 거기에다 시부모님께서는 집안이 일어서지 못하고 줄지어 불행이 거듭되는 모든 책임을 저에게 뒤집어 씌우고 '교회를 다니면 내 집 식구가 아니니 각오해라' 시며 엄포를 놓으셨습니다. 이해하지 못해서 그러시니 어쩌겠습니까? 이제는 주님밖에 의지할 분이 없다고 생각되어 무릎 꿇고 눈물 흘리며 쉴 새 없이 기도드렸습니다. 시간만 있으면 기도실에 들어가 눈물로 토하여 기도드린 결과 인간사의 생사고락을 주관하시는 하나님께서 새 집을 허락하시고 남의 차를 운전하던 남편은 트럭을 사게 되었고 핍박하시던 시부모님께서는 예수 믿는 것을 인정해 주셨습니다.

더욱 더 감사한 것은 큰아이가 축농증으로 고통을 받고 있었는데 진흙같은 진한 액들이 코에서 쏟아지면서 깨끗하게 치유함을 받고 오줌소태로 고생하던 제가 언제부터 고침을 받았는지 깨끗하게 완쾌되었습니다.

우리 온 식구들이 병원과 약국에 한번도 가지 않도록 건강의 축복과, 더불어 흘러넘쳐서 주워 담을 수 없을 정도로 크나큰 여러 가지 축복을 허락해 주셨습니다. 우리 가정에 영원히 흘러넘치도록 부어주셨습니다. 남편은 주님의 놀라운 은혜를 깨닫고 세상에 헛된 것을 모두 벗어 버리고 주님 품 안으로 돌아왔고, 온 가족이 주님을 영접할 수 있도록 구원의 은총도 허락하신 하나님께 모든 영광을 바칩니다.

# 23. 마귀를 대적하라

야고보서 4장 7-8절

"너희는 하나님께 순복할지어다."

하나님 앞에 순복하는 자가 마귀를 대적합니다. 왜냐하면 하나님께서 마귀를 대적하고 승리하도록 물리쳐 주시기 때문입니다. 사람의 힘과 능으로는 안되지만, 하나님은 하실 수 있습니다. 그래서 하나님께 우리는 순복해야 합니다. 그래서 하나님께 순복하는 자는 마귀를 대적합니다. 우리 청주은성교회 성도들이 가는 곳마다 어둠의 영인 원수 사단 마귀가 피하는 놀라운 역사가 임하시는 줄 믿으시기 바랍니다.

**1. 두 마음을 품지 않아야 합니다.**

우리가 두 마음을 품지 않을 때에 하나님께서 그 중심을 보고 마귀 사단을 물리쳐 주시고, 하나님께 찬양으로 영광을 돌릴 때 사단은 떠나갑니다. 욥기 1장 8절과 9절에 보면 여호와 하나님께서 사단에게 그렇게 묻습니다. "네가 내 종 욥을 유의하여 보았느냐? 그 욥이 동방에서 참으로 악에서 떠난 사람이고 여호와를 경외하는 사람이고 정직한 사람이고 순전한 사람인 것을 알고 있느냐?" 그러니까 마귀가 뭐라고 합니까? "욥이 어찌 까닭 없이 하나님을 경외 하리이까?" 그러면서 마귀는 욥의 집에 와서 욥의 열 남매를 하루아침에 다 죽여 버리고, 그리고 또 재산을 왕창 도둑맞게 만들어 버렸습니다. 그때 종들이 쫓아 와서 하는 말이 "욥이여 큰일 났습니다. 당신 재산을 모두 도둑맞았습니다." 그러자 욥이 무릎을 꿇고 하나님 앞에 기도하기를 "주신 자도 여호와시오, 거두신 자도 여호와시오니 여호와의 이름이 찬송을 받으실지니이다."라고 합니다. 이렇게 찬송할 때 마귀들이 다 떠나가 버렸습니다. 여러분이 찬송하고 기도할 때 악한 마귀가 떠나갈 줄 믿습니다.

### 2. 전신갑주를 입어야 합니다.

우리가 악한 마귀의 궤계를 대적하고 승리하려면 에베소서 6장 11절로 17절에 있는 말씀처럼 전신갑주를 입어야 합니다. 우리가 하나님의 진리의 띠를 띠고 의의 흉배를 붙이고, 복음의 신을 신고, 믿음의 방패를 가지고, 구원의 투구와 성령의 검, 곧 하나님의 말씀을 가지면 원수마귀들은 한 길로 들어왔다가 일곱 길로 도망가는 줄 믿습니다. 오직 마귀가 가장 무서워하는 것은 여호와 하나님이십니다. 하나님 말씀에 순종하는 자, 그가 나가기만 하면 악한 마귀를 이길 줄로 믿습니다.

예수님께서 길을 갈 때에 귀신들린 자 하나가 나옵니다. 모든 사람들이 무섭다고 두렵고 떨 때에 그 때 예수님께서 "네 이름이 무엇이냐?"라고 물으니까 "예! 군대입니다."라고 말합니다. 그래 "그 사람 안에서 나오라"고 명하니까 마귀는 그때에 "아직 때가 아닌데 왜 우리를 나오라고 합니까? 왜 우리에게 고통을 주십니까? 우리를 나가게 하려면 저 돼지 떼들에게 들어가게 하소서."라고 말합니다. 그때 예수님께서 돼지 떼에게 들어가라 명하시니 그들이 돼지에게 들어가 2천 마리나 되는 돼지 떼들이 비탈길로 내리 달아 호수에서 몰사했습니다.

### 3. 하나님을 가까이 해야 합니다.

마태복음 26장 69절에서 75절에 베드로가 나옵니다. 베드로가 예수님을 멀리 따라갈 때에 세 번이나 부인했습니다. 예수님과 가까이 있을 적에는 주를 부인한 적이 없는데 멀리 따라가다가 사단이 그 안에 역사하니까 예수를 모른다고 세 번씩이나 부인합니다. "주님을 가까이 합시다." 예수를 가까이 할때에 하나님께 영광 돌리고 하나님의 크신 축복이 임하는 줄로 믿습니다! 그런데 예수를 모른다고 세 번이나 부인했던 베드로가 사도행전 2장 1절에서 4절 말씀을 보면 약속한 성령이 임하기까지 기도하더니 오순절 성령 충만을 받고 난 후 주님을 한 번도 부인한 적이 없었으며 나중에는 십자가에 달려 순교까지 합니다.

사랑하는 성도 여러분! 주님과 가장 가까이 있으려면 우리가 성령 충만을 받아야 됩니다. 성령 충만을 받으면, 성령으로 잉태된 예수가 내 안에 계시면 근심 걱정이 없어집니다. "주 안에 있는 나에게 딴 근심 있으랴." 주님 밖에 있으니까 근심 걱정이 있는 것입니다. 여러분이 세상의 원수, 사단 마귀들이 우리를 괴롭힐지라도 우리가 주 안에 있기만 하면 우리는 근심 걱정이 없는 것입니다.

사랑하는 성도 여러분! 오직 예수 그리스도의 마음을 품고 찬양으로 하나님께 영광을 돌리며, 사단을 대적하기  위해 하나님의 전신 갑주를 입고, 주님과 늘 가까이 동행하시므로 악한 사단과의 대적에서 늘 승리하는 삶을 사시기를 예수님의 이름으로 축원합니다.

## 성령의 능력으로 더럽고 악한 귀신을 몰아냈습니다

### 정금순 권사

무당집으로 시집온 저는 시어머님께서 시키는 대로 순종해야만 했는데 굿을 할 때마다 제 손으로 제물을 차려 놓아야 했고, 손이 발이 되도록 빌어야 했으며 온 동네가 깊이 잠든 뒤 우물에서 물을 길어다가 장독과 부뚜막에 올려놓아야 했습니다. 이렇게 굿을 밥 먹듯이 하며 1년의 나날을 보낸 후 큰아들을 낳았는데 웬일인지 모유를 먹지 않고 우유만 먹으니 정상적으로 성장하지 못했습니다. 자연적으로 동네는 떠들썩해 졌고 그때마다 굿을 하면서 생기를 불어 넣어주려 했으나 허사였고, 이틀이 멀다하고 고통을 겪는데도 시어머님은 병원 한번 가보라는 말도 없고 오로지 장독과 부뚜막에 물만 떠놓고 빌기만 했습니다. 아들의 병은 점점 악화되고 아울러 저는 10개월간을 참을 수 없을 정도로 크나큰 고통을 겪으며 보내야만 했습니다. 하는 수 없이 시어머님께 병원 한번 다녀오게 해달라고 애원하며 호소했으나 '손 없는 날을 택하고 방향을 보아야 한다.' 고 하시며 내일 다녀오라고 하시더군요.

그날 밤, 꿈을 꾸었는데 남편은 앞서서 가고 저는 아들을 업고 뒤따라 가는데 양쪽으로 공동묘지가 있는 곳을 지나서 갑자기 시커먼 개가 달려들어 아들만 빼앗아 물고 가는 꿈을 꾸고 있었습니다. 너무 놀라서 깨어보니 아이는 너무나 고통스러운 신음소리를 내면서 자고 있었습니다. 아침이 밝아오기가 무섭게 아이를 업고 청주 시내로 나오려고 했는데 시어머님의 반대가 너무 극심하고 일러주시는 곳이 있어서 그곳을 찾아가 보니 무면허 돌팔이 의사의 영업집이었습니다. 그 의사에게 주사를 맞은 우리 아들은 4시간 이후에 갑자기 경련을 일으키더니 저 세상으로 떠나고 말았습니다. 하늘이 무너지고 땅이 꺼지는 크나큰 충격에 세상이 원망스럽고 싫어지기 시작했습니다. 시어머님도 무당집도 싫어졌고 고부간의 갈등은 점점 심화 되어갔고 굿을 할 때마다 들어오는 이득이 무엇이냐고 잘된 것이 무엇이냐고 따지고 대드는 등……. 날마다 불화가 끊이질 않으니 남편은 술로 생을 살기 시작했으며 큰딸을 낳으면서 청주시내로 이사했건만 술주정꾼 남편과 무당 시어머님 속에서 눈물로 한숨과 뒤섞인 한 많은 세월을 보내야만 했습니다. 야간에 직장에 출근하다 보니 낮에만 잠을 자야되는데 눈을 감기만 했지 도저히 잠을 이룰 수 없었던 저는 수면제를 복용해야만 했고, 이것이 쌓이고 쌓여 건강이 악화 되기 시작했으며 손지갑에는 항상 약봉지가 가득했습니다.

그러던 중 제가 다니던 회사마저도 일화 생수로 넘어가고 통일교 재단이라 모든 직원은 통일교에 등록해야만 했습니다. 아니나 다를까! 며칠 후 저를 부르더니 서울 본사에 올라가 문선명 교육을 받으라고 하더군요. '어떻게 할까? 어떻게 할까?' 고민 끝에 제 동생 남편이 대전 어느 교회 목사님께 전화를 걸어 조언을 구했더니 당장 사표를 내라고 권했으나 어려운 생활 때문에 그만두지 못하고 망설이며 근심 속에 직장을 다녔습니다. 다음해 2월에 또 교육을 받으라는 통보를 받고 그만두기로 결심을 하고 사표를 냈습니다. 당장 앞날이 캄캄해졌습니다. 어려운 생활도 고통스러웠지만 그보다는 술주정뱅이 남편과 무당 시어머님 사이에 끼어 크나큰 정신적 고충을 겪고 난 후 이렇게 살아야 무엇 하겠느냐는 심적 고통이 팽배해져 남편과 이혼할 것을 굳게 결심하고 있었습니다.

회사에 같이 다니던 임도예 은성교회 집사님을 통해 주님의 복음을 듣기 시작했습니다. 그분은 3년을 두고 저를 전도하기 위해 수고하셨는데 당시 이혼을 결심했던 저의 마음과 남편의 마음을 하나님께서 변화시키시고 남편도 자신의 잘못을 뉘우치게 될 것이라며 함께 신앙생활을 하자고 권고하셨습니다.

고생하던 끝에 동생에게 전화를 걸어 상담을 하였습니다. 제부가 목사님이셨는데 '은성교회 목사님은 성령 충만하신 분으로 열과 성을 다해 헌신적으로 목회하신다.' 고 칭찬이 자자하다는 극찬에 임집사님을 따라 남편과 함께 은성교회에 등록을 하게 되었습니다.

비록 아무것도 모르는 상태였지만 모든 것을 주님께 맡기고 의지하니 마음에 끊임없이 평안이 찾아오고 잠 못 이루는 불면증도 시편 127편에 "사랑하시는 자에게는 잠을 주시는도다"라는 말씀처럼 약을 복용하지 않고서도 깨소금 같은 잠을 잘 수가 있었으며 끊이지 않았던 갈등과 불화는 어디론가 사라지고 온 집안에 평안과 행복이 넘쳐나기 시작했습니다.

그러던 어느 날, 은성 산 기도원에서 부흥회가 있다고 하여 임 집사님께 같이 가자고 약속을 하였습니다. 밥을 먹지 못해 배는 고팠지만 사모하는 마음으로 약속대로 임 집사님과 함께 은성산 기도원에 갔습니다. 처음이라 기도할 줄을 몰라 애태웠고 설교 말씀 시간에는 열심히 경청한 후 헌금시간이 되었는데 참회의 눈물이 한없이 쏟아지더군요. 비록 제 지갑에는 차비할 돈 2,000원 잔돈 500원과 약봉지밖에 없었는데 목사님께서 기도하실 때 마음에 큰 감동이 생겨 2,500원을 모두 헌금했어도 마음에는 한없는 기쁨으로 억제할 수가 없었습니다. 물론 그날 점심도 굶었습니다. 제가 부족하고 미련하여 깨닫지 못하니 하나님께서 금식의 소중함을 일깨워 주시고 헌금도 드릴 수 있게 하셨으며 아팠던 다리도 깨끗하게 치료해 주셨습니다.

이렇게 한량없는 하나님의 사랑을 체험했건만 아직도 우상숭배에서 벗어나지 못하고 계신 어머님이 마음에 걸려 남편에게 '시어머님이 하시는 일이 크나큰 잘못임을 깨우쳐 드리자' 고 했지만 시끄러워질 집안 걱정 때문에 거절하더군요. 저는 크나 큰 은혜를 받아 성령 충만하니 난리가 날 때 나더라도 우상을 쳐부수어야겠다는 생각으로 시어머님이 경로당에 가신 기회를 엿보아 장이 가득 담긴 장독과 물그릇을 모두 깨뜨려 버렸는데 집에 돌아오신 시어머님이 노발대발 하실 줄 알았는데 전혀 뜻밖으로 잘 없애버렸다고 오히려 칭찬해 주시더군요.

그 후로 우리 집에 우상이 사라지고 주님의 사랑이 승리하여 시어머님도 마음을 바꾸셔서 교회 다닐 수 있도록 가방도 챙겨주시고 시간 엄수도 당부하시며 항상 염려가 끊이지 않고 계십니다. 그토록 강팍하시던 시어머님의 마음이 돌아서기까지는 목사님과 사모님의 헌신적인 눈물의 기도가 숨어 있었습니다. 감사를 드리며 우리 가정에 화목과 건강의 축복을 허락하시고 아울러 물질의 풍족함도 부어주신 하나님께 찬송과 영광을 드립니다.

아직도 주님을 영접하지 못한 분들은 이 간증을 읽으시고 하루빨리 예수 그리스도를 영접하시어 아픔이 치유되고 막힘이 회복되어서 하늘의 신령한 복과 땅의 기름진 축복을 받아 누리시길 간절히 기도드립니다.

# 24. 모든 병을 고치시는 하나님

마태복음 4장 23-24절

세상 사람들이 병을 고치려고 병원에 가면 먼저 조직검사부터 합니다. 어디가 아픈지 보려고 조직검사를 합니다. 피검사도 하고 MRI를 찍기도 합니다. 그리고 CT도 찍어봅니다. 그 결과 당신은 어디에 문제가 있으니까 이렇게 치료해야 된다고 말합니다. 그러나 우리가 예수님만 만나면 조직검사든 뭐든 하나도 필요가 없습니다. "내 죄 사함을 받았으니 자리를 들고 일어나 걸어가라." 이렇게 명령하면 아픈 통증도 고통도 없고 돈 들어가는데도 없이 말씀 한마디로 고침을 받습니다. 그렇다면 여러분들은 어떻게 해야 질병과 질고에서 놓임 받아 건강한 신앙생활을 할 수가 있을까요?

## 1. 복음을 전하라.

마가복음 16장 20절 말씀에 제자들이 복음을 전하는데, 주께서 함께 역사하사 표적이 나타났다고 했습니다. 그 따르는 표적으로 질병이 치유되고 귀신이 떠나가는 것을 보자 많은 사람들이 몰려옵니다. 따르는 표적으로 주님께서는 먼저 치유부터 하지 않고 가르치셨습니다. '우리도 복음을 전합시다.' 가르칠 때에 역사가 일어납니다.

그러면 주님은 언제부터 천국복음을 전하셨습니까? 마태복음 4장 1절에서 11절의 말씀을 보면 예수님께서 마귀에게 시험당하기 위해서 40일 동안 금식을 하시고 내려오는데 마귀가 세 번이나 시험을 합니다. 그 세 번째 시험이 무엇입니까? 물질의 시험입니다. 지금은 무슨 시대입니까? 물질의 시대입니다. 이게 마지막 시험이었습니다. 수 많은 사람들이 마지막 시험에는 넘어가고 있습니다. 세 번째 시험은 "마귀가 또 그를 데리고 지극히 높은 산으로 가서 천하만국과 그 영광을 보여 가로되 만일 내게 엎드려 경배하면 이 모든 것을 네게 주리라"(8-9절)라고 합니다. 이에 예수께서 말씀하시되 "사단아 물러가라, 주 너의 하나님께 경배하고 다만 그를 섬기라"(10절)고 하셨습니다. 그러자 "마귀는 예수를 떠나고 천사들이 나아와서 수종드니라."(11절)라고 했습니다. 천사가 수종 들면서 그 때부터 나가서 복음을 전파하는데 제일 먼저 하신 말씀이 "회개하라 천국이 가까웠느니라" 라고 말씀하셨습니다. 이 말씀은 회개치 아니하는 자는 천국에 갈 수 없다는 말씀입니다. 우리가 회개하고 복음을 믿어야 천국에 간다는 것입니다.

여러분 예수님의 마지막 시험은 물질입니다. 물질은 우리가 다스리는 것이지 쫓아 가는 것이 아닙니다. 우리가 이 마지막 물질의 시험을 잘 이겨야 승리하는 줄 믿습니다.

### 2. 큰 믿음을 가지라

우리 하나님께서는 모든 사람들의 질병을 치료하기도 하고, 말을 안 들으면 어려운 환경 속에 넣기도 합니다. 사도행전 2장 37절과 38절 말씀을 보면 베드로가 하나님의 말씀을 증거 할 때 모든 사람의 마음이 찔림을 받았다고 했습니다. "형제들아 우리가 어찌할꼬" 이 말씀을 증거하고 회개가 터진 다음에 우리 하나님께서 그들에게 역사하시므로 수많은 병자들을 치료해 주셨습니다. 베드로의 그림자만 지나가도 병마가 떠나가고 악귀가 떠나갔습니다.

자! 그럼 사도바울은 어떠했습니까? 사도행전 19장 11절과 12절 말씀을 보면 하나님이 사도바울에게 그 손으로 희한한 능력을 행하게 하셨습니다. 손수건이나 앞치마를 가져다가 병든 사람에게 얹으면 그 병이 떠나가고 아귀도 떠나가게 말입니다. 참 희한한 능력입니다. 우리도 바울 같은 믿음만 있으면 다 됩니다. 믿음 없는 사람들은 아무리 "주여! 주여!" 해도 병을 못 고칩니다. 의심이 생기면 안 됩니다. 의심 없이 믿을 때, 확실하게 믿는 자에게 치료하여 주셨습니다.

또 마태복음 15장 21절에서 28절까지의 말씀을 보면 가나안 여자의 딸이 흉악한 귀신에 들렸다고 했습니다. 그 여인이 주님 앞에 나와 "나를 불쌍히 여기소서 내 딸이 흉악한 귀신 들렸나이다."(22절) 주님께서 대답하여 가로되 "자녀의 떡을 취하여 개들에게 던짐이 마땅치 아니하니라"고(26절) 개 취급을 했습니다. 그러자 이 여인은 "주여, 옳소이다마는 개들도 제 주인의 상에서 떨어지는 부스러기를 먹나이다"(27절) 이에 예수께서 뭐라고 합니까? "여자여 네 믿음이 크도다 네 소원대로 되리라"(28절) 그녀의 소원은 무엇입니까? 자기 딸의 병을 고치는 게 소원입니다. 그녀의 큰 믿음이 딸을 고침 받게 하였던 것입니다.

사랑하는 성도 여러분! 우리 예수님은 요한복음 14장 14절 말씀에 이렇게 말씀하셨습니다. "내 이름으로 무엇이든지 내게 구하면 내가 시행하리라", 아직까지 병 고침을 못 받으신 분은 이 말씀을 꼭 붙잡으시기 바랍니다. 오늘 이 시간에도 여러분을 괴롭히는 더러운 것들과 질병이 예수님의 능력을 믿음으로 떠나가기를 예수님의 이름으로 축원합니다.

## 간증 엄마! 나 이제 일어설 수 있어요!

이종남 집사

저희 가정은 여섯 식구입니다. 위로 딸만 셋을 두고 학수고대하던 아들은 막둥이로 태어났습니다. 온 가족의 귀염을 독차지하며 무럭무럭 잘 자라나 2학년 1학기까지는 몸도 튼튼하고 잔병치레 한번 없이 공부하던 아들 봉종이에게 너무나 크나큰 시련과 고통이 닥쳐왔습니다.

어느 날, 학교에서 돌아온 봉종이가 아빠에게 '뒷골이 아프다' 고 이야기를 합니다. '쬐그만 녀석이 뒷골이 다 뭐냐?' 하며 대수롭지 않게 받아 넘겼습니다. 그러나 상황은 점점 악화되어 견딜 수가 없어 예전부터 왕래가 있던 무당집을 찾아가 물으니까 나무 장목이 묻었으니 나무 장목을 잡으라는 것이었습니다. 무당이 시키는 대로 해보았지만 아들의 증세는 조금도 차도가 보이질 않았고, 아침 7시경만 되면 머리가 아프다고 하면서 조금 시간만 흐르면 통증을 견디지 못해 머리를 방바닥에 벽에 마구 부딪히면서 대성통곡을 하는 것이었습니다. 그렇게 30분에서 한 시간 정도 곤욕을 치르고 나면 언제 그랬냐는 듯이 멀쩡하게 일어나 밖에 나가 놀다가 시간이 흘러 오후 5시경 만 되면 아침과 똑같은 광경이 재연되곤 했습니다. 그러다보니 자연적으로 학교에 다니지 못했고, 담임선생님께 사정 말씀을 드리고 학업을 중단시켜야만 했습니다. 눈에 보이는 것도 없고 너무나 가슴이 아파서 할 수 있는 방법은 모두 동원하여 아들의 병을 완쾌시켜야 하겠다는 굳은 결심으로 무당집과 병원을 열심히 찾아다녔습니다. 아침나절에는 병원, 저녁나절에는 무당집 '어디든 열심히 찾아다니다 보면 차도가 있겠지' 싶어 매일 다녔지만, 아들은 더욱 병이 악화되어 기어다니지도 걷지도 못하는 지경에까지 이르게 되었습니다.

고통의 나날이 계속되던 어느 날, 남편은 어디서 소문은 들었는지 영운동에 있는 은성교회에 다니면 병을 고친다는데 교회를 한번 찾아가 보자고 말했습니다. 얼마나 다급했으면 여자도 아닌 남자가 그런 결단을 내렸겠습니까만 우상숭배밖에 모르던 어리숙한 저는 교회라는 말에 끝까지 다 듣기 전에 결사적으로 반대했습니다.

그 후로 얼마가 지난 어느 날, 우리 집 사정을 듣고 난 친목계원이 말하기를 우리 시동생은 17년 전 정신병자였는데, 은성교회에서 고침을 받았다며 같이 가보자고 하였습니다. 처음에는 매몰차게 거절했다가 별다른 방법이 없어 교회로 나가기로 결심하고 교회에 다닌 지 며칠 지나 목사님께서 심방을 오셨는데, 예배를 드린 후 말씀하시기를 '봉종이의 병을 고쳐 주면 교회 열심히 나오겠냐?' 고 물으시기에 병을 고치고 아들을 살려주신다는데 무엇인들 못하겠느냐 싶어 약속을 했습니다.

그 이튿날부터 새벽예배에 참석하기 시작했고, 금요 철야 때마다 목사님께서 봉종이를 앞으로 불러내서 피눈물 나는 정성으로 안수기도를 해 주셨습니다. 그러던 어느 날, 기적이 일어났는데, 우리 봉종이가 아빠 엄마를 부르면서 '나, 일어설 수 있어 엄마!' 하면서 벽을 짚고 일어서 한 걸음 한 걸음 마치 어린아이가 걸음마를 배울 때처럼 사뿐사뿐 걷게 되었습니다.

'엄마! 이제 머리도 아프지 않아' 신기하기도 하고 너무나 놀라워 봉종이를 껴안고 기쁨의 눈물을 흐느끼기 시작했습니다. '세상에 이럴 수가, 하나님께서 봉종이를 살려주셨구나! 하나님 감사합니다. 감사합니다.' 라는 말을 연달아 쏟아 내기 시작했습니다. 그 후로 점차 봉종이의 몸은 몰라보게 너무나 빨리 회복되어 일어서지도 못했던 봉종이가 아주 건강한 모습으로 지금은 중학교 선생님이 되었습니다.

모두가 하나님의 한량없는 은혜로 건강을 허락하셨고 학교도 다시 다니게 되었고 가정에는 기쁨과 웃음꽃이 만발하여 떠나지 않았습니다. 지나간 세월 우상에 너무나 도취되었던 제 자신이 얼마나 어리석고 헛된 짓이었나를 새삼 깨달아 지금도 그런 이웃들을 볼 땐 지난날 제 모습을 보는 것 같아 너무나 안타깝고 측은해집니다.

고통과 시련 속에서 봉종이를 통해 사랑이 충만하신 하나님 품 안에 안기게 되었고, 우리 가족 모두에게 넘치는 건강의 축복을 허락하셨습니다. 우리 가족은 행복이 끊이지 않는 삶의 보금자리에서 항상 범사에 감사하고 기도하면서 복된 삶을 살아가렵니다.

어떠한 질병이 크더라도, 큰 삶의 애환과 고통이 닥쳐오더라도 주님께 간절한 마음으로 기도를 드린다면 모두 해결 받는다는 것을 저는 확실히 증거 할 수 있습니다. 저와 같은 이웃이 있다면 주님께 믿고 구할 때 참 평안과 기쁨을 누릴 수 있도록 넘치는 축복을 부어주십니다.

제에게는 "길이요 진리요 생명이신 예수님"이 계시니까요. 할렐루야! 모든 영광 하나님께 돌립니다.

# 25. 시험을 이기는 자는 복이 있도다

야고보서 1장 12절

시험을 이기는 자는 어떤 사람입니까? 시험이 올 때 잘 참는 자입니다. '시험이 올 때 참으시기 바랍니다.' 하나님으로 부터 오는 시험이 있을 때 '너는 정말로 잘 참는구나, 이기는구나, 승리하는구나.' 하고 하나님으로부터 인정받는 자가 하나님을 사랑하는 사람입니다. 주님을 사랑하기에 승리하는 것입니다.

## 1. 아브라함의 시험입니다.

창세기 22장 1절에서 18절의 말씀을 보면 하나님께서 아브라함을 시험합니다. 아들을 하나님 앞에 바치는 시험입니다. 그것도 둘도 아닌 단 하나 그 독생자 아들을 사흘길을 가서 번제물로 드리는데 죽여서 각을 떠가지고 태워서 하나님 앞에 번제물로 드리라는 것입니다. 이 시험은 보통 시험이 아닙니다. 여러분 한 번 생각을 해 보세요. '아예 주지를 말든지 100세에 아들 하나를 주시고 하나님 그럴 수 있어요? 나는 못해요. 하나님 한 번 입장을 바꿔 놓고 생각해보세요. 하늘에 별과 같이 바다에 모래알 같이 땅에 티끌 같이 하나님이 주시겠다고 약속해 놓고 백세에 주신 아들을 각을 떠서 하나님 앞에 번제로 드려요. 나는 못해요. 차라리 하나님 날 데려가세요.' 아마 이렇게 말 할 수 있을 것입니다. 아브라함에게는 엄청난 시험입니다. 그러나 아브라함은 승리했습니다. 아침에 일찍이 일어나서 아들을 단에 바치려고 할 때 하나님께서 "아브라함아, 이제야 네가 사랑하는 아들보다 나를 더 사랑하는 줄로 아노라"(12절)라며 말씀하셨습니다. 아브라함이 시험에 통과한 것입니다. 그리고 그 때 아브라함은 복을 받았습니다. 하나님께서 그에게 복을 주시는데 "내가 네게 큰 복을 주고 네 씨로 크게 성하여 하늘의 별과 같고 바닷가의 모래와 같게 하리니 네 씨가 그 대적의 문을 얻으리라 또 네 씨로 말미암아 천하 만민이 복을 얻으리니"(17-18절)라고 말씀하셨습니다. 아브라함이 엄청난 축복을 받은 것입니다. 그 시험을 참고 이겼더니 하나님께서 이 축복을 주셨습니다. 오늘 우리 은성교회 온 성도들이 이 축복을 받으시길 예수님의 이름으로 축원합니다.

### 2. 욥의 시험입니다.

순전하고 경건한 사람 욥에게 엄청난 시험이 찾아옵니다. 욥은 그 누구보다도 하나님을 뜨겁게 사랑했습니다. 자식들이 혹시 범죄 했을까봐 자식들 이름으로 번제물을 드리고 하나님 앞에 제사를 드리지 않습니까? 하나님을 극진히 사랑합니다. 그래서 하나님께서 마귀에게 자랑을 했습니다. 동방의 의인인 욥을 네가 살펴보았느냐? 사단이 말하기를 "하나님이 그렇게 축복을 많이 해줬는데 사랑하지 않을 사람이 누가 있습니까? 하나님이 축복해 주셨기 때문에 하나님을 사랑한 것입니다. 욥의 재산을 쳐 보세요. 그러면 그가 입술로 범죄 할 것입니다." "사단아, 그럼 네가 한 번 시험해 봐라. 생명은 건드리지 말고 네가 한 번 시험해 봐라." 그래서 욥의 자녀 십 남매가 하루아침에 죽어 버렸습니다. 그것만이 아니고 하루아침에 재산을 다 도둑맞았습니다. 거지 중에 거지가 되었습니다. 그러니까 욥의 아내가 와서 궁상 맞게 한다는 소리가 "이래도 하나님 계시냐? 하나님이 계시면 이럴 수가 있나?"라며 "차라리 하나님을 욕하고 죽으라"고 말합니다. 그때에 욥이 뭐라고 그랬습니까? "주신자도 여호와시오, 거두신 자도 여호와시오니 여호와의 이름이 찬송을 받으실지니이다."(1:21절) 욥이 그 시험에 순간적으로 이겨 버립니다. 하나님께 감사하니까 순식간에 이겨 버린 것입니다.

그 다음에는 무슨 시험이 왔습니까? 질병의 시험이 왔습니다. 그래도 하나님을 부인하지 아니하고 회개하는 자세로 간구하고 기도하니까 사단이 '욥이 하나님을 사랑하는 마음'을 건드릴 수가 없었습니다. 도저히 그 마음을 뺏을 수가 없었습니다 결국 마귀가 손들고 떠나가 버렸습니다. 하나님께서 그 후에 시험을 이긴 자, 참는 자 욥에게 축복을 주셨는데. 갑절의 축복을 주셨습니다.

**3. 우리의 시험입니다.**

물질의 시험에 드는 사람은 잘살래야 잘 살 수가 없습니다. 주신자도 하나님이시오 거두신 자도 하나님이십니다. 우리가 하나님의 자녀이기 때문에 먹고 쓰고도 남게 쏟아부어 주시기를 원하시는 분이 바로 하나님이십니다. 그런데 그 물질 따라 다니다가 결국은 복을 못 받는 사람들도 있고 그것 때문에 시험에 드는 사람들도 있습니다. 그 시험을 이기는 자가 물권의 축복을 받습니다. 물질을 따라다니는 사람은 매일 '돈돈돈' 하다가 교회를 빠지고, 십일조도 내지 않습니다. 직장 때문에 교회를 못 나오면 잘 살아야 되는데 그 시험을 이기지 못하니까 늘 어려움을 당하고 손해만 봅니다. 이 고비를 넘어야 됩니다. 우리 주님께서는 마태복음 6장 31절에 "무엇을 먹을까, 무엇을 마실까, 무엇을 입을까 염려하지 말라"고 했습니다. 하나님을 믿지 못하고 사랑하지 못하면 물질의 시험이 옵니다. 하나님 앞에 돌아설 때 물권을 이기는 줄로 믿습니다. 이길 때에 축복은 내 것입니다. 그 다음에 복이 따라오는 것이고 그다음에 면류관이 따라오는 것입니다.

사랑하는 성도 여러분! 저와 여러분도 때로는 시험에 들 수 있고 어려운 때를 만날 수도 있습니다. 그때마다 하나님 앞에 간절히 기도해서 시험을 이기고 승리하시기를 예수님의 이름으로 간절히 축원합니다.

# 원망과 불평의 입술이 찬양과 감사의 입술로...

## 송영희 집사

할렐루야!

먼저 부족한 나를 사랑하사 이렇듯 간증을 할 수 있도록 허락하신 주님께 감사드립니다.

친정어머니는 대대로 내려오는 뿌리 깊은 양반 집안에 목사 사모의 길을 포기하고 믿지 않는 가정으로 시집을 오셨습니다. 고된 시집살이와 혼자만 다니는 교회 생활은 어머니에겐 견디기 힘든 고통이었지만, 그것을 통해 어머니의 기도처럼 모든 시댁 식구들이 구원받고 목사로, 장로로 여러 곳에서 주님께 헌신하고 있습니다. 시집와서 첫 딸인 저를 낳고, 집안이 부흥된다고 무척 좋아하셨던 할머님께서는 둘째도 딸을 낳자 어머니를 많이 구박하셨습니다. 그것이 병으로 와 암에 걸리신 어머님은 '모든 것을 정리하고 천국 갈 날짜만 기다리라.' 는 의사의 말에 기도원으로 향하셨습니다. 그때까지 지은 모든 죄를 다 회개하고 눈물로 기도하면서 희한하게도 그 죽음의 순간에 아들 하나만 주시면 주의 종으로 삼겠다는 서원 기도를 하셨다고 합니다. 부르짖으며 기도한 결과 암까지 다 고침을 받게 된 어머님은 정말 아들을 낳으셨습니다.

저는 기도하는 모습만 보고 자란 모태신앙이지만 전혀 믿음이 없었습니다. 고등학교 때까지는 어머니의 권면으로 어영부영 교회를 나갔지만, 가수가 되겠다는 어렸을 때의 꿈을 이루기 위해 서울로 올라오면서 나는 교회와는 점점 멀어지게 되었습니다. '네가 하고 싶으면 땅을 팔아서라도 해주겠다.' 는 어머니의 말씀에 부푼 꿈을 안고 서울로 올라와 약국에 취업을 하게 되었습니다. 친척 오빠들이 가수는 딴따라라고 포기하라고 하고 손자며느리로 삼고 싶어 하셨던 국회의원이신 어떤 할아버지는 결혼하라고 쫓아 다니셨지만, 제 꿈은 오로지 가수가 되는 것이었기에 그런 것엔 관심조차 없었습니다. 얼마 지나지 않아 꿈은 이루어진다던가? 당시 유명한 주현미씨 노래의 작곡가이신 분이 곡을 주겠다고, 그 때 돈으로 천 이백만원을 가지고 오라고 해서 고향인 전주로 내려갔습니다. 믿음이 적은 저는 걱정이 되어 잘 할 수 있을지 알아보기 위해 그때 당시 종종 갔던 무당집을 찾아갔습니다. 지금 생각하면 얼마나 어리석은 짓인지……, 기대를 가지고 점을 친 결과는 망신살이 꼈다는 황당한 이야기였습니다. 믿기가 힘들어 한 군데 더 가보고 그곳에서도 대답이 같으면 가수의 길을 포기하기로 약속하고 옆집 할머니와 다른 집을 찾아갔지만 똑같은 말을 들어야만 했습니다. 얼마나 울었는지……, 그나마 하나의 위안은 장사를 하면 대성한다는 것이었습니다. 그 후, 나는 가수의 길을 완전히 포기하고 함께 갔던 할머님의 소개로 백화점에 취업하게 되었습니다. 매출이 없던 코너가 제가 들어가면서 매출이 최고 10배까지 오르는 놀라운 일이 벌어졌고, 그것을 통해 시상도 많이 받게 되면서 그 백화점에서 최고의 매출자로 유명인이 되었습니다. 여기저기서 스카우트 제의가 들어왔지만 다 거절하고 끝내 과장님의 권유로 시내에 매장을 갖게 되었습니다. 그 매장 역시 이름도 없는 메이커였지만 엄청난 매출이 올라 본사에서 놀랄 정도였습니다. 지금 생각해보면 그것이 제가 잘해서가 아니라 어머니의 끝없는 기도 덕분이었다는 것을 그 때는 깨닫지 못했습니다.

26살이 되면서 믿음과는 상관없이 저도 어머니처럼 불신앙의 집안으로 시집을 오게 되었고, 믿지 않는 신랑과 부모님 속에서 나의 믿음이란 보잘것없는 것이었습니다. 주님과 멀어져 있는 상태에서 사업에 실패하고 1999년 청주로 이사를 오게 되었습니다. 이사 온 첫날, 청주은성교회

금요 철야에 참석했고, 저는 방언의 은사를 받았습니다. 결혼 한지 11년이란 세월 동안 아이를 갖지 못해 걱정이 되었던 제게 하나님께서는 방언 받던 그날, 믿지 않는 신랑을 통해 꿈에서 역사하셨습니다. 우암산을 올라가던 신랑이 하얀 세마포를 입고 하얀 지팡이를 든 누군가를 만났는데 머리 위로 광채가 있고, 그 빛이 신랑에게로 쏟아지면서 '내가 오늘 너에게 아들을 주리라.' 라는 음성이 들렸다고 합니다. 쏟아진 빛은 바로 황금으로 변했고 그 양은 세상을 다 덮을 정도로 많았다고……, 그 때 태어난 세함(세상을 품어라)이는 주님께서 제게 주신 엄청난 축복이었습니다. 친정어머니에게도 이런 자식이 있었으니 바로 남동생입니다. 공부면 공부, 악기면 악기, 노래면 노래 못하는 것이 없는 동생이지만 희한하게 하는 일마다 실패하고 직장도 완전하지 못해 저는 40일 작정 기도를 들어갔습니다. 목숨 걸고 기도한 지 20일 만에 연락이 왔습니다. 대기업의 소장이라는 엄청난 직책까지 받으며 취업이 되었다는 것이었습니다. 주님께서 내게 주신 평생 잊지 못할 응답이었습니다. 40일간의 기도 중간 중간 사탄의 방해가 얼마나 많았는지 모릅니다. 아들 세함이가 얼굴을 다치질 않나, 딸 세은이의 머리가 갑자기 불덩이 같아 병원에 가질 않나, 이런 것들은 다 기도로 극복했는데, 갑자기 수술을 하셔야 된다는 시어머니가 문제였습니다. 수술을 하게 되면 간호를 하러 가야 되는데 그럼 작정기도를 할 수 없는 것이었습니다. 어머니의 수술 때문에 구시 기도회까지 하게 된 저는 꿈에서 핸드폰에 예수님께서 가슴에 피를 묻힌 채 앉아 계시고, 위에는 하나님인 듯 서 계시는데 '치료 받았다.' 라는 음성이 들렸습니다. 수술 날 아침, 신랑에게 전화를 걸어 보라고 하면서 꿈 이야기를 해주었습니다. 분명 어머니에 대한 응답이라는 확신이 들었기에 믿음 없는 신랑에게 자신 있게 말할 수 있었습니다. 그때 전화기를 통해 나온 소리는 수술하지 않아도 된다는 말이었습니다. 이처럼 주님께서는 저와 언제나 함께하시며 정확히 응답해 주셨습니다. 제주선교센터에서 은혜받은 저는 목사님께 용돈이라도 드리고 싶은 마음에 봉투 하나를 준비했습니다. 그런데 목사님께서 하필이면 중국을 가시게 되어 드리지 못하고 야금야금 쓰게 되었습니다. 그때도 주님은 제게 꿈으로 보여 주셨습니다. 흰 봉투 두개가 양쪽에 있는데, 제가 목사님께 드리려던 금액이 놓여 있었습니다. 한 봉투는 돈이 잘 들어갔는데, 다른 봉투는 들어가지 않아 안간힘을 써서 겨우 집어넣었습니다. 그 순간 고모님께서 좋은 선물을 가지고 오셨는데 보석이 박힌 쌍둥이 건물을 제게 주시겠다며 손에 들고 오셨습니다. 이 꿈이 무슨 뜻인지 알지 못해 새벽기도와 구시 예배를 드리며 하나님께 묻고 또 물었습니다. 새벽기도 후 운동 겸 운동장을 한 바퀴 도는데 그때 주님께서 제게 응답 해주셨습니다. 새벽기도마다 조금씩 헌금을 해서 내가 쓴 돈을 주님께 드리라는 것이었습니다. 쓴 돈을 드릴 액수로 나눠보니 133일이 나왔습니다. 그래서 지금은 133일 새벽 작정기도를 하고 있습니다. 주님께선 제게 작정기도 후 물질의 축복까지 약속해 주셨기에 기쁜 마음으로 드리고 있습니다. 설령 물질의 축복을 주지 않는다 할지라도 저는 지금까지 받은 축복과 사랑이 너무도 크기에 주께 드릴 수 있는 한 드릴 것입니다.

지금은 신랑(김상술 성도)도 교회에 나오고 있어서 더욱 더 감사합니다. 주님을 만나기 전에 원망과 불평의 입술이 주님을 만나면서 감사와 찬양의 입술로 변화되어 하루하루를 행복하게 살아가게 하시니 주님께 무한 영광과 찬양을 올려 드립니다. 마지막으로 목사님과 사모님의 건강과 은성교회의 무한한 성장을 기도하며 부끄러운 저의 간증을 끝까지 읽어주신 성도님들 가정에도 하나님의 축복의 응답이 임하시길 기도합니다.

## 26. 잃어버린 예수를 찾자

누가복음 2장 41-50절

주님과 같이 동행할 때는 기쁘고 즐거웠는데, 주님을 잃어버리면 눈물이 없어지고, 기쁨이 없어지고 '아멘' 소리가 안 나옵니다. 잃어버린 주님을 찾으시기를 예수님의 이름으로 축원합니다. 주님을 찾을 때에 기쁨이 넘치고 문제가 해결되고 만사가 형통합니다. 내 힘으로 안 되는 것도 주님과 같이 동행하면 해결됩니다.

오늘 본문 말씀을 보면 예수님의 부모가 해마다 유월절이 되면 예루살렘으로 갔습니다. 그 때가 예수님께서 12살이 되던 해입니다. 세 식구가 같이 동행합니다. 이제 모든 행사를 마치고 돌아오는데 예수님이 동행하는 줄 알았습니다. 그런데 예수님은 그 곳에 계시지 않았습니다.

여러분 우리 안에 기쁨이 없으면 벌써 예수님이 우리와 멀어진 것이라는 것을 알고 빨리 찾아야 합니다. 기쁨이 없고 말씀 들을 때 깨달음이 없으면 예수님을 빨리 찾아야 합니다. 예수를 잃어버린 그 어머니와 아버지가 아들을 찾으러 자기가 아는 사람들을 찾아가고 이 사람 저 사람에게 물어봅니다. 그러나 찾지 못합니다. 여러분 예수님을 잃어버리면 어려운 일을 당합니다.

사업의 어려움을 당하고 집안의 어려움을 당하면 예수를 찾으러 성전에 와야 하는데 성전은 안 나오고, 아는 사람과 친척들에게 가서 손 내밀 때가 얼마나 많습니까? 하나님 앞에 기도하면 주께서 그 문제를 해결해 주실 텐데 말입니다. 주님께서 이렇게 말씀하셨습니다. "너희는 무엇이든지 구하라 그리하면 내가 시행하리라." 예수를 잃어버리면 그 말씀이 믿어지지 않기 때문에 구하지도 않습니다. 예수를 잊어버리면 기도도 안 나오고 눈물도 안 나오고 회개도 안 됩니다. 너무 고통스럽습니다.

예수를 잃어버리면 어디로 가야 축복을 받는지 알 수 없습니다. 주와 같이 동행할 때에 기쁨이 넘치고 즐거움이 넘칩니다. 주님은 우리의 갈 길을 알려 주시기 때문입니다. 그러나 주님을 잃어버리면 영적으로 방향을 잃어버린 겁니다. 아는 사람에게 어려운 문제를 해결하려고 하니 됩니까? 또는 친척집에 가서 도와 달라니, 됩니까? 안됩니다. 주님이 없으면 문제를 해결할 수 없습니다. 어떤 이들은 말합니다. "아이고! 목사님 나는 집에서 기도 많이 하니까 걱정할 것 없습니다." 그런데도 사업이 안 되고 어려운 일이 자꾸 생기고 남편이 새벽기도도 안 나오는 것은 주님과 멀어졌기 때문입니다. 그래서 응답이 없다는 것입니다.

그래서 주님께서는 "가까이 있을 때에 나를 부르라!!" 주님과 같이 손잡고 갈 때에는 "주여!"해도 알았다 하시는데, 영적으로 멀어지니까 아무리 하나님 앞에 기도를 해도 응답이 없어 답답하고, 걱정되고, 어렵고 환난이 오는 것입니다. 그 때는 성전에 와서 '천부여 도와주소서.' 하고 주님 앞에 엎드려야 합니다.

여러분의 자녀들이 컴퓨터에만 매달려 기도 생활이 없습니까? 아니면 친구들하고 뛰어 노는 건 즐거워하고 교회 오는 건 싫어합니까? 예수를 잊어버려서 그런 것입니다. 예수를 찾은 아이들은 기도하고 싶어 합니다. 예수를 자녀들에게 찾아주기를 예수 이름으로 축원합니다. 선생님 말씀을 듣기도 하고 질문도 하면서 주님을 영접하기만 하면 '공부해라! 공부해라' 하지 않아도, 지혜를 주시는 주님을 만나면 그 아이는 학교에서 1등할 수 있습니다. 여러분의 자녀들이 주님을 만날 수 있기를 예수 이름으로 축원합니다. 그러면 하나님께서 평생토록 지혜를 주실 줄 믿으시기 바랍니다.

## 간증 제 인생에 새로운 전환은 청주은성교회입니다

권미화 집사

작년 봄 은성교회에 등록한 날 저는 너무나 많은 눈물을 흘렸습니다. 왜인지는 알 수 없었지만 그저 뜨거운 눈물이 흘러내렸습니다.

모태신앙이면서도 이때까지 세례를 받지도 않았고, 또 너무나 중요한 학창시절을 세상 속에서 살았습니다. 그래도 주님은 초등학교 때까지 쌓아온 제 믿음과 사랑을 기억하시고, 자상한 남편을 만나게 하시고, 늘 삶 속에서 여유와 만족과 행복함을 심어주셨습니다. 아들을 원하면 아들을, 딸을 원하면 딸을 또 물질이 필요하면 꼭 필요한 만큼의 물질을 채워주셨습니다. 그럴 때마다 그것이 주님의 사랑인지를 깨닫지 못하면서 지금까지 살아왔습니다.

가끔 가까운 교회에 나가서 주일예배를 드릴 뿐이었습니다. 그러면서도 항상 저는 기독교인이라고 이야기하였고, 심지어는 점집에 가서 점을 쳐서 앞일을 물어보기도 하였습니다. 그때부터 하나님의 채찍이 시작되었습니다. 서울에 살다가 의류점을 해보려고 청주로 내려올 때에 너무나 오랫동안 주님을 잊고 살았기에 나 자신만을 의지하면서, 또 내 운을 의지하면서 가게를 시작하려 하였습니다. 업종을 택하고 가게를 계약하고, 살던 집까지 전세로 내놓는데 걸린 시간은 불과 3일이었습니다. 지금 생각하면 제 정신으로 한 일은 아닌 것 같습니다. 사람을 접하면서도 본사(의류)를 대하면서도 너무나 고통스럽고 힘든 시간이었습니다.

그러던 2001년 가을 설교집을 읽다가 갑자기 교회에 나가고 싶어졌습니다. 그날이 금요일이었고 9시 40분부터 교회에 가서 기도를 시작했습니다. 그날 주님을 만나는 기쁨을 찾았고, 그 후로 금요 철야에 계속 참여하면서 2002년 마지막 철야 예배에서 방언을 받았고, 가게를 정리

하고자 40일 작정 기도를 시작했습니다. 하나님께서 첫날부터 3일 금식을 시키셨고 40일을 하루도 빠지지 않고 작정기도를 마치는 가운데, 28일이 되던 날 응답이 왔습니다. 점포를 완전히 마무리할 때도 물건이 옷 한 장 남지 않았습니다.

주님은 또 봉사할 수 있는 기회를 주셨습니다. 유치부 교사로, 임마누엘 성가대로 봉사하면서 많은 은혜와 깨달음을 얻었고, 부활절에는 세례도 받았습니다. 그리고 가을 학기 새소식반 교사로 일하면서 또 다른 은혜와 감동을 얻을 수 있었습니다. 항상 어려움에 처할 때마다 귀한 사람을 보내주신 하나님. 어떤 상황에 처해 있어도 주님은 항상 내 곁에 계심을 이제야 알았습니다.

이렇게 주님께 돌아오기까지 20년이 걸렸습니다. 주님은 그렇게 오랫동안 참고 나를 기다려 주셨습니다. 그래서 그동안 낭비한 시간을 이제는 아끼길 원하시는 것 같습니다. 아직도 너무나 미숙한 갓난아이지만 지금 내가 처한 위치에서 주님께 기쁨을 드리고 싶습니다. 찬양하고 싶습니다. 감동을 드리고 싶습니다. 내가 은성교회에 온 첫날 그렇게 흘렸던 눈물의 의미를 지금은 알 수 있습니다. 그리고 주님은 나의 마음을 아십니다.

"주님과 길가는 것 즐거운 일 아닌가"

이제 주님과 동행하는 삶을 살겠습니다. 내 마음에 계시는 주님을 늘 생각하며 나의 것을 내려놓습니다. 오직 주님만이 나를 이끌수 있도록 주님을 의지합니다.

주님을 향한 나의 생각만으로도 기뻐하시는 주님……,

사랑합니다. 나의 아버지

# 27. 예수님의 기도

누가복음 22장 39-46절

본문 39절 말씀에 "예수께서 나가사 습관을 좇아 감람산에 가시매 제자들도 좇았더니."라고 했습니다. 우리 예수님께서는 항상 습관을 좇아 기도를 많이 하셨다는 것입니다. 습관을 좇아 기도했다는 것은 항상 준비 기도가 돼 있었다는 것입니다. 준비 기도를 많이 하는 사람이 크게 축복을 받고 어려운 시험을 물리칠 수 있는 놀라운 역사가 임하는 줄로 믿습니다.

**1. 습관적인 기도를 하라.**

본문 39절 말씀에 "습관을 좇아" 이 말씀은 습관적인 기도를 하라는 것입니다. "습관적인 기도를 합시다." 우리 주님의 기도는 참 좋은 습관입니다. 어떤 이들은 밥을 하면서 "밥이 끓는 것처럼 주여 나도 성령으로 뜨겁게 하여 주옵소서"라고 기도를 합니다. 또 걸레로 바닥을 닦으면서 "주님 내 마음이 이렇게 더럽습니다. 하나님 깨끗하게 해 주시옵소서"하고 회개를 하기도 합니다. 또 쌀을 씻으면서도 회개가 터집니다. 그런 분들은 항상 기도의 습관이 있는 분들입니다. 어디서든지 기도하는 것입니다.

운전을 하고 가면서도 기도를 하면 마음이 기쁘고 즐겁습니다. 그리고 새벽 예배 가는 습관을 가지시기 바랍니다. 새벽 기도 시간에 시간을 맞춰 놓고 벨이 울리면 일어나 먼저 무릎을 꿇고 "주여 깨워주시니 감사합니다."하고 세면을 하고 30분 일찍 교회 나오는 이런 좋은 습관을 가지시기 바랍니다.

## 2.시험에 들지 않기 위해 기도하라.

본문 4절 말씀에 "시험에 들지 않게 기도하라"고 했습니다. 우리에게 시험이 언제 어떻게 오는지 아무도 모릅니다. 그렇기 때문에 준비기도가 많이 필요합니다. 우리가 준비기도를 안하면 그때부터 사단이 역사를 합니다. 갑자기 일을 당하면 기도가 안나옵니다. 어떻게 해야 좋을지 막막합니다. 앞도 안보이고 옆도 안보이고 캄캄합니다 그때도 위는 열려 있으니까 하나님 앞에 기도하라는 것입니다. 야고보서 4장 8절에 "하나님을 가까이 하라 그리하면 너희를 가까이 하시리라"라고 했습니다. 우리가 하나님을 바라보며 깨어 부르짖어 기도하면 피할 길을 열어주시고, 승리하게 해주실 줄 믿습니다.

## 3. 내 뜻대로 기도하지 말고 하나님이 뜻대로 기도하라.

기도하다가 흔히 낙심하는 것은 자기 뜻대로 기도하다가 안 되니까 그런 것입니다. 우리 하나님은 안 되는 것 같아도 분명 잘되게 해 주십니다. 우리 주님도 너무 어렵고 고통스러워서 그 길을 안 가려고 이렇게 기도를 했습니다. 본문 22장 42절에 "아버지여 만일 아버지의 뜻이거든 이 잔을 내게서 옮기시옵소서." 우리 주님도 사실상 그 쓴잔을 마시는 것이 너무나도 고통스러웠을 것입니다. 우리가 고난의 길을 걷는다는 것이 결코 쉬운 일이 아닙니다. 너무나도 고통스러울 때가 많습니다. 그러나 우리는 주님이 지신 십자가, 나의 십자가를 지고 주님을 따라야 합니다. 그 때에 우리 주님께서 어려운 문제도 해결해 주시는 것입니다.

## 4. 회개하면서 기도해야 합니다.

우리가 형식적으로 기도하면 응답이 없습니다. 그렇다고 기도를 포기하면 안됩니다. 그럼 간절한 기도는 어떻게 해야 합니까? 처음에 "주여!

주여! 해도 응답이 없다고 생각되거나, 다른 생각에 사로잡히게 되면 기도로 들어가지 말고 찬양으로 들어가시기 바랍니다. 먼저 회개의 찬양을 하시기 바랍니다.

우리 주님께서 이사야 59장 1절과 2절에서 이렇게 말씀하셨습니다. "여호와의 손이 짧아 구원치 못하심도 아니요 귀가 둔하여 듣지 못하심도 아니라 오직 너희 죄악이 너희와 너희 하나님 사이를 내었고 너희 죄가 그 얼굴을 가리워서 너희를 듣지 않으시게 함이니" 우리의 죄를 회개하면 주님과 가까이 있게 됩니다. 그래서 이사야 55장 6절에도 "너희는 여호와를 만날만한 때에 찾으라 가까이 계실 때에 그를 부르라" 했습니다.

우리가 죄를 지으면 먼저 교회와 멀어지고 그 다음에 주의 종과 멀어집니다. 새벽예배가 멀어지고 또 9시 예배가 멀어집니다. 그렇기 때문에 주님은 가까이 있을 때에 나를 부르라 말씀하셨습니다. 우리 자신이 주님과 가까이 있는가를 생각해 보고 기도가 안 나오거든 먼저 회개부터 하시기 바랍니다.

사랑하는 성도 여러분! 우리들도 예수님처럼 습관적으로 기도하시기 바랍니다. 어디를 가든지 습관적으로 기도하고, 차를 타도 먼저 습관적으로 기도하고 찬양으로 먼저 하나님께 영광을 돌리시기 바랍니다. 그러면 그 사람은 죄와 더불어 사는 것이 아니라 주님과 더불어 사는 성도가 되는 줄로 믿으시기를 바랍니다. 항상 깨어 기도하고, 쉬지 않고 기도하시기를 주님의 이름으로 간절히 축원합니다.

# 말에서 떨어져 다친 저를 치료해 주셨습니다

김정영 집사

주님을 알지 못하던 시절, 세상 사람들의 표현으로 저는 잘 나가는 사업을 하며 부러울 것이 없었던 기업인이었습니다. 그런 저에게 1995년은 잊을 수 없는 한 해가 되었습니다.

저의 사업이 부도가 나면서 엄청난 시련이 찾아왔고 너무 힘든 저에게 어느 날, 항상 곁에서 지켜보며 기도만 하던 아내가 주님 만날 것을 권면하였습니다. 지푸라기라도 잡고 싶었던 저는 아내를 따라 신앙생활을 시작하게 되었고, 그때부터 기도만 하면 무엇이든지 다 들어주시는 주님을 체험할 수 있게 되었습니다. 그렇게 빨리 하나님을 체험하는 데는 아마도 아내와 장모님의 기도가 있어서라 생각됩니다. 저의 장모님은 저와 아내가 결혼한 그날부터 오늘까지 제가 하나님의 자녀가 되기를 하루도 빠짐없이 새벽 제단을 쌓으시며 기도하셨습니다. 믿지 않는 사위가 주님의 백성이 되게 해 달라는 노모의 눈물 어린 기도가 비록 부도라는 실패를 통하여 하나님을 만나는 계기가 되었지만, 저도 이미 하나님께서 예비해 놓으셔서인지 부도를 통하여 하나님을 만났지만 늦게라도 주님을 만난 것이 너무나 감사하고 행복했습니다. 그리고 그 기도 덕분에 성령 충만하고 뜨거운, 은성교회까지 오게 되었다고 생각합니다. 세상에서 볼 때는 나이 들어 재기 불가능한 실패자처럼 보일지 모르지만 저는 풍요로 왔던 지난날보다 주님을 만난 지금의 삶이 더 행복하고 즐겁습니다. 팔순이 넘으신 연세인데도 지금도 우리를 위하여 새벽 제단을 쌓으시는 어머니의 그 기도 덕분에 저와 우리 가족은 주님의 보살핌 속에 살고 있습니다.

그 한 예로 공군사관학교 승마장에서 근무하던 2001년 6월 20일 날짜도 잊을 수가 없을 만큼 주님의 은혜를 체험한 사건이 생겼습니다. 말 안장을 풀어주고 뒤돌아서는데 말이 갑자기 달려들면서 저를 차는 사건이 벌어졌습니다. 모든 사람들이 제가 죽었을 것이라 생각했다고 합니다. 그때 저의 몸은 갈비뼈가 부러지고 입과 귀에선 계속 피가 흘렀지만 무엇인가 엄청난 힘이 나를 지탱해 주었고 꼿꼿이 서 있는 상태에서 아무 고통 없이 "나를 똑바로 뉘여라."라고 말했습니다. 응급실로 실려 간 저를 의사가 수술을 해야 산다고 했을 때, 호세길 목사님과 사모님께서 오셔서 눈물 뿌려 기도해 주셨습니다. 제 기억으로 어렴풋이 목사님의 말씀이 들렸는데 그 말씀은 "괜찮다." 한마디였습니다. 그 한마디를 믿음으로 받았고 저는 수술을 하지 않겠다고 결심하였습니다. 제 결심에 의사들은 호통을 치며 꼭 수술을 해야된다고 했지만 끝내 저는 수술을 하지 않았고 한 달 동안 1cm의 움직임도 없이 누워 있는 것이 쉽지는 않았지만 하나님의 말씀을 읽으며 식사도 사람들이 놀랄 만큼 잘하였습니다. 한 달 후 퇴원할 때 수술하지 않고 나은 것이 기적이라면서 의아해하는 의사는 절대로 일하지 말라고 당부하였습니다.

지금 전 퇴원한 날부터 일하기 시작해서 지금까지 아무 탈 없이 건강하게 열심히 일하고 있습니다. 저의 이 기적을 직접 본 남이 건설회사 사장님께서 "난 불교를 믿지만 집사님을 보니 하나님을 믿어야겠다."고 말씀하셨습니다. 지금 생각해보니 제가 다친 것 또한 하나님의 계획하심에 있었고 부족한 저를 통해 하나님의 영광을 나타내신 것이 아닌가 생각합니다.

사건 이후 매사에 감사하게 되었고 목사님의 권유로 부족하지만 할렐루야 찬양대 지휘를 맡게 되어 삼일예배 때마다 하나님께 찬양대를 통해 찬양을 드림으로 일주일을 기쁨으로 살게 하시니 감사가 넘칩니다. 저는 찬양하는 것이 가장 기쁘고 즐겁습니다. 이 생명이 다하는 날까지 하나님을 찬양할 것입니다.

# 28. 약속하신 성령

사도행전 2장 32-33절

예수께서 십자가에 달려 죽으시고 사흘 만에 죽은 자 가운데서 살아나셨고 부활하셨습니다. 그리고 부활하신 주님은 숨을 내쉬면서 제자들에게 “너희는 성령을 받아라.”라고 말씀하셨습니다. 그리고 사마리아와 땅끝까지 이르러 내 증인이 되라고 제자들에게 마지막 부탁을 하셨습니다. 저와 여러분이 예수 그리스도의 증인이 되어야 하는데 예수님의 증인은 아무나 하는 것이 아닙니다. 성령을 받아야만 참된 증인이 될 수 있습니다.

오늘 주님께서는 “내가 아버지 앞에 가서 보혜사 성령을 너희에게 보내리니”하신 약속대로 성령을 지금도 저와 여러분들에게 부어주십니다. 오늘 저와 여러분이 그 약속하신 성령을 받기만 하면 방언도 하고 병 고침도 받고 여러분의 모든 인생 문제를 다 해결 받을 수 있음을 믿으시기 바랍니다.

구약성경 이사야서 7장 14절 말씀에 보면 “보라 처녀가 잉태하여 아들을 낳을 것이요 그 이름은 임마누엘이라 하리라” 임마누엘 뜻이 뭡니까? “하나님이 나와 함께 하신다.”입니다. 우리 주님이 우리들이 평생토록, 아니 천국 가는 그 날까지 같이 하시기를 예수님의 이름으로 축원합니다. 마태복음 1장 23절에도 보면 똑같은 말씀을 하셨습니다. “보라 처녀가 잉태하여 아들을 낳으리니 그 이름을 임마누엘이라 하라” 할렐루야! 하나님께서 이 땅에 오셔서 우리와 함께 하시겠다는 말씀입니다. 그 이름은 바로 예수 그리스도이십니다. 이미 구약시대에 모세의 율법과 선지자들이 예수님께서 성령으로 잉태해서 이 땅에 온다고 하셨지만, 바리새인과 서기관과 율법사와 심지어 제사장들도 믿지 못하고 예수를 십자가에 못박고 말았습니다.

또한 예수님의 제자들도 예수님께서 같이 다니면서 복음을 전하고 이적과 기적을 직접 눈으로 보았어도, 심지어 죽었다가 다시 살아난 사람을 보면서도 예수님을 확실하게 믿지 못했습니다. 마가복음 16장 14절 말씀에 보면 "주님이 죽었다가 살아난 것을 본 자들이 말도 믿지 못 하더라" 그래서 주님께서는 제자들에게 "믿음이 없는 것과 마음이 완악한 것을 꾸짖으시고 너희는 온 천하에 다니면서 복음을 전파하라 믿고 세례를 받는 자는 다 구원을 얻으리라." 말씀 하신 것입니다.

그런데 오늘 본문에 보면 주님의 제자들은 복음을 전하지 아니하고 오히려 옛날의 직업이었던 디베랴 바닷가로 고기를 잡으러 갔습니다. 성령 받지 못하면 다 이와 같다는 말씀입니다. 그러나 성령을 받으면 원수 사단 마귀를 물리칠수 있는 힘과 능력과 권능이 오기 때문에 사도행전 1장 8절에 "오직 성령이 너희에게 임하시면 너희가 권능을 받고 예루살렘과 온 유대와 사마리아와 땅끝까지 이르러 내 증인이 되리라 하시니라" 라고 하셨습니다. 저와 여러분이 성령 충만 받으면 권능이 임하니 그 권능을 받으라는 말씀입니다. 우리 청주은성교회가 성령 충만한 교회이다 보니, 스물여덟 집이나 되는 무당집들도, 부처를 믿는다는 절간도 다 떠나갔던 것입니다. 이것이 사람이 한 겁니까? 아닙니다. 하나님의 능력이 임하니까 원수 사단 마귀를 물리칠 수 있는 능력이 있었던 것입니다. 그러므로 여러분 모두 성령 충만 받으시기를 예수님의 이름으로 축원합니다.

오늘 본문에 보면, 주님께서는 마지막으로 "성령의 충만함을 받으라." 라고 명하셨습니다. 그 부탁을 하시고 천국으로 승천하셨습니다. 그런데 그 약속하신 성령께서 어디에 왔습니까? 사도행전 2장 1절을 보면 120명이 모여서 기도하고 있을 때, 그 때에 약속하신 성령을 부어주셨습니다. 120명이 모두 다 성령의 충만함을 받았습니다. 성령 충만 받고 나가서 복음을 전파하는데 더러운 귀신이 떠나갑니다. 질병도 떠나갑니다. 할렐루야! 오늘 이와 같은 성령의 충만한 역사가 우리 청주은성교회 온 성도들에게 임하기를 예수님의 이름으로 축원합니다. 성령이 충만하게 임하시기만 하면 여러분들 가운데 복 없는 자가 복 있는 자로 확 바뀝니다. 인생의 대역이 바뀝니다. 할렐루야!

여기 서 있는 호세길 목사도 마찬가지입니다. 저도 한얼산기도원에 가서 기도하다가 순간적으로 성령 받고 나서 제 인생이 완전히 바뀌어 버렸던 것입니다. 세상에 제가 목사가 되어 단에서 말씀 증거 할 줄 세상에 누가 알았겠습니까? 우리 주님께서는 지금도 성령을 통하여 역사하시사 모든 질병을 치료하시고 귀신을 떠나가게 하시는 하나님이십니다.

사랑하는 성도 여러분! 성령 충만 받은 것은 아무 때나 언제나 받는 것이 아닙니다. 이번 기회를 놓치지 말고 지금 받으시기 바랍니다. 여러분들이 성령 충만 받기만 하면 여러분들이 삶이 완전히 바뀝니다. 대역이 완전히 바뀝니다. 여기 서있는 호세길 목사도 매일 노름과 술과 방탕한 생활에 젖어도 보았고 또 돈 버는 사업한다고 애쓰고, 힘써도 너무나 안되어 실패만 했습니다. 그래서 사는 것이 너무나 고통스러워 자살까지 생각한 사람입니다. 그러한 나도 성령 충만 받으니 하나님께서 나의 대역을 확 바꿔 주셔서 주의 종인 목사가 되게 하신 것입니다.

그리고 우리 청주은성교회에서만 알아주는 목사가 아니라 한국은 물론 지구촌을 두루두루 다니면서 복음을 전하는 세계적인 부흥사로 쓰임 받게 하셨습니다. 여러분들도 마찬가지입니다. 여러분이 성령으로 완전히 거듭나고 성령으로 충만하기만 하면 성령의 능력이 여러분들에게도 임하는 것입니다. 할렐루야!

제가 늘 간증하지 않습니까? 성령 충만 받으니 얼마나 많은 사람들이 회개하고, 주님께로 돌아왔습니까? 이것이 사람의 힘으로 되는 것이 아니잖습니까? 오늘 여러분들이 성령 받고, 능력 받으시기를 예수님의 이름으로 간절히 축원합니다.

## 간증 단 한번 은혜로 술,담배를 한번에

김민옥 집사

제가 초등학교때부터 교회를 다니게 된 것은 예수를 먼저 믿었던 아버지와 어머니의 예수 믿으라는 간곡한 권면이 있었기 때문입니다. 부모님의 전도로 교회를 다니게 되었지만 그렇다고 아주 뜨거운 열심이나 큰 믿음이 있었던 것은 아닙니다. 그래서 부모님께 억지로 이끌리어 마지못해 교회를 다니다가 황금 같은 청년 시절을 보내고 또 지금의 아내를 만나 결혼을 하게 되었습니다.

결혼 생활 후에도 제 믿음은 더 나아지지 않았습니다. 원래 집사람도 그렇게 큰 믿음을 가진 여자가 아니었기에 저를 신앙으로 이끌어주고 잡아 줄 만큼도 아니었고 제가 가진 신체적인 장애에서 오는 자신감 상실을 잠시나마 잊으려고 청년 때 배운 술과 담배를 계속 마시고 피우게 되었던 것입니다. 여러분들도 잘 아시다시피 술과 담배는 먹으면 먹을수록 피우면 피울수록 점점 그 양이 더 늘고 다시 끊기가 너무나 힘이 드는 것입니다. 또 제가 개인사업을 하다보니 친분 있는 사람이나 사업상 아는 사람을 만날 때 자연스럽게 술자리에 가게 되고 담배를 피우게 되었습니다. 그러면서도 마음 한 구석에선 '하나님과 예수를 믿는 내가 이러면 안되는데...' 하면서 때로는 후회도 해보고 다시는 술안먹고 담배 안피우겠다고 결심도 했지만 술과 담배를 끊는다는 것이 그리 말처럼 쉽지가 않았습니다. 말 그대로 작심삼일 그대로였습니다. 그러던 차에 지금사는 청주시 용암동으로 이사를 오게되었고 '용암열쇠' 라는 작은 사업장도 열게 되었습니다.

그때 주위 사람들에게 청주은성교회에 대해 소문을 듣게 되었습니다. 성령과 은혜가 충만하고 또 당회장 되시는 호세길 목사님께서 살아 계신 하나님의 큰 능력이 나타나는 영력있는 분이라는 소문이었습니다. 저는 '기회는 지금이다!' 생각하고 2004년 8월부터 청주은성교회를 남몰래 살짝 다니다가 9월달에 정식으로 교회에 등록하게 되었습니다. 교회에 나와보니 우리 목사님이 너무 좋고 멋있는 분이라는 것을 알 수 있었습니다.

9월 어느 주일 저녁예배때 호세길 목사님의 설교시간을 통하여 꼭 저를 향해 저에게만 하시는 말씀을 들었습니다. "예수를 믿고 교회를 다니면서도 술, 담배를 끊지 못하는 사람은 하나님의 은혜를 받지 못한다"라는 이 말씀이 마치 날카로운 비수처럼 제 가슴에 꽂히는 것이었습니다. 그리고 그때부터 이상하게도 술 담배가 보기 싫어졌고 그 냄새조차도 역겨워졌습니다. 그렇게 끊기 어려웠던 술, 담배를 한번에 동시에 끊게 되었던 것입니다.

술 담배만 끊어진 것이 아니라 지루하고 따분하기만 했던 하나님의 말씀이 제 귀에 쏙쏙 들어오는 것입니다. 신앙생활이 매우 재미가 있어 바로 이런것이 하나님께 은혜를 받은 삶이라고, 성령께서 역사하신다고 느껴지는 것입니다. 교회봉사가 매우 하고 싶은데 제가 할 일이 거의 없던 차에 우리교회에 특별히 꽃과 나무를 가꾸는 은사나 기술을 가진 분이 없어서 전에 제가 꽃집을 운영하던 경험을 살려 그 일을 하게 되었습니다. 저에게 이런 사명을 주신 하나님께 감사를 드립니다.

아직 세상것과 끊지 못하고 계신다면 성령충만함을 받으십시오. 그러면 여러분의 삶이 바뀝니다.

# 29. 승리케 하신 하나님

출애굽기 17장 8-13절

본문 말씀을 보면 아말렉과 이스라엘이 르비딤에서 싸움을 하게 되었습니다. 그런데 이스라엘 민족들이 훈련을 어디서 받았겠습니까? 전혀 그들은 훈련을 받지 않은 일반 백성들이었습니다. 반면에 아말렉 족속들은 아주 호전적인 민족인데다 훈련까지 잘 받은 정예 병사들입니다. 이스라엘 민족들이 겨우 애굽에서 나와 홍해 바다를 건너왔는데 오늘 이 싸움이 벌어진 것입니다. 한 번 생각해 보시기 바랍니다. 싸울 병사나 무기가 있어야 전쟁을 할 것이 아닙니까? 그런데 오늘 이 전쟁을 어떻게 합니까? 모세와 아론과 훌은 산꼭대기에 올라가서 기도하고 여호수아는 이스라엘 백성들을 이끌고 가서 아말렉 군사들과 싸움을 하는 것입니다.

사랑하는 성도 여러분! 이스라엘 백성들과 아멜렉 족속의 싸움은 바로 하나님의 백성인 우리들과 영적 원수인 마귀와의 싸움인 줄 믿으시기 바랍니다. 마귀는 영물이라 우리의 눈에 보이지 않습니다. 여러분들이 앞을 못 보는 소경하고 싸움을 하면 백번 싸워도 백번 다 승리하는 것처럼 마귀를 이길 수 없습니다. 그러나 보이지 않는 가운데 돕고 계시는 하나님께서 이 싸움을 도와주시기만 하면 마귀는 아무것도 아닙니다. 그러므로 하나님을 의지하고 믿음을 가질 때 승리의 삶을 사는 줄 믿으시기 바랍니다.

또 오늘 본문에 보면 모세는 여호수아에게 나가 싸우라고 하고 자기는 아론과 훌을 데리고 산꼭대기로 올라갑니다. 산꼭대기에서 모세가 손을 들고 있으면 아말렉이 지고 모세의 팔이 아파 손이 내려가면 아말렉이 이기는 것입니다. 손을 든다는 것은 기도한다는 것입니다.

모세의 손이 내려 오지 않도록 아론과 훌이 하나는 우측에서 하나는 좌측에서 모세의 손을 붙잡아 줄 때 비로소 여호수아가 칼날로 아말렉 군사를 다 죽여 그 전쟁에서 승리할 수 있었던 것입니다.

할렐루야!

사랑하는 성도 여러분! 목사 혼자만 기도해서는 안됩니다. 그저 목사도 쉴 때가 있고 피곤할 때가 있기 때문에 여러분들이 제 손을 받쳐 줘야 합니다. 모든 전쟁의 승리는 하나님께서 그 전쟁 가운데 도와 주셔야 합니다. 일제로부터 해방될 수 있었던 비결 역시 하나님의 도움이 있었기 때문입니다. 그 도움을 받는 방법이 기도입니다.

하나님 말씀에도 보니 에서가 야곱한테 축복권을 빼앗기고 아버지 이삭 앞에서 방성대곡을 하면서 울었다고 말씀합니다. 야곱과 에서의 싸움에서 에서가 진 것입니다. 영적인 싸움도 마찬가지입니다. 승리자는 기쁘고 실패자는 괴로운 것입니다. 그러므로 영적인 싸움에서 승리하시기를 예수님의 이름으로 축원합니다.

우리들은 마귀에 대하여 잘 알아야 합니다. 마귀는 보이지 않는 가운데서 우리를 괴롭히는 것입니다. 마귀가 질병도 가져오고 고통과 환란도 주고 사업도 어렵게 하고 자녀들에게 들어가 자녀들이 잘못된 길로 가게 하는 것입니다. 그러므로 마귀와 싸워 이겨야 합니다. 그런데 이 마귀는 우리 사람의 힘으로, 능으로는 쫓아 낼 수 없습니다.

오늘 이스라엘 민족들은 훈련받은 사람이 없습니다. 전쟁터에 나가서 싸워본 경험도 없습니다. 그러나 아말렉 군사들은 잘 싸우는 훈련된 군사들입니다. 그런데도 누가 이겼습니까? 이스라엘 민족이 이겼습니다. 사람의 힘으로, 능으로는 도저히 패할 수밖에 없지만, 하나님께서 도와주셨기 때문에 승리한 것입니다. 지금도 여러분들이 하나님께 나와 기도하면 주님께서 들으시고 보이지 않는 가운데서 우리를 도와주시고 승리케 하여 주시는 줄로 믿으시기 바랍니다. 사람의 생각으로는 도저히 불가능해 보여도 여호수아는 하나님의 종인 모세의 명령에 그대로 순종하였을 때 이 싸움에서 승리하게 된 것입니다. 그러므로 하나님의 말씀을 붙잡아야 영적인 싸움에서 승리 할 수 있습니다. 우리 하나님은 나를 돕는 중에 계시고 주님께서는 나와 어디를 가든지 승리케 해 주신다는 말씀을 믿어야 마귀와의 싸움에서 승리합니다. 오늘 여호수아가 모세의 말을 믿지 못하여 전쟁에 나가지 않았다면 아말렉과의 싸움에서 패하고 말았을 것입니다.

두손을 번쩍 들고 하나님 앞에 손들었을 때 우리 주님께서 그 기도소리를 들으시고 도와주십니다. 실제로 제주 서귀포의 위미 감귤 밭을 살 때, 하나님께 기도하고 6억이 아니면 하나님이 기뻐하지 않으시는 걸로 알고 안 사겠다고 했더니 6억이 넘는 땅값이 떨어져 결국 기도한 금액 6억에 그 땅을 사게 되었습니다. 또 손을 들고 기도할 때 과수원을 싹 묶었던 절대 농지가 풀어져 건물을 지을 수 있는 땅이 되고 그 길도 넓어져 아스팔트 포장까지 이루어지는 역사가 일어나게 된 것입니다.

사랑하는 성도 여러분! 지금도 우리 하나님께서는 이렇게 역사하고 계십니다. 오늘 이 말씀 꼭 붙잡으시고 여러분들의 어렵고 힘든 문제를 여러분 스스로 해결하려고 하지 말고 하나님께 나와 두 손을 번쩍 들고 "주님이 날 도와주시지 아니하면 내가 갈 곳이 어디입니까?" 하면서 하나님께 부르짖어 기도해 보시기 바랍니다. 걱정과 염려와 고민만 하지 말고 하나님 앞에 부르짖어 기도하면 우리 하나님께서 그 기도를 들으시고 여러분의 어려운 문제를 다 해결해 주신다는 것을 믿으시기를 주의 이름으로 축원합니다.

# 사망에서 생명으로 인도하신 하나님

## 홍기인 권사

"하늘을 두루마리 삼고 바다를 먹물 삼아도 한없는 하나님의 사랑 다 기록할 수 없겠네 하나님의 크신 사랑 그 어찌 쓸까 저 하늘 높이 쌓아도 채우지 못하리 하나님의 크신 사랑은 측량 다 못하며 영원히 변치 않는 사랑 성도여 찬양하세"(찬송가 404장)

할렐루야! 하나님께 감사와 찬양을 바치옵니다. 불러도 불러도 한없이 부르고 싶은 그 크신 하나님의 사랑 내 전신이 모두 입이 되어도 어찌 다 감사할 수 있겠습니까?

저는 1983년 6월 병원에서 진단받기를 앞으로 6개월 살면 많이 산다고 하여 먹고 싶은 음식이나 마음껏 먹으라는 시한부 인생을 선고받았습니다. 당시 병원에서 수술을 받으려고 무단히 애를 썼지만 이미 수술 단계가 넘어서 칼을 댈 수 없는 자궁암으로 사형선고를 받은 사람이었습니다. 당시 제 나이 46세, 자녀들은 4남매, 아직 한 아이도 결혼시키지 못한 상태에서 정말 억장이 무너지고 하늘이 무너지고 땅이 꺼지는 비통한 절망과 좌절 속에서 눈물로 한숨 어린 세월을 보내고 있었습니다. 저는 충주 노은에서 태어나 24살에 청주로 공무원인 남편과 결혼하여 4남매를 낳고 남부럽지 않게 살고 있었습니다. 그러던 어느 날, 제 남편이 직장에 사표를 내고 사업을 해보겠다고 사업 전선에 뛰어들어 닥치는 대로 손을 대어 보았지만 모두 실패하게 되었습니다. 이미 아이들은 학교에 입학할 나이가 되었지만, 가정은 더욱더 궁핍해졌습니다.

저는 하는 수 없이 산업 전선에 뛰어들어 막노동을 하며 가정에 보탬

이 되려 했지만, 역부족이었고 궁핍하다보니 몸이 아파도 병원에 가지 못하고 차일피일 미루다 견디지 못해 병원에 가서 진찰을 받은 결과가 자궁암이라는 절망적인 진단이 나왔습니다. 그것도 앞으로 6개월밖에 살 수 없다는 시한부 인생으로 사형선고를 받고 보니 어린 자녀들이 너무나 측은하고 불쌍해 견딜 수 없었습니다. 살아야겠다는 필사적인 의지와 각오로 서울 세브란스 병원을 찾아가 방사선 치료를 받아 생명을 연장해 보려고 무진장 안간힘을 쓸 때였습니다.

하나님께서 저를 불쌍히 여기시사 보시고 젊고 할 일이 있다고 판단하셨는지 복음의 소리를 저에게도 들려주셨습니다. 당시 청주은성교회에서 많은 불치병자들이 예수를 믿고 깨끗이 치료함을 받았다는 희망적인 소문이 제 마음을 설레이게 만들었습니다. 이 소식에 희망이 용솟음쳐 끓기 시작했습니다. 사실 저는 결혼 전 처녀 때 천주교를 분별없이 믿어 조금 다닌 경험으로 하나님을 조금 알기는 했으나 확신이 없었기 때문에 체험적인 신앙은 아니었습니다.

그리고 저의 남편도 총각시절에 사직동 청주 침례교회에서 집사 직분까지 맡고 있었지만, 군에 입대하면서부터 이방인들이 벗으로 삼고 있는 술과 담배로 향락에 빠져 들었기 때문에 신앙은 온데간데 없었습니다. 우리 식구들은 의식주 문제에 급급하며 살다 지쳐 고통을 받았고, 하나님께서는 저와 같이 상한 갈대와 같은 영혼을 그냥 두시지 않으시고 저와 식구들을 모두 은성교회로 불러주셨습니다. 그 당시 은성교회에 다니고 계신 김은환 집사님을 통해 은성교회로 인도되어 등록했고 열심히 신앙생활을 하게 되었고, 그때부터 하나님께서는 저에게 치료의 광선을 강하게 비추시어 자궁의 암세포를 성령의 불로 태우기 시작하셨습니다.

신령과 진정으로 백부장의 믿음을 갖고 진심으로 예수만 믿고 의지하며 부르짖으면 하나님께서 깨끗하게 치료해 주실 테니 조금도 염려하지 말고 최선을 다해 기도와 간구로 하나님께 아뢸 것을 목사님께서 여러 차례 당부하셨습니다.

사망에서 생명으로 옮겨 주신다는 말씀으로 이해하고 저는 '아멘'으로 회답하고 순종하는 마음으로 틈날 때마다 성경 말씀을 읽고 기도하며 하나님께서 저를 사망의 음침한 골짜기에서 생명의 강으로 소생케 해 달라고 간절한 마음으로 기도드렸습니다.

특별히 새벽예배를 통해서 시간 시간마다 목사님의 안수기도를 받고 철야기도를 통해서도 기도와 찬송으로 하나님께 영광을 돌리는 중에 자궁의 암덩어리는 검붉은 피와 함께 사라지고 깨끗하게 치료함을 받았습니다.

죄인 중에 죄인을 주님께서 흘리신 보혈의 피로 질병과 죽음의 사슬에서 완전히 해방시켜 주셨습니다. 6개월 시한부 인생이 이렇게 몇 년이 흘렀는데도 건강하게 사랑하는 남편과 아이들과 함께 행복하고 기쁨 충만한 생활로 예수님을 모시면서 웃음꽃이 만발한 가정을 이루면서 살고 있습니다.

저를 살려주신 하나님께 영광을 바칩니다.

# 30. 나는 물고기 잡으러 간다

요한복음 21장 1-14절

본문 말씀은 실망에 빠진 제자들에 대해 이야기하고 있습니다. 사명을 받은 자로서 자신에 대한 깊은 실망감과 죄책감은 자신을 무기력한 자로 만듭니다. '나는 물고기 잡으러 간다.' 라는 제목으로 말씀을 상고하면서 은혜를 받으시기를 바랍니다.

## 1. 실망에 빠진 제자들

예수님께서는 다시 한 번 제자들에게 자신을 나타내셔야 했는데, 이것은 그들이 예수님의 부활을 목격했음에도 불구하고 큰 실의에 빠져 주어진 사명을 이룰 수 없는 지경에 빠져 있었기 때문이었습니다. 베드로는 자신의 옛 직업인 어부의 생활로 돌아가 물고기를 잡으러 갔습니다. 다른 제자들도 동일한 상태였습니다. 그들은 자신에 대한 깊은 실망감과 죄책감으로 무기력한 자가 되고 말았습니다. 디베랴 바다라고도 불리우는 갈릴리 바다로 나간 제자들은 밤이 새도록 물고기 잡는 일에 열중하였습니다. 하지만 한 마리의 물고기도 잡지 못한 제자들의 참담한 심정을 떠올려 보시기 바랍니다. 그러나 그 실패는 그들을 다시 회복시키시기 위한 하나님의 사랑의 섭리 결과였습니다.

바닷가에 서신 예수님은 "너희에게 고기가 있느냐?"라고 물으셨습니다. 이것은 "너희가 나를 떠난 결과가 무엇인지 확인해 보아라."라는 물음입니다. 예수님을 떠난 삶 가운데서는 물고기를 잡을 수 없습니다. 그렇다면 물고기란 영적으로 보면 제자들의 삶이요, 사역입니다. 또한 기쁨과 보람입니다. 실패자인 제자들에게 있어서 유일한 희망은 오직 예수밖에 없는데, 오늘 그 예수님께서는 제자들을 찾아오셨습니다. 주님은 지금도 나에게 깊은 사랑과 연민으로 찾아오십니다.

### 2. 와서 조반을 먹으라.

베드로와 제자들이 해변에 올라왔을 때, 그 곳에는 예수님께서 그들을 위해 준비해 놓으신 숯불에 갓 구운 생선과 떡이 놓여 있었습니다. 예수님은 "잡은 생선을 가져오라."고 명령하셨는데 이것은 제자들로 하여금 그 분의 능력을 눈으로 확인하게 하고 믿음을 회복시키기 위한 명령이었습니다. 이제 예수님께서는 제자들에게 조반을 먹으라고 청하셨습니다. 제자들은 영혼뿐 아니라 육체까지 매우 피곤하고 굶주림으로 지쳐 있었습니다. 제자들은 예수님께서 그들을 이미 용서하셨고 여전히 사랑하시며 그분께로 나아올 때 그분의 능력으로 채우실 것을 확신하게 되었을 것입니다.

예수님은 우리가 자신들의 죄와 허물로 인하여 낙심하고 자책감에 빠질 때 찾아오셔서 우리를 회복시키시고 사랑으로 영혼의 원기를 회복시켜 주십니다. 예수님은 이 시간에도 그분의 사랑하는 자녀인 당신에게 일용할 양식의 떡과 고기를 주실 뿐 아니라 하나님 말씀과 성령의 위로라는 떡과 고기도 우리들에게 베풀어 주십니다.

어느 교회 장로님이 갑자기 신앙이 떨어진 상태에서 목사님의 권면을 무시하고 주일 온 가족이 강원도 계곡의 유원지로 야유회를 가게 되었습니다. 콧노래를 부르며 주님을 잊은 채 그 시간을 만끽하면서 가족들은 구불구불한 험한 길을 신나게 달렸습니다. 그러나 목적 지점이 얼마 남지 않은 코너에서, 마주 오는 차와 무섭게 충돌하여 차가 뒤집히면서 15m 아래로 굴러 떨어져 온 가족이 함께 죽고 말았습니다. 이것은 누가 보아도 불행한 일입니다. 진정 큰 것과 작은 것의 가치를 우리는 너무 자주 혼동하면서 살고 있기 때문입니다. 이런 일은 아마도 마음의 눈, 말씀의 눈 대신 육신의 눈으로만 세상을 보아왔기 때문일 것입니다.

### 3. 새로워진 베드로입니다.

베드로는 다른 제자들보다 주님의 인정을 받고 사랑을 받았던 제자입니다. 그는 주님 앞에 떳떳하지 못한 채 늘 실패자의 모습으로 살아가는 사람이었습니다. 거짓말에, 책임 회피에, 은혜를 모르고 비겁하고 경건하지 못한 베드로가 절망 속에서 허덕일 때 부활절 새 아침을 그는 맞이하게 됩니다. 주님은 타락한 그의 심령을 위로해 주셨습니다. 주님의 무덤을 향해 달려가게 하셨고, 오늘 본문의 내용처럼 고향으로 돌아가 물고기 잡이로 돌아간 베드로에게 내 양을 먹이라고 기회도 주셨습니다. 오순절 성령의 충만함을 부어 주시고 변덕스럽던 베드로가 초대교회의 용기 있는 지도자로 변화하게 되었습니다. 주님께서는 베드로 한 사람을 변화시키시는데 이렇게 오랜 시간과 노력을 기울이신 것입니다.

사랑하는 성도 여러분! 오늘은 때가 말세의 위기 시대입니다. 우리의 직장과 사업장이 어려움을 받고 있습니까? 지금 여러분의 자녀들이 이 세상에서 방황을 하고 있습니까? 어려운 문제를 해결하기  위해 깨어서 뜨겁게 기도하시기를 바랍니다. 왜냐하면 우리의 마음은 원하지만, 우리의 육신의 힘으로만은 약하여 순종하지 못하므로 기도하여 성령의 도우심을 받아야 순종할 수 있고 복을 받을 수 있기 때문입니다. 하나님은 여러분을 베드로처럼 절대 포기하지 않는다는 이 믿음을 소유하시기를 예수님의 이름으로 간절히 축원합니다

## 간증 환란 날에 나를 부르라 내가 너를 건지리니

유성자 권사

저의 고향은 진천 사석입니다. 유교적 관습에 깊이 뿌리 박혀 있었던 가정에서 태어나 하나님을 전혀 모른 채 성장했습니다. 저의 나이 열여섯 되던 해 지금의 남편을 만나 결혼해 시집오니 시어머님께서는 우상을 극진히 섬기고 계셨습니다. 그러다보니 저도 1년에 4번씩은 절에 다녔고 생활도 쌀가게를 크게 운영하고 있었으므로 일꾼을 20명씩이나 거느린 아주 큰 부잣집이라서 아무런 걱정 없이 행복한 생활을 영위했습니다. 그런데 아들, 딸 낳고 제가 스물여덟 살 되던 해부터 무릎이 쑤시고 아프기 시작해 병원에 가서 진단을 받아본즉 관절염, 한약방에 가서 진단을 받아본즉 신경통이라는 결과가 나와 피 빼는 것, 쑥 뜸질, 좋다는 한약, 좋다는 양약, 그 외 온갖 방법을 다 동원해 보았습니다. 그러나 치유는 되지 않고 나중에는 팔까지 못 쓰게 되어 목숨만 살아있는 불구의 몸으로 집안 식구들이 대소변을 받아내며 겨우겨우 연명하고 있었습니다. 살아있지만 죽은 목숨이나 다를 바 없는 상태였습니다.

그때 저의 집에 세를 사시는 집사님께서 교회 나가면 구원받고 병 고침도 받으니 교회에 같이 가자고 사정을 하시기에 지푸라기라도 잡고 싶은 심정으로 영감님께 말씀을 드려보니 교회 가면 이혼을 하겠다고 호통을 치시니 이럴 수도 저럴 수도 없이 앞날이 막막해 차츰차츰 눈앞에 다가오는 죽음을 생각하며 한숨과 눈물로 하루하루 세월을 보냈습니다.

세월이 흐를수록 저의 몸 전체가 가눌 수 없는 고통과 통증 속에서 이젠 생명이 다 되어 마감해야겠다는 결론에 도달했을 때 영감님은 저의 고통당하는 모습을 안타깝게 지켜보다 못해 마지막 소원이나마 들어주어야겠다는 마음이 드셨는지 "교회에 나가 볼 테면 가봐"라는 허락을 받고 은성교회 다니시는 집사님을 따라 다음날 새벽부터 영감님의 부축을 받아 자전거에 간신히 몸을 의지하고 교회에 나갔습니다. 집에서 교회까지 꽤 멀게 느껴지는 거리였지만 영감님은 저를 열심히 자전거로 실어다 예배시간마다 참석하도록 도와주셨습니다. 찬송도 성경도 뭐가 뭔지 모르는 일자무식의 상태에서 그저 목사님의 기도를 받으면서 나름대로 신령과 진정으로 간절히 예배를 드렸습니다.

그 결과 하나님의 한량 없는 축복에 힘입어 나날이 생기가 돌고 팔다리가 부드러워지면서 삼십 년 동안 몸서리치게 저를 괴롭혔던 악몽같이 끔찍한 질병은 물러가고 깨끗하게 치료함을 받았습니다. 일찍 주님을 영접했더라면 얼마나 좋았을까요. 그 많은 재산 전부 소비하지 않고 약 먹느라 침 맞느라 고생만 하고, 쑥 뜸질, 주사, 진통제 생각만 해도 몸서리쳐지고 진절머리 나는 그 세월이 너무나도 아깝습니다.

저의 젊고도 젊었던 시절은 투병 생활로 일관해 눈 깜짝할 사이 지나가 버렸고, 제2의 인생을 사는 지금은 만사형통으로 매사가 순조롭게 풀리고 좋은 집으로 이사도 하였고 자녀들도 복을 받고 여러 가지 체험과 인생의 경험을 통해 하나님께서 살아계신다는 믿음이 생겼습니다. 그리고 그 후, 온 식구들 모두 주님을 영접했고 기도하는 것마다 이루어주시는 참 좋으신 하나님께 모든 영광을 드리며, 하루하루 주님의 은총을 뼈속 깊이 사무치게 체험하면서 살고 있습니다. 지금은 할머니가 됐지만 나름대로 부족하나마 주님께 열심히 충성하면서 삶을 영위하게 허락하신 하나님께 감사하며 살겠습니다.

# 31. 회개 할 수 있는 기회

마태복음 26장 21-25절

전하는 말씀을 통하여 여러분들을 만나게 해 주신 하나님께 감사와 영광을 돌립니다.

### 1. 우리의 원수는 사단입니다.

오늘 본문 말씀은 우리 주님께서 십자가에 달려 죽을 것을 미리 아시고 마지막 최후의 만찬에 참여한 열두 제자들과 더불어 식사를 나누면서 하신 말씀입니다. 21절에 "너희 중에 한 사람이 나를 팔리라" 열두 제자 중에 예수님을 팔 자가 있다는 말씀입니다. 사랑하는 성도 여러분! 오늘 이 시간은 내가 누구인가? 나를 찾아야 합니다. 나에게 회개 할수 있는 이 좋은 기회를 줬는데도 회개치 못하는 가룟유다처럼 되지 말고 오늘 말씀을 듣는 순간에 "주여 내가 죄인입니다."하고 깨닫는 복 있는 자가 되시기를 바랍니다.

예수님 열 두 제자 중에 가장 어렵고 힘들고 고통스러울 때에 환난이 올 때, 나는 예수를 모른다고 부인하는 베드로 같은 사람이 있었습니다. 부인만 했습니까? 저주까지 했습니다. 그 사람들이 지금 같이 앉아 있다는 사실입니다. 아무리 말씀을 들어도 귀에 들어오지 않는 도마도 그 자리에 있습니다. 그들 앞에서 예수님께서 말씀하십니다. "너희 중에 나를 팔 자가 있느니라." 제자에게 배신당한다는 게 얼마나 마음이 아프고 고통스럽겠습니까? 사랑하는 성도 여러분! 예수님께서 가는 곳곳마다 무엇을 해줬습니까? 제자들 일체의 생활과 삶을 책임져 주셨습니다. 그런데도 예수를 팔아버렸던 것입니다. 세상에 그런 배신자가 어디 있습니까?

사랑하는 성도 여러분! 우리는 말씀을 잘 들어야 합니다. 원수 마귀 사단들은 어떻게 하든지 성도들이 축복 받지 못하게 하려고 갖가지 역사를 합니다. 아담과 하와가 하나님께 축복을 받고 에덴동산에서 행복하게 살아야 하는데 사단이 그렇게 살도록 내버려 둡니까? 아닙니다. 여러분의 가정을 깨뜨리고, 교회를 깨뜨리고, 행복을 깨뜨리는 게 바로 원수 사단 마귀인 줄 믿으시기 바랍니다.

## 2. 너희 중에 나를 팔 자가 있느니라.

이제 이 저녁이 마지막인데 예수님은 누구로 인해 팔려갑니까? 바로 제자들로 인하여 팔려갑니다. 그 제자들이 뿔뿔이 다 흩어질 것을 주님은 아셨습니다. 그러나 마지막으로 가룟유다를 회개시키려고 세 번의 기회를 줍니다. 너희 중에 나를 팔 자가 있느니라. 그 때에 이미 가룟유다는 은 30을 받아서 그 자리에 있었다는 사실을, 다른 사람은 몰라도 가룟유다는 알잖습니까? 오늘 주의 종을 비방한 사람들도 다 알잖습니까? 다른 사람은 몰라도 교회를 비방하고 다닌 사람은 알지 않느냐 이 말입니다. 다른 사람은 몰라도, 그럼 "주여! 저입니다."하고 가슴 치고 회개하는 좋은 기회를 주시지 않습니까? 얼마나 좋은 기회를 줬습니까? 그런데도 가룟유다는 회개치 않습니다. "오늘 나와 함께 그릇에 손을 넣는 그가 나를 팔리라." 얼마나 회개할 좋은 기회입니까? 여러분 예수님의 손을 붙잡을 수 있는 얼마나 좋은 기회입니까? 주님의 손을 덥석 잡고 바로 "저입니다." 했다면 그는 목을 매고 비참하게 죽는 일이 없었을 겁니다. 그러나 그는 끝내 회개치 않았습니다. 끝내 자백하지 않았습니다.

그 때에 주님께서 뭐라고 하셨습니까? "화 있을진저" 회개해야 할 때 회개하지 않으면 갑자기 큰 변을 당한다는 말씀입니다. 여러분 이 말씀이 어떤 말씀입니까? 교회를 팔고 다니는 자, 교회를 헐뜯고 다니는 자,

주의 종을 헐뜯고 다니는 자가 회개하지 않으면 갑자기 변을 당한다는 말씀입니다. 차라리 그런 사람들은 교회 안 다니는 것이 더 나을 수 있습니다. 그것이 본인은 물론 자녀들도 망하지 않게 하는 길이기 때문입니다.

사랑하는 성도 여러분! 그러나 가롯유다와는 달리 베드로가 회개하니까 어떤 역사가 일어났습니까? 다시 자손만대에 복을 받을 수 있는 기회가 왔습니다. 회개할 수 있는 절호의 기회를 놓치는 사람은 가장 어리석은 사람입니다. 오늘 이 말씀을 듣는 순간에 더러운 죄악에서 돌이키는 참된 회개를 하시기를 바랍니다. 그러면 악한 것들은 떠나가 버리고 주님이 내 안에 오셔서 다시 한번 축복의 길이 열릴 줄 믿습니다. 이 좋은 기회를 버리지 마시기 바랍니다.

### 3. 주여! 내니이까?

주님께서는 가롯유다에게 세 번째 또 기회를 주었습니다. 그 때에 뭐라고 했습니까? 가롯유다는 "주여 내니이까?"라고 주님께 되묻습니다. 유다가 얼마나 뻔뻔합니까? 원수 마귀 사단이 들어가면 뻔뻔해집니다. 여러분들은 그런 거짓말을 해서는 안 됩니다. 그 이유는 사람은 속여도 하나님은 속일 수 없기 때문입니다. "사람은 속일 수 있어도 하나님은 속일 수 없습니다." 여러분들이 마음에 찔림을 받을 때에 "주여! 내니이다. 나를 용서하여 주시옵소서!."하고 회개하십시오. 그 때에 우리의 생각과 마음을 감찰하시는 주님께서 여러분에게 살 길을 열어 주시고 흰 눈보다 더 희게 죄를 씻어주시고 용서하여 주시는 줄로 믿습니다. 그러므로 용서받고 회개할 수 있는 이 기회를 놓치지 말고 회개하며 여러분들의 사업에 축복의 길이 열리고 매였던 것이 풀리는 귀한 역사를 경험하시기 바랍니다.

사랑하는 성도 여러분! 회개는 순간적으로 일어납니다. 베드로가 그 때 주님 말씀 듣고 깨달아 "너도 한패냐?" 할 때 "그래! 내가 예수님의 제자다." 이 말 한마디만 했으면 얼마나 주님이 그를 인정하셨겠습니까?

사랑하는 성도 여러분! 일 년에 단 한번이라도 이번 말씀과 예수님을 생각하면서 온전히 회개하고 하나님의 축복을 받는 저와 여러분들이 되시기를 예수님의 이름으로 축원합니다.

# 기도는 안되는 것도 되게 합니다

## 신승우 집사

제가 어릴 적 누나가 아파서 하나님께 울며 매달렸는데 그 기도의 응답을 받고 전 하나님을 영접했습니다. 하지만 학창시절 저는 방황하였고 점점 불량학생의 모습이 되었습니다. 그런데 주일 교회에 갈 시간이 되면 늘 오는 친구가 있었습니다.

저는 그것이 너무나 부담스러워 그 친구가 올 시간이 되면 밖으로 나가 거리를 헤매곤 했습니다. 그런데 그 친구의 기도 덕분이었을까요? 어느순간부터 제 마음이 서서히하나님께로 향하고 있다는 사실을 알게 되었습니다. 생활도 점점 바른생활의 학생으로 바뀌고 삶 자체가 기쁨으로 넘치고 있었습니다. 그 때 같은 반에 밴드부에서 드럼을 치는 친구와 가까워지고 친구로부터 드럼 치는 방법을 배우게 되어 그것을 가지고하나님게 영광 돌릴 수 있게 되었습니다. 저는 큰 축복을 하나님께 받게 되었던 것입니다. 하나님에 대한 나의 사랑을 드럼에 실어 성령님에 이끌리어 드럼을 쳤습니다.

그러나 또 다른 시련과 방황이 찾아왔습니다. IMF라는 커다란 시련앞에 직장이 문을 닫고, 임금마저도 6개월치나 받을 수 없게 되었습니다. 너무나 암담한 현실이었습니다. 그런 날이 계속 되던 어느날, 아내가 구역예배 드리는 곳이 멀다고 태워달라고 했습니다. 그래서 아내를 태워다 주고 집으로 돌아왔는데, 집에 와보니 제 지갑이 없었습니다. 천원 한 장도 무척 큰 돈이었고 귀한 그 시기에 지갑을 잃어버렸던 것입니다. 그 때 제 발길은 어느새 교회로 향하고 있었습니다. 원망을 하려했는데, 하나님께 투정을 부리려 했는데, 주님의 음성이 먼저 들려왔습니다. “승우야! 그 돈이 아까우냐?" 그렇다고 아깝다고 했더니 주님께서는 "내가 네게 얼마나 많은 것을 주었는데 나는 그것을 다 잃었다. 그런 나보다 더 아깝냐"는 음성이었습니다. 그 날 얼마나 많이 울고 회개했는지 시간 가는 줄도 몰랐습니다. 몸에서 나올 수 있는 액체는 거의 다 나왔던 것 같습니다.이 지갑 사건으로 저의 시련과 방황은 끝을 맺게 되었습니다. 직장도 갖게되고, 저의 생활은 안정을 찾게 되었습니다.

그런데 제 믿음이 굳건하지 않은 까닭일까요? 평안이 찾아오는구나하면, 마음이 방황하게 되고, 신앙의 침체기가 찾아오니 말입니다. 가장 힘든 사춘기 학생들의 교사를 하면서 다시 또 서서히 흔들리는 믿음이 저를 더욱 더 힘들게 만들었습니다. 학창시절에 방황을 해 봤던 까닭에 누구보다도 더 학생들을 이해하고 바른 길로 인도하려 노력했습니다. 그러나 그 결과가 하루아침에 나타나는 것이 아닌데, 세월이 어느정도는 지나야 하는데, 기다리지 못하는 참을성 없는 사람들로 인해 상처를 많이 받게 되었습니다. 아이의 영혼 하나를 구원하려면 얼마나 많은 기도와 노력과 물질이 따라야 하는지 알기에, 저 혼자의 힘으로는 한계가 있기에 그 때마다 좌절하게 되었습니다. 이런 제 마음을 아버지는 아셨습니다. 그래서 저를 강하게 하시고자 자체 부흥회를 통해 첫사랑을 회복하게 하셨습니다. 또한 이렇듯 방황의 방황을 거듭하면서 저의 믿음이 어느새 반석위에 세워질 것을 믿습니다. 앞으로는 흔들리지 않고, 좌로나 우로나 치우치지 않고, 주님만을 향해 전진할 것입니다.

# 32. 안개 같은 인생 보람 있게 살자

야고보서 4장 13-17절

오늘은 "안개 같은 인생 보람 있게 살자"라는 제목으로 함께 은혜를 나누고자 합니다. "들으라, 너희 중에 말하기를 오늘이나 내일이나 우리가 아무 도시에 가서 거기서 일 년을 유하며 장사하여 이를 보리라 하는 자들아. 내일 일을 너희가 알지 못하는 도다. 너희생명이 무엇이뇨, 너희는 잠깐 보이다가 없어지는 안개니라, 너희가 도리어 말하기를 주의 뜻이면 우리가 살기도 하고 이것저것을 하리라 할 것이거늘. 이제 너희가 허탄한 자랑을 자랑하니 이러한 자랑은 다 악한 것이라. 이러므로 사람이 선을 행할 줄 알고도 행치 아니하면 죄니라."

오늘 본문 말씀은 우리에게 생명의 본질이 안개와 같은 것이니 남은 세월을 주님 뜻대로 살아야 할 것을 일러 주십니다. 본문 말씀 14절에 있는 말씀 그대로 "너희 생명이 무엇이뇨, 너희는 잠깐 보이다가 없어지는 안개니라"에 의지하여 "안개 같은 인생, 보람 있게 살자."라는 제목으로 말씀을 상고하면서 은혜를 받고자 합니다.

## 1. 본문이 우리 인생을 안개에 비유한 것은 어떤 뜻이 있는 것일까요?

우리네 인생은 빈부나 귀천에 상관없이 떠날 때가 분명히 있습니다. 비록 나이가 많더라도 그 동안 살아 온 잘못된 삶이 후회스럽다면 이제부터라도 시작하세요. 사랑하는 성도 여러분! 천하에 범사가 시작과 끝이 있습니다.(전3:1). 사람의 생명도 이 법칙에서 예외일 수 없습니다. 이 세상에 온 사람들 중에서 한 생명이라도 이 땅을 떠나지 않는 인생은 없습니다. 하나님이 그렇게 작정하시고 우리 인간을 지으셨기 때문입니다. 인생은 안개와도 같아 언젠가는 반드시 떠나는 날이 있습니다. 좀 짙게 널리 이거나, 혹은 좀 옅게, 좁게 이거나 간에 우리들은 안개와도 같은 인생을 살고 있습니다. 하나님이 우리 인간을 지으신 섭리 중에 이 땅을 떠나는 시간은 반드시 옵니다. 우리 육체의 건강과 삶의 풍요에는 약간의 차이가 있을지라도 언젠가는 모두 반드시 떠나게 되는 것입니다. 하나님이 살아 있게 하시는 동안 살다가 오라 하시면 돌아가는 수밖에 다른 길이 없는 안개와 같은 인생입니다. 그러므로 지면을 통해 이 글을 읽으시는 모든 분들이 안개와 같은 우리 삶과 생명의 남은 때를 살아 계신 주님 만나 보람 있게 사시길 간절히 기도합니다.

말씀을 증거하고 있는 저도 예수님 믿기 전에는 생활이 엉망이었습니다. 군대 가기 전, 술과 담배와 춤으로 타락한 삶을 살다가 21사단 병참중대 군 생활 중 잠시 병원에 입원해 있을 때 한 친구가 "전우여! 오늘 떡이나 먹으러 교회 가세"라는 말에 떡 얻어먹으러 교회에 갔다가 "네가 살면서, 아니 올 1년 동안 좋은 일 하나 해보았더냐?"라는 목사님의 설교말씀에 찔림을 받아 회개하고 다시 시작한 인생입니다. 그러자 하나님께서는 다시 시작한 저의 인생을 보람 있게 하시었고, 오늘날 이렇게 목사가 되게 하셨으며 말로 다 할 수 없는 축복을 내려 주셨습니다.

**2. 떠날 때에 아무것도 가지고 가지 못한다는 사실과 그 떠날 날이 언제일지 아무도 모른다는 말씀에는 그 뜻이 있습니다.**

안개와 같이 금세 사라지는 인생, 우리는 떠날 때 아무것도 가져가는 것이 없습니다. 그러므로 본문은 우리에게 선을 행하라고 하고 있습니다. 이 선은 오직 주님의 성품을 닮아 육체의 남은 때를 하나님의 뜻을 좇아 살 때 행해지는 것입니다. 하나님의 뜻을 좇아 사는 것이 남은 세월을 가장 영광스럽게 사는 최선의 길이라는 말씀인 것입니다.

그렇다면 어떻게 살아야 하나님의 뜻대로 사는 것일까요? 그것은 우리의 몸과 마음과 가진 모든 것을 하나님의 영광을 위해 헌신하면서 사는 것입니다. 하나님의 영광을 위한 헌신을 성경은 "세속에 물들지 않는 보람 있고 경건한 생활"이라고 말하고 있습니다. 우리는 삶 속에서 입술의 경건 생활, 마음의 경건 생활, 삶 속에서 실천하는 몸으로의 경건 생활, 물질의 경건 생활을 통해 하나님께 영광을 돌려야 합니다.

지금 생각하면 지금까지의 제 인생 66년 중, 33년은 내 맘대로 살았고 나머지 33년은 하나님 뜻을 좇아 보람 있게 살았습니다. 목회를 하면서 찾아 온 수많은 환란과 고난 가운데서도 하나님 뜻을 좇아 살았기에 무너지지 않고 승리하며 살 수 있었습니다. 올 해는 하나님의 뜻을 좇아 성령 충만을 갈급해 하는 중국, 필리핀에 가서 목회자와 성도들을 위해 맘 놓고 기도하며 체험할 수 있는 '성령 컨퍼런스'를 마련할 것입니다.

성도 여러분! 금년 한 해 승리하는 삶 사시기를 원하십니까? 그렇다면 하나님 앞에서 사시기 바랍니다. 우리는 하나님의 임재를 항상 느끼면서 살아야 합니다. 하나님은 지금도 나를 보고 계신다고 믿고 살아야 합니다. 우리 기독교의 복음은 "다시 시작할 수 있는 기회를 우리 하나님은 주시기를 원하신다."는 소식입니다. 다시 시작하기만 하면 과거가 어떠했던지, 지금의 모습이 어떠하든지 상관하지 않고 새롭게 은혜주시기를 원하시는 분이 하나님이십니다. 우리 생명은 안개와도 같습니다. 안개인생 살 동안 하나님의 뜻을 좇아 보람 있게 사시기를 예수님의 이름으로 축원합니다.

## 간증 절망에서 만난 하나님

이응숙 집사

할렐루야!

제 나이 48세 이제야 하나님께로 돌아왔습니다. 저는 6살 어린 나이에 이미 세상의 희로애락을 보고 듣고 체험할 정도로 너무나 힘겨운 세상살이를 살아야 했습니다. 저는 제 운명이 너무나 싫었습니다. 운명을 바꾸려고 절에도 25년을 다녔고 성당에도 나갔습니다. 그러나 그럴수록 더 미궁으로 빠져드는 힘겨운 세상 환경이었습니다. 그래서 소망 없는 세상을 버리려고 했습니다. 그럴 때 조카이자 친구가 저 보고 "마지막으로 하나님께 기도해 보고 그래도 안 되면 그때도 늦지 않다."라고요. 권유해서 '그래 그럼 그렇게 하자, 돈도 안 들고 밑져야 본전인데 뭐. 내가 며칠 늦게 세상 버린다고 세상이 달라질 것도 아닌데' 하는 마음이 들었습니다.

그런 어느 날 밤에 속이 상해 울면서 발길 닿는 대로 가다 보니 우리 동네 작은 교회 앞까지 오게 되었습니다. 그때 교회 앞 계단에 무릎 꿇고 엎드려 목 놓아 울며 기도했습니다. '진짜 하나님이 계시면 나 좀 도와달라' 고 하면서 할 줄 모르는 기도지만 그렇게 호소했습니다. 그랬더니 "애통하는 자는 복이 있나니"그 말씀처럼 하나님께서 살아 역사하셨습니다. 하나님께서 제 조카를 통해 '청주은성교회' 로 인도해주셨습니다. 은성교회 처음 오는 날이 마침 부활절이었습니다. 처음으로 목사님 설교 말씀을 듣고 찬양을 불렀습니다. 얼마나 내 마음이 후련하고 기쁜지 그때 제 심정은 '나 같은 죄인도 이렇게 반겨주시는구나' 하면서 감격했습니다.

지금 저는 허망했던 옛 생활을 버리고 새 사람이 되어 새로운 삶을 살고 있습니다. 지금은 매우 행복합니다. 저희 가정에도 하나님의 은혜와 평안이 왔습니다. 열심히 새벽예배와 90일 작정기도에 참석하여 기도했더니 신기하게도 가정의 문제가 하나하나 해결되고 남편에게 "끊어라" 소리도 안했는데 남편이 술도 끊고, 담배도 끊게 되었습니다.

저는 원래 몸이 허약해 병도 많았습니다. 그런데 신기하게도 이 병조차도 하나씩 모두 치료가 되는 것입니다. 오줌소태 때문에 많이 고생했는데 이 병에서 고침을 받았고, 턱관절 때문에 몇 개월 고생했는데 그것도 고쳐주셨습니다. 또한 목 알레르기 때문에 몇 년 동안 한여름에도 기침 때문에 대화가 어려웠는데 하나님께서는 의사도 못 고쳐준다는 이 병조차도 깨끗이 고쳐 주셨습니다.

천국 가는 그날까지 재발되지 않을 것을 저는 확실히 믿습니다. 왜냐하면 우리 하나님께서는 능치 못한 일이 없다고 믿기 때문입니다. 지금은 저희 가족들 모두가 예수님을 잘 믿습니다. 큰아들과 작은아들도 기도 가운데 예수님을 만나 '진짜로 예수님은 지금도 살아 계신다.' 라는 믿음이 생겼습니다.

매주 목요일 날 하는 의료봉사도 안 빠지고 최선을 다하는 모습을 보고 얼마나 하나님께 감사한지 모릅니다. 저희 가정을 이렇게 신앙의 아름다운 가정으로 삼아 주신 하나님께 저희 가족처럼 이 나라 온 국민이 다 예수 믿는 가정이 되게 해달라고 기도합니다.

제 글을 읽는 여러분! 우리 함께 예수님 믿고 다 같이 행복해지지 않으시렵니까? 지금 느낀 것이지만 우리 예수님은 항상 빈 의자이십니다.

힘들고 어려움에 있는 사람이면 그 누구라도 찾아와서 가장 편하게 앉기를 바랍니다.

예수님의 빈 의자는 바로 당신 것이랍니다. 당신을 위하여 예수님은 오늘도 빈 의자를 준비하고 계십니다. 예수님께 나와서 편안히 쉬었다가지 않으실래요? 어려워하지 마시고 주님께 꼭 찾아오시기를 바랍니다.

# 33. 구원받을 만한 믿음

사도행전 14장 8-10절

오늘 나면서 앉은뱅이 된 사람은 믿음이 있었습니다. 설교를 하던 바울은 그에게 믿음이 있는 것을 보고는 "네 발로 바로 일어서라"라고 명했습니다. 그 말씀에 이 앉은뱅이가 듣고 순종할 때 나았습니다. 성도 여러분, 우리들에게도 이런 믿음이 있기를 바랍니다. 나에게도 기적이 일어나는 큰 믿음을 달라고 하는 소원이 여러분에게 있기를 축원합니다. 그런 믿음을 가지시기 바랍니다. 그러면 어떻게 해야 합니까?

## 1. 믿음은 어디서 오는 것입니까?

우리들이 믿음은 어디에서 옵니까? 어떻게 해야 믿음이 생깁니까? 어떻게 해야 믿음이 자랍니까? 어떻게 해야 믿음이 강해집니까? 노력하면 믿음이 생깁니까? 애쓰면 믿음이 생깁니까? 떼를 쓰고 눈물 흘린다고 믿음이 생깁니까? 아니면 "믿습니다." 큰 소리로 외치며 기도한다고 믿음이 금방 생깁니까? 믿음은 그렇게 생기는 것이 아닙니다. 어떻게 생기는 것입니까? 믿음의 씨가 뿌려져야 합니다.

그러므로 내 생각으로, 내 지식으로 믿음이 생기는 것이 아닙니다. 내 방법대로 해서 믿음이 생기는 것이 아닙니다 내 방법대로는 10년, 20년이 지나도 제대로 된 믿음이 생기지 않는 것입니다. 어떻게 해야 믿음이 생깁니까? 말씀의 씨가 내 마음에 심어져야 그 때에 비로소 믿음이 생기는 것입니다. 그래서 사도바울은 뭐라 했습니까? 로마서 10장 17절에 "믿음은 들음에서 나며 들음은 그리스도의 말씀으로 말미암았느니라." 라고 했습니다.

사랑하는 성도 여러분! 말씀을 들어야 믿음이 생깁니다. 오늘 앉은뱅이는 '구원받을 만한 믿음' 이 있었기에 걸을 수 있는 기적의 주인공이 되었던 것입니다.

### 2. 어떻게 말씀을 들어야 합니까?

1) 집중해서 들어야 합니다.

9절에 "바울이 말하는 것을 듣거늘" 여기서 듣는다는 것은 단순히 누구의 말을 듣는 정도가 아닙니다. 관심을 가지고 마음을 집중해서 열심히 지속적으로 듣는 것입니다. 언제까지 들었습니까? 바울이 설교를 시작해서 "네 발로 바로 일어서라" 큰 소리로 외칠 때까지 바울의 설교를 처음부터 집중해서 열심히 계속해서 들었습니다.

성도 여러분! 오늘의 기적 사건은 말씀과 함께 일어났다는 사실을 주시하시기 바랍니다. 본문에서 우리는 말씀의 능력이 어떻게 앉은뱅이에게 나타났는가를 볼 수 있습니다. 말씀의 능력이 사람의 마음을 변화시킵니다. 말씀의 능력이 사람의 생각을 바꿔 놓았습니다. 말씀의 능력이 사람의 의지와 감정을 사로잡았습니다. 그리고 마침내는 일어서게 하지 않았습니까? 말씀을 들으면서 하나님의 능력을 깨닫습니다. 마음도 담대해집니다. 영혼도 건강해집니다. 정성과 마음을 다해 말씀을 집중해서 듣는 중에 말씀의 능력이 몸까지 전해옵니다. 그러면서 누구도 생각지 못한 엄청난 기적을 체험한 것입니다.

2) 열심히 듣는 것을 보니 바울의 마음에도 감동과 확신이 왔습니다.

바울은 앉은뱅이가 말씀을 열심히 듣는 것을 보면서 마음에 믿음이 왔습니다. '저 사람이 말씀을 제대로 받는구나!' '저 사람 영혼이 구원을 받았구나!' '저 사람이 변화되고 있구나!' '저 사람에게 전능하신 하나님의 사랑이 임하고 있구나!' '저 정도라면 능력이 나타날 수 있다' '저 정도라면 일어설 수 있다'

바라보는 바울에게도 감동이 옵니다. 믿음의 확신이 옵니다. 시편81편 10절에서 시편 기자는 이렇게 노래합니다. "나는 너를 애굽땅에서 인도하여 낸 여호와 네 하나님이니 네 입을 넓게 열라 내가 채우리라"

**3. 전하는 자나 듣는 자가 믿음으로 일치되면 역사는 일어납니다.**

열심히 들었습니다. 너무 집중해서 빨아들일 듯 말씀을 들으니까 바울이 주목했습니다. 바울이 주목해서 보니 앉은뱅이의 마음에 믿음의 역사가 나타나고 있음이 느껴졌습니다. 바울에게도 감동이 왔습니다. 믿음의 확신이 왔습니다. 바울은 큰소리로 외쳤습니다.

"네 발로 바로 일어서라" 여기서 잡아 일으킨 것도 아닙니다. 안수한 것도 아닙니다. 그냥 소리친 것뿐입니다. 그런데 어찌되었습니까? 뛰어 걸었습니다.

사랑하는 성도 여러분! 전하는 자나 듣는 자가 믿음으로 일치되면 역사는 반드시 일어납니다. 병 고침이든, 문제해결이든 어떤 것이든지 믿음으로 하나가 되어야 합니다. 말씀에 대하여 의심하지 마시기 바랍니다. 내 고집, 내 방법, 내 지식을 접어 두시기 바랍니다. "당신은 됩니다."하면 '아멘' 하고 순종하는 마음으로 나서기만 하면 이루어집니다. 순종하려는 마음, 순종하려는 믿음이 중요합니다.

사랑하는 성도 여러분! 주님을 바라보시기 바랍니다. 매일 매순간 주님을 주목해 보시기 바랍니다. 예수님께 나와 믿음을 쏟고 마음을 쏟으면 능력이 나타납니다. 역사가 나타날 줄 믿으시기 바랍니다.

## 간증 가물어 메마른 심령에 단비를

장희자 집사

할렐루야!

제가 청주은성교회에 온 지도 벌써 2년이 되어 갑니다. 남들에게는 짧다면 짧은 시간이지만 저에게는 결코 짧지 않은 시간이었습니다.

신앙생활을 한 지는 15년이 되었습니다. 고1때 친구의 전도로 처음 교회에 다니게 되었습니다. 그 친구의 첫 마디는 "너한테 죄가 있다고 생각하니?"였습니다. 그 말을 들은 전 왠지 가슴이 뜨거웠고 내가 죄인임과 예수님이 나의 구주라는 사실을 믿고 친구를 따라 영접 기도를 했습니다. 그렇게 해서 교회를 다니게 되었지만 절에 다니던 저희 집이기에 부모님의 반대가 많았습니다. 그럴 때마다 예수님을 의지하게 되었고 골방 기도를 통하여 평안과 기쁨을 유지할 수 있었습니다. 힘들고 어려웠을 때마다 더 많은 은혜와 체험도 갖게 해 주셨습니다.

그러다가 결혼을 하게 되었고 서울에서 청주로 오면서 서울교회는 쉽게 잊혀지지도 않고 청주에서도 교회를 두 번이나 옮겼지만 이전의 신앙생활과는 달리 제자리를 찾지 못하였습니다. 그러다 보니 믿음은 점점 떨어져 심지어는 하나님이 계신지 안 계신지 의심까지 하게 되었습니다. 영적으로 침체된 심령이기에 세상에 빠져들어도 아무것도 느끼지 못하는 그런 상태가 되었습니다.

신앙에 방황하던 그때 용암동으로 이사 오게 되었고 우연히 조옥화 집사님을 만나게 된 후 집사님의 인도로 은성교회에 등록하게 되었습니다. 처음에는 어떤 곳인가 의심 반, 궁금 반으로 다녔는데 예배 때 말씀을 듣고 뭔가 다른 느낌을 받았습니다. 말씀이 귀에 들어오면서 기도를 할 수 있었습니다. 그렇게 해서 시작된 은성교회에서의 신앙생활은 구역예배와 교회에서 드려지는 모든 예배생활을 다시 시작함으로 제 믿음은 점점 회복하게 되었습니다. 지금은 유치부 교사와 새소식반 교사로 일하면서 부족하지만 조금씩 열심을 내고 있습니다.

지금 생각해보면 제가 서울에서 신앙생활을 하게 하신 것도 청주로 이사를 오게 하신 것도 그리고 기도하게 하신 것도 하나님의 오묘하신 뜻과 섭리가 있으셨다고 저는 믿습니다. 이제 저는 청주은성교회에서 두 번째의 믿음생활을 하려고 합니다. 지난번 부흥회 때 메마른 심령에 성령의 단비를 부어주시어 주님의 사랑을 확신시켜 주셨습니다. 그리고 저에게 주님께서는 이제 좀 더 성숙한 신앙인이 되길 바라고 계신 것도 느꼈습니다. 제가 주님을 잊어버렸어도 우리 주님께서는 저의 마음의 문이 속히 열리길 바라시며 두드리고 계셨던 그 안타까운 마음을 이제는 조금 알 것 같습니다. 아직 너무나 부족하고 큰 믿음은 없지만 제 마음속에는 언제나 나를 향하신 하나님의 사랑과 은혜가 있다는 사실을 깨닫고 그 주님의 사랑과 은혜만큼은 그 무엇과도 바꿀 수 없다는 믿음의 확신이 섭니다.

한 가지 더 바람이 있다면 차고 넘치는 성령의 단비를 날마다 저에게 내려 주시어 더 뿌리 깊게 내려진 단단하고 담대해진 믿음을 주시어 하나님께 영광 돌리는 인생이 되기를 바랍니다.

# 34. 성령 충만함과 권능

사도행전 1장 8-9절

본문 말씀은 아마 교회에 어렸을 때부터 다녔던 사람이라면 수백 번 들었던 설교입니다. 그런데 문제는 그렇게 많이 듣고 그렇게 많이 알고, 그렇게 많이 말씀을 봉독했어도 '성령 충만 받아라, 권능 받아라' 하는 말대로 하지 못하는 것이 문제입니다. 하나님께서 주시겠다고 약속하셔서 지금도 수많은 사람들이 성령 받고 권능 받아서 원수 마귀 사단들을 물리치고 가정의 화평을 이루고, 마귀 사단들을 다 떠나가게 하는 이들이 있는가 하면, 어떤 이들은 수없이 많이 들었는데도 '한소리 또 하고 한소리 또 하고 듣기 싫어 죽겠네.' 라는 생각을 하는 사람이 있습니다. 똑같은 말씀을 듣는데도 흘려버리면 들으나 마나입니다. 말씀을 들었으면 그 말씀대로 이루어져야 합니다.

## 1. 성령 충만의 변화를 받아야 합니다.

여러분들이여! 사울은 하나님을 그렇게 잘 섬기고 율법을 많이 알면서도 예수 믿는 사람들을 가두고 때리고 죽이고 했습니다. 그는 영 분별을 하지 못하고, 성령을 받지도 아니하고, 권능을 받지 못하니까 그렇게 한 것입니다.

그러나 다메섹 도상에서 주님을 만난 후 성령의 충만함을 받은 뒤에는 그가 완전히 변화됐는데, 하나님의 권능이 성령 받을 때 임했기 때문에 예수의 이름으로 귀신이 떠나가고, 질병이 떠나가고 모든 문제를 해결하는 놀라운 기적의 역사가 사도바울에게 일어났던 것입니다.

분명코 주님께서 약속하신 말씀대로 오늘날도 많은 사람들에게 이러한 역사가 일어나고 있습니다. 성령이 충만하니까 방언도 받고, 병 고치는 은사도 임하고, 말씀 증거하는 지혜와 지식의 은사도 임하게 된 것입니다. 이것이 바로 하나님의 능력이요, 권능입니다. 우리도 성령 충만할 때에 이와 같은 역사가 이루어지는 줄로 믿습니다.

### 2. 사람의 힘으로 능으로 되지 않습니다.

사람의 힘으로 능으로 되는 것이 아닙니다. 성령 받고 권능 받으면 그를 괴롭혔던 원수 마귀 사단들이 순간적으로 떠나가는 줄로 믿습니다. 그래서 주님께서 말씀하시기를 "너희는 성령을 받고 권능을 받으라."(8절)고 했습니다.

예수님의 제자들이 성령 받고 권능 받지 못하니까 어떻게 됐습니까? 가롯유다는 예수를 팔았었습니다. 여러분! 교회를 아무리 오래 다니고 말씀을 아무리 많이 알면 뭐합니까? 그 사람에게 사단이 역사하니까 원망, 불평하는 것입니다.

이것을 떠나가게 하려면 어떻게 해야 합니까? 성령 받고, 권능 받으면 되는 줄로 믿습니다. 마귀가 떠나가는 줄로 믿습니다. 원망, 불평하는 마귀가 떠나가는 줄로 믿습니다.

### 3. 성령 받고 권능 받으면 증인이 됩니다.

예수님 제자 중 베드로도 권능 받기 전에는 예수를 모른다고 세 번씩이나 부인했습니다. 그런 그가 오순절 마가의 다락방에서 성령의 충만함을 받고 나니까 사마리아 땅 끝까지 이르러 말씀을 선포하며 나가는 증인이 되었습니다. 그가 성령 받고 권능 받으니까 똑같은 사람인데도 복음을 전할 때에 앉은뱅이가 일어나고 또는 죽었던 자가 살아나며, 그에게 말씀을 들은 수 많은 사람들이 성령 받고 은혜받고 방언 받는 갖가지 역사가 일어났습니다.

사랑하는 성도 여러분! 이번 기회에 성령과 은혜로 다시 재충전하시고 성령의 권능을 받아서 원수 마귀 사단들에게 대적해서 승리하는 삶을 사시기를 예수님의 이름으로 간절히 축원합니다.

# 공중에 떠 있던 교회가 바로 청주은성교회

## 이문순 집사

할렐루야!

"사랑한다. 문순아!" 말씀하시며 항상 응답하시는 주님께서 부족한 제가 간증이란 것을 할 수 있게 허락해 주심에 감사드립니다.

저는 믿음생활을 하시는 어머님 밑에서 살다가 결혼 후, 절실한 불교신자이신 시어머님과 함께 살게 되면서 연등도 달고 절도하고 불공도 드렸습니다. 종교에 별로 관심이 없었던 저였기에 어머님의 말씀에 순종하며 살았습니다. 이때는 물질은 풍부했지만 부부간에 다툼은 끊이지 않았습니다. 청주로 이사와 옷가게를 하는데 언니(이문숙 집사)가 선물이라며 성경책을 주고 갔습니다. 그 성경책을 사기 위해 발이 짓무르도록 걸었다는 말에 감동은 했지만 그것도 잠시 시간이 지나니 잊혀졌습니다. 청주에 와서도 불교에서 하는 행사에 참여하며 살았는데 늦게 낳은 딸 혜영이만큼은 이상하게도 하나님의 자녀로 키우고 싶다는 생각이 들었습니다. 집 근처에 교회를 정하고 신앙생활을 시작한 저는 새벽예배에는 참석하지 못해도 5시~7시 30분까지 기도하고 찬송했습니다. 그러던 어느 날, '주 예수보다 더 귀한 것은 없네' 라는 찬송을 부르며 얼마나 울었는지 저는 그 때 은혜를 받게 되었습니다. 빨간 흙으로 된 민둥산이 보이고 너무나 아름답고 빛이 나는 교회가 공중에 떠있는 모습이 보였던 것도 은혜 받은 이후의 일이었습니다. '정말 아름다운 교회구나!' 생각했지만 어느 교회인지 알 수 없었습니다. 며칠 뒤, 조카(용진)가 다니는 교회에 철야기도회 반주를 하러 가야 한다면서 태워 다 달라는 것이었습니다. 조카를 태우고 온 교회가 바로 청주은성교회였는데 저는 소스라치게 놀랐습니다. 공중에 떠있던 그 아름답던 교회가 바로 눈앞에 우뚝 서 있는 것이 아니겠습니까? 그 계기로 청주은성교회를 섬기게 되었고, 수많은 체험과 병 고침을 받게 되었습니다. 그 당시 은성교회는 100일 부흥성회를 하고 있었습니다. 오자마자 방언의 은사를 받고 하나님과 대화를 하고 그대로 기도가 상달되면서 모든 기도가 응답되었습니다. 성령 충만되어 수요예배를 갔다 왔는데 딸 혜영이가 열이 무척 심했습니다. 병원을 가니 감기라고 해서 약을 먹이고 재웠습니다. 다음 날 새벽예배를 와서 기도하던 중에 환자복을 입은 혜영이가 제 앞을 스쳐 지나가는 것이 아니겠습니까? 환자복은 어른 것인지 커서 소매를 둥둥 말아 접어 올린 모습까지도 너무나도 생생한 모습이었습니다. 급히 집에 오니 열이 아직도 내리지 않아 끙끙 앓고 있어 신랑이 가까운 병원에 가자고 했지만 그 환상이 예사롭지 않은 것 같아 큰 병원을 찾게 되었습니다. 사진을 찍고 난 의사선생님께서는 급성 폐렴이라 그냥 두었으면 큰일 날 뻔했다고 말씀하셨습니다. 입원을 시키려고 하니 어린이 병동은 비어있는 곳이 없다고 어른 병동에 입원을 해야 한다고 해서 어쩔 수 없이 어른 병동에 입원을 시킨 후, 저는 수건을 빨고 있었습니다. "엄마!" 라고 부르는 소리에 고개를 든 저는 놀라움을 금치 못했습니다. 환상에서 본 모습 그대로 소매도 접은 채 혜영이가 앞에 서 있는 것이었습니다. 이렇듯 하나님께서는 제게 환상으로 앞 일을 보여 주신 적이 한두 번이 아니었습니다. 그 환상 덕분에 혜영이는 별 탈 없이 퇴원할 수 있었습니다.

시댁 식구들이 모두 건강이 좋지 않아 병원을 내 집처럼 드나드는 가정이라 제 기도가 얼마나 절실히 필요한지 모릅니다. 제가 기도가 소홀하든지 새벽기도를 빼먹든지 금요철야를 나 혼자 편하자고 범하던지 하면 바로 식구 중 누가 아파 병원에 가 있는 것을 많이 경험했습니다. 주님께서 저에게 이렇듯 기도를 쉬지 않고 하게 만드셨습니다. 제 남편도 선천적으로 장이 좋지 않아 고생을 무척하고 장이 안 좋다보니 치질까지도 걸려 힘들어하던 중 환상을 보았습니다. 누구였는지는 알 수 없지만 신랑 머리 위를 안수해 주셨는데, 그 이후로는 장이 아프지도 않고 지금까지도 병원 한 번 찾지 않을 정도로 깨끗이 치유 받았습니다. 고질병이던 치질은 90일 작정기도 후 깨끗이 완쾌되었습니다. 하나님께 더 해드리고 싶은데 못해서 속상해 일어나자마자 먼저 찬양 세곡을 부르고 기도 후에 말씀을 1장 묵상하고 누구나 다 하시는 것이겠지만 저희 가족은 아침 시간을 주님께 드리는 것으로 시작합니다. 딸 혜영이도 일어나자마자 피아노로 찬양 드리고 성경 읽는 것으로 시작하니 주님께서 지혜도 주시고 장래도 책임져 주심을 믿게 되었습니다.

항상 사랑한다. 문순아!로 응답하시고 불러 주시는 주님께 앞으로의 우리 가정도 맡기고 남은 생을 주 안에서 사랑을 나누며 살고자 합니다. 주님을 만나니 이렇게 좋은 것을 왜 사람들은 모르는지 안쓰럽습니다. 아직도 믿지 않는 분이 이글을 읽으신다면 지금 바로 주님을 구주로 영접하시길 간절히 기도합니다. 마지막으로 청주은성교회 성도님들 가정에 항상 주님의 축복이 임하시길 기도합니다.

# 35. 응답받는 기도

시편 66편 17-20절

하나님께서는 기도 응답에 관하여 많은 말씀으로 약속하셨습니다. 그럼에도 불구하고 의외로 많은 성도들의 기도가 응답되지 못하고 있습니다. 교회는 수년에서 수십 년 다녔어도 기도할 때 기도하지 못하는 것은 시급히 해결해야 할 문제 중의 하나입니다. 그러므로 오늘 이 시간에는 응답받는 기도의 비결이 무엇인지에 관하여 알아보고자 합니다.

## 1. 기도의 참 대상이신 하나님에 대하여 알아야 합니다.

사랑하는 성도 여러분! 오늘 본문 20절에서 시편 기자는 하나님의 그 인자하심을 자기에게서 거두지 아니하셨다고 말씀하고 있습니다. 이 시편 기자는 하나님의 인자하심을 잘 알았던 것입니다. 무엇에 대해 잘 알 때 확신이 생기듯이 하나님에 대해 분명히 알 때 믿음의 확신이 생기게 되는 것입니다. 우리에게 좋은 것 주시기를 원하시는 하나님께 구하기 전에 있어야 할 것은 그 하나님에 대하여 저와 여러분은 확실하게 믿고 알아야 한다는 것입니다.

## 2. 죄를 용서해 주시는 하나님을 믿어야 합니다.

본문 18절에서 "내 마음에 죄악을 품으면 주께서 듣지 아니하시리라" 하셨습니다. 그러므로 주님께 철저하게 회개해야 하며, 또한 예수그리스도의 이름으로 회개할 때 하나님은 분명 저와 여러분을 용서해 주신다는 것을 믿어야 합니다. 하나님은 역대하 7장 14절에서 분명 이렇게 약속하셨습니다. "내 이름으로 일컫는 내 백성이 그 악한 길에서 떠나 스스로 겸비하고 기도하여 내 얼굴을 구하면 내가 하늘에서 듣고 그 죄를 사하고 그 땅을 고칠지라." 회개할 때 죄 용서함을 받고 회개할 때 성령을 부어 주시는 하나님이십니다. 사람이 망하는 것이 죄를 지어 망하는 것이 아니라 하나님께 회개하지 않기 때문에 망한다는 사실을 기억하고 우리 청주은성교회 성도들은 철저하게 회개하시기 바랍니다.

### 3. 전심으로 기도해야 합니다.

하나님의 말씀 가운데 예레미야 29장 13절에 보면 "너희가 전심으로 나를 찾고 찾으면 나를 만나리라."라고 하셨습니다. 저와 여러분들이 전심으로 기도한다는 것은 간절히 부르짖는 기도를 가리키며, 마음과 뜻으로 힘을 다해 드리는 기도입니다. 간절히 전심으로 기도할 때, 그 기도를 들어 주십니다. 하나님의 말씀인 성경 66권을 보시기 바랍니다. 하나님의 도움을 받을 때는 가만히 있을 때가 아니라 하나님께 나아가 도움을 요청하되 간절히 부르짖어 기도할 때입니다. 간절히 하나님을 찾는 자가 하나님을 만날 것이며, 간절히 도움을 요청하는 자가 하나님의 도움을 받게 되는 줄 믿으시기 바랍니다.

### 4. 의심하지 말아야 합니다.

본문 19절에서 시편의 주인공은 자기의 기도에 대해 확고한 믿음을 가지고 있다고 말씀합니다. "그러나 하나님이 실로 들으셨으며 내 기도 소리에 주의하셨도다." 저와 여러분이 기도할 때 우리 하나님께서 다 보고 계시고 다 듣고 계십니다. 기도하면서 의심한다면 그것은 하나님을 믿지 않는 불신의 기도입니다. 그렇기 때문에 야고보 사도는 의심 없는 기도를 강조하셨습니다. 야고보서 1장 6-7절에 "오직 믿음으로 구하고 조금도 의심하지 말라 의심하는 자는 마치 바람에 밀려 요동하는 바다 물결 같으니 이런 사람은 무엇이든지 주께 얻기를 생각지 말라"라고 하셨음을 기억하시기 바랍니다.

사랑하는 성도 여러분! 저와 여러분이 기도로 극복하고 해결해야 할 일들이 너무나 많습니다. 요즘같이 경기가 어렵고 살기 힘든 이 때에 특별히 하나님이 도와주셔야 합니다. 오직 하나님의 능력을 힘입어야 가능합니다. 그러기 위해선 저와 여러분 모두 오직 기도하는 것 외에는 길이 없습니다. 항상 깨어 기도하되 성령 안에서 무시로 기도하여 여러분 인생의 크고 작은 문제와 고통스러운 모든 일에서 해결 받으시기를 예수님의 이름으로 축원합니다.

# 알코올 중독과 질고에서 헤어나왔습니다

정호임 권사

저는 괴산군 소수면 토골마을에서 순박하면서도 소박한 농부의 아내로 큰 욕심 없이 평탄하게 안정된 생활을 했습니다. 그런데 제 나이 서른다섯 해 어느 날인가부터 남편은 아무런 이유도 없이 폭주를 하면서 살림을 마구 부수는가 하면 갖가지 방법으로 행패를 부리는 사람으로 변하면서 그 추태는 하루하루 심해져 갔습니다. 거기에다 설상가상으로 서모인 시어머님마저도 그때 돈 천 삼백만원이란 큰돈을 가지고 줄행랑을 치고 말았습니다. 우리 내외는 도저히 시골에서 살 수가 없어 청주로 이사를 왔고 저는 고추방앗간을 운영하며 남편은 운수업을 시작했습니다. 그러나 남편의 몸서리쳐지는 주벽은 나날이 심해져만 갔습니다.

더욱 가슴이 아픈 것은 시아버님까지 합세하여 가재도구를 부수는가 하면 이젠 저에게까지 손찌검을 하기 시작했고 저는 산후 요독으로 퉁퉁 부어 위험한 지경에 있었어도 내 몸 돌볼 겨를도 없이 바삐 뛰어다녀야 했기에 정신이 없었습니다. 일단 한 번 술을 입에 대기 시작하면 보름이고 한달이고 폭주의 나날을 보냈던 남편의 몸에 이상이 오기 시작했습니다.

그때마다 병원에 입원하게 되고 병원에서는 술을 끊지 않으면 생명이 위험하다고 했습니다. 바쁜 방앗간 일, 남편의 주벽에 시달리고 쫓겨 다니고……, 사람이 사는 것이 아니라 난장판이었습니다. 남들이 얘기하는 작은 고통은 제겐 아무것도 아닌 것처럼 들렸습니다. 하나님께서 이런 저를 불쌍히 여기사 은성교회 구역장님을 통해 구원의 손길을 보내주셨습니다.

1984년 4월 4일 저는 교회를 나오게 되었고 새벽마다 남편의 문제를 가지고 신령과 진정으로 열심히 기도했습니다. 하지만 남편은 더욱 더 술 중독에 빠져들었습니다. 하나님은 저에게 남편의 핍박을 감수하고 인내할 수 있도록 강한 힘으로 저를 붙잡아 주셨습니다.

하나님께서 저를 긍휼히 여기시사 마음에 담대한 믿음을 부어주셨던 것입니다. 어느 날인가 남편은 차를 몰고 나갔다가 9일 만에 돌아왔는데 방앗간 고추자루를 마구 내던지고 색동옷 입은 여자가 자기를 잡으러 왔다고 그 여자를 잡아야 한다고 살림을 때려 부수고 발칵 뒤집어 놓는, 억장이 무너지는 난리 소동이 벌어졌는데 그때 마침 목사님과 몇몇의 성도님들이 심방을 오셨습니다.

참으로 너무나 망신스럽고 창피스러워 그분들 앞에 고개를 들 수가 없었고 이루 말로 표현할 수가 없었습니다. 목사님께서는 교회등록 한지 며칠 되지도 않은 우리 가정에 오셔서 진정으로 눈물 뿌리시며 간절히 기도해 주셨습니다. 그때 몸서리치게 몸부림치며 소동을 벌이던 남편은 잠잠해졌습니다. 기도는 끝나고 그렇게 심했던 복통이 괜찮다며 이웃집 양복점에까지 가서 신기하다고 자랑하듯이 간증까지 해 놓고는 그 다음 날 주벽은 다시 시작되어 여자귀신을 잡는다고 또다시 집안을 발칵 뒤집어 놓았는데 마침 목사님께서 다른 곳에 심방을 가시는 길이라고 하시면서 집에 오셔서 이리저리 날뛰는 남편을 붙잡고 기도해 주셨습니다.

그 순간 이후로 복통은 물론 술도 칼로 무 자르듯이 끊었습니다. 질병에서 해방되고, 그 몸서리치는 주벽이 변하여 주님을 영접하게 되었습니다. 남편에 시달리고 폭풍전야와도 같았던 인고의 세월 속에서 제 자신의 아픈 몸을 돌아보지도 못했는데 어느 사이 질고는 물론 손목에 있던 애기 주먹만 한 혹조차도 없어졌습니다.

'누구든지 믿고 구하는 자마다 이루어 주신다.' 는 진리의 말씀이 저에게는 크나큰 체험과 확신으로 이루어졌습니다. 이제 저에게 어떤 엄청난 고통과 환란이 닥쳐와도 물리치고 중단 없는 전진을 계속할 자신이 있습니다. 믿음으로 남은 인생을 승리 할 자신이 있습니다. 엄청난 고통과 환란이 계속되는 속에서도 건져주시고 평안을 주시고 자유를 주시고 가정천국을 이루게 하신 하나님께 감사와 영광을 바치오며 남은 생을 주님께 충성하며 살아갈 것을 다짐하고 다짐해 봅니다.

# 36. 죽음의 병에서 고침 받은 왕

이사야 38장 1-6절

히스기야 왕은 유다의 열 왕들 가운데 다윗 이후에 가장 뛰어난 왕 중의 한 사람이었습니다. 히스기야는 이스라엘 백성들이 저지른 모든 불신앙과 우상숭배의 죄악을 제하여 버리고 백성들로 하여금 여호와를 의뢰하고 그의 계명을 지키게 하는 요즘 말로 '신앙의 개혁'을 일으킨 위대한 왕이었습니다. 그런데 그런 왕에게 어느 날 더 이상 살지 못하는 중병이 찾아 왔습니다. 왕궁 안에 아무리 좋은 약과 의원이 있다 해도 그 병을 고칠 수가 없습니다. 하나님의 사람인 이사야 선지자조차도 이제는 왕이 더 살지 못하니 자기 집을 정리하라고 말씀합니다. 그 때에 히스기야 왕은 자기 얼굴을 벽을 향하고 전심으로 하나님께 통곡하면서 부르짖어 기도합니다. 하나님께서는 히스기야 왕의 기도를 들어주셨습니다. 그래서 오늘은 히스기야 왕의 기도를 함께 살펴보면서 은혜를 나누고자 합니다.

**1. 벽을 향한 기도였습니다.**

사랑하는 성도 여러분! 히스기야 왕은 벽만 바라보고 기도하였습니다. 열왕기하 20장 2절 말씀에 보면 "히스기야가 낯을 벽으로 향하고 여호와께 기도하여 가로되." 왕이 얼굴을 벽을 향하였다는 것은 세상이나 인간의 방법은 다 버리고 오직 하나님만을 바라보고 집중하여 기도했다는 말씀입니다. 우리들이 하나님께 도움을 요청할 때도 그래야 합니다. 우리의 기도가 하나님께 상달되지 못하는 이유는 무엇입니까? 기도할 때 엉뚱한 마음을 품고 기도하기 때문입니다. 바로 그것이 두 마음을 품고 기도한다는 말씀입니다. 여러분들이 기도하되 히스기야처럼 온전히 주님만 바라보고 전심으로 기도하시기를 바랍니다.

### 2. 눈물의 기도였습니다.

오늘 히스기야 왕의 기도는 눈물로 간구한 기도였습니다. 우리 하나님께서는 성도의 눈물에 약하신 주님이십니다. 그래서 이사야 38장 14절에 "나는 제비 같이, 학 같이 지저귀며 비둘기 같이 슬피 울며 나의 눈이 쇠하도록 앙망하나이다." 오늘 히스기야 왕은 하나님 면전에서 눈물로 간구했습니다. 그 눈물은 자신의 지난날을 돌이키면서 잘못을 주님께 고하는 회개의 기도이며 나를 불쌍히 여겨달라는 주의 자비하심과 긍휼을 구하는 기도였던 것입니다. 우리 하나님께서 찾는 기도가 바로 이런 기도입니다. 다윗도 눈물로 기도했고(시39:!2), 예레미야 선지자도 울었고, 사도바울도 울었습니다. 세리와 바리새인의 기도 가운데 바로 세리의 기도를 주님께서 들으셨습니다. 사랑하는 성도 여러분! 기도자가 자기를 정면으로 대하고, 인생을 정면으로 대하고, 하나님을 정면으로 대할 때만이 눈물의 기도가 되는 줄 믿습니다. 여러분의 어렵고 힘든 고통의 문제가 있다면 오늘 이 시간 눈물로 주님께 호소하시기 바랍니다.

### 3. 하나님의 자비를 구하는 기도였습니다.

끝으로 히스기야 왕의 기도는 하나님께 자비를 구하는 기도였습니다. 열왕기하 20장 3절에 보면 히스기야는 "여호와여 구하오니 내가 진실과 전심으로 주 앞에 행하여 주의 보시기에 선하게 행한 것을 기억하옵소서! 하고 심히 통곡하더라." 기도란 하나님께서 우리에게 채무자가 되시고, 우리가 그 분께 대하여 채주가 되는 것이다. 그러므로 하나님의 자녀만이 누릴 수 있는 특권이 바로 기도입니다. 우리들은 그 누구나 기도할 수 있고 또 기도하기만 하면 모든 문제에서 해결을 받을 수 있습니다. 그 이유는 하나님이 바로 저와 여러분의 아버지이시기 때문입니다. 하나님께서 그 누구를 가장 괘씸하게 여기겠습니까? 어렵고 힘들어도 하나님을 찾지 않고 또 하나님께 나와 기도하지 않는 성도입니다. 여러분들이 기도하지 않는다는 것은 하나님을 무시하고 하나님을 인정하지 않는다는 것입니다. 하나님은 언제나 긍휼이 풍성하시고 자비하심이 크신 하나님이십니다. 여러분들이 온전히 주님께 나와 주의 자비하심을 구한다면 주님은 언제나 그 기도를 들어 주시고 응답하십니다. 그러므로 기도는 우리에게 하나님께서 은혜로 주신 선물이므로 우리 모두 주님 앞에 엎드려서 자비를 구하는 것이 기도의 올바른 자세인 줄 믿습니다.

사랑하는 성도 여러분! 저와 여러분들도 히스기야 왕처럼 엄청난 위기나 시험에 빠졌을 때 어떻게 하겠습니까? 아는 사람 찾아가 도움을 구하겠습니까? 인간의 방법과 생각으로 문제를 해결하겠습니까? 저와 여러분들은 그런 일을 만날수록 더욱 하나님만을 의지해야 합니다. 그뿐 아니라 하나님께 나아가 간절한 기도를 드릴 수 있어야 합니다. 그리고 그 기도의 내용이 응답받을 수 있도록 하나님의 뜻을 구해야 합니다. 그리고 그 기도의 내용이 응답받을 수 있을 것인지 성경을 통해서 살펴보아야 합니다. 야고보 사도는 "의인의 간구는 역사하는 힘이 많다."고 하셨습니다. 기도로 여러분의 모든 문제를 풀어 가시기를 주님의 이름으로 축원합니다.

# 죽도록 충성하여 얻어진 제 2의 인생

## 김명진 집사

저는 저희 어머님이신 강 봉선 권사님의 일생을 보며 하나님의 살아계심과 위대함을 찬양하고자 합니다.

지금도 마찬가지지만 여자 혼자 부끄럽지 않게 돈 벌 수 있는 것은 너무 뻔하기에 그날그날 먹고 살 수 있는 것이 다행이지요. 여자 혼자 살다 보니 얼마나 어려우셨을까? 해도 해도 안 되는 세상살이, 자식이라도 없으면 도망이라도 가련만……, 그런 어머님은 꿋꿋하게 절에 다니시며 교회에 대해선 관심도 없으셨습니다. 그러던 어느 날, 불공을 부탁드렸던 스님이 그 시간에 다른 집에서 고스톱을 하고 있는 것을 보시고 어머니는 몹시 실망하셨고 누구 하나 어머니의 고통을 함께 할 수 없다는 것이 어머니를 더 힘들게 했습니다. 그러던 중, 저희 3층에 사시던 아주머니(지금은 전도사님이 되셨어요)께서 교회에 가보라고, 예수님 만나면 평안을 얻는다는 말에 마음이 움직이셨나 봅니다. 알고 보니 3년 동안 새벽 예배 가시면서 항상 저희 집 문 앞에서 기도하고 가셨답니다. 그런데 마침 앞집 아주머니가 은성교회 나가자고 하고, 3층 아주머니도 그러라고 해서 은성교회를 찾게 되었습니다.

철야 기도회 때 중풍병자들이 일어나고 걷지 못하던 사람이 걷는 것을 보며, '여기, 뭐가 있긴 있구나!' 싶어 그때부터 열심히 다니셨습니다. 교회에 다니시면서 예배란 예배는 다 참석하고, 한 번도 철야 기도를 빠진 적이 없을 정도고, 성격이 워낙 화끈하셔서 그런지 믿음 생활도 처음부터 화끈하게 하셨어요. 성가대에서 봉사하다, 매번 밥만 먹고 그냥 가는 것이 죄송해서 설거지를 돕던 것이 인연이 되어 식당에서 15년 정도 봉사를 하게 되셨습니다. 없이 살아도 워낙 퍼주는 걸 좋아하셔서 다른 사람 입에 들어가는 건데도 왜 그리 좋아하시는지, 늘 기쁜 마음으로 봉사 하셨습니다.

한월림 권사님, 김순수 권사님, 홍기인 권사님을 비롯해 많은 권사님들이 딸처럼 동생처럼 챙겨주신 덕분에 세상이 줄 수 없는 평안을 찾게 되셨고 남편과 자식들조차 줄 수 없던 것까지 채워 줄 수 있었습니다. 급기야는 최고 상궁이라는 별명까지 얻으셨습니다. 교회에서 봉사하는 것이 제일 행복하신 어머니는 우리는 눈 씻고 찾아봐도 안 보이는 일들이 어머님 눈엔 왜 그리 잘 보이는지 교회일이라면 당신 몸은 어찌 되든 그 작은 몸으로 얼마나 극성스럽게 하시는지, 저도 믿음 생활을 하지만 딸인 제가 봐도 좀 과하다 싶을 정도로 열심히 하셨습니다.

2004년 6월 27일 주일 아침.

그날도 변함없이 온 식구들이 주일학교로 교사로 식당으로 각자 맡은 곳으로 가려는데 어머님의 얼굴이 좀 피곤해 보이셨습니다. 온 식구가 모두 피곤한 시간이라 대수롭지 않게 지나쳤습니다. 11시 예배가 끝나고 여느 때와 다름없이 식당에서 밥을 먹으려고 줄을 서 있는데 주방 쪽에서 웅성웅성 하는 소리가 들리고 이상한 분위기라 들여다보니 주방 안에 방이 하나 있는데 거기 누가 누워 계셨습니다. 잘 보니 어머니였어요. 순간 아무 생각도 나질 안고 믿기지가 않았습니다. 그리고 "어머니는 웬만해선 잘 아프지도 않으신 분인데 무슨 일이지?" 하며 방으로 들어선 순간 어머님은 움직이질 못하고 온몸이 굳어 가는데 갑자기 옆에 어떤 권사님이 얼른 주무르라고 해서 손, 발을 막 주무르고 바늘로 따는데 코를 갑자기 심하게 골 길래 엄청 피곤해서 자나 보다 했었습니다.

호세길 목사님이 오셔서 기도해 주시니 갑자기 눈도 못 뜨시던 분이 "아멘"을 외치시는 거예요. 숨도 크게 내 쉬면서 코를 안 골더라고요. '이야, 이제야 살았구나!' 안도를 하는데 목사님께서 병원에 가 보라는 겁니다. 여느 때 같았으면 "괜찮다. 아멘"이러시는데 그날따라 병원에 가보라니 너무 놀란 나에게는 얘기를 안 하시고 장로님에게 구급차를 부르라고 "너무 피곤해서 그런가 보다. 영양주사나 맞으러 가자!"고 가벼운 마음으로 병원을 찾았는데 갑자기 CT 촬영을 하자는 겁니다. 어이가 없었지만 "온 김에 하자 언제 또 병원에 오겠냐?"싶어 촬영을 하고 결과를 기다리는데 '별일이야 있겠어? 과로겠지. 요 며칠 혼자 김치 담느라 피곤해서 그럴꺼야.' 하며 기다리는데 결과는 전문 용어들 사이에 '뇌지주막하출혈'.

엥? 뇌. 지. 주. 막. 하. 출. 혈? 혹시 뇌출혈?

"그게 뭐예요?" 뇌출혈은 맞는데 뇌의 꽈리가 터져 마치 피를 뇌에 분무기로 뿌려 놓은듯해서 일반적인 뇌출혈과는 격이 다르다면서 쉬운 병이 아니니 종합병원이라도 여기는 안 된다고 대학병원으로 가라고 했습니다. 대학병원 측과 연락하던 도중 갑자기 의식이 없어져 옮길 수가 없어 응급처치라고 생긴 건 다 해 본 것 같습니다. 이미 뒤에서 의사들은 가망 없다고 판정을 내렸다고 합니다. 그때 이미 대기실에서는 목사님과 전도사님을 비롯해 많은 성도님들이 기도하며 결과를 지켜보고 있었습니다. 아주 조금 의식이 돌아와 대학병원으로 옮겼습니다. 옮기던 도중에도 산소를 조금 가져와 아슬아슬하게 고비를 넘겼습니다.

대학병원으로 가니 의사들은 수술을 해보자고 워낙 수술할 부위가 쉽지 않은 곳이라 장담은 할 수 없지만 다른 방법이 없으니 결정하라고 TV에선 성공률 몇%라고 하지만 어머니는 성공률조차 장담할 수 없다고 해서 결정하기가 어려웠어요. 그렇다고 안 하면 나중에 후회할 것 같고 어렵사리 결정을 했습니다. 수술은 8시간 정도 걸리고 7시 20분부터 수술 준비에 들어갔습니다. 어머니는 눈만 크게 뜨고 있을 뿐 아무것도 움직일 수 없었는데 아마 머리를 미는 게 무서우셨나 봅니다. 수술실에 들어가기 전에 예배 준비 중이신 목사님께 급히 전화를 걸어 기도를 받은 후 어머니는 그렇게 수술실로 향하셨습니다. 어쩌면 수술실로 가는 어머니 모습이 마지막일지도 모른다는 생각이 들어 숨조차 제대로 쉴 수가 없었습니다.

예배 시간이 끝났는지 목사님께서 급히 전화를 하셔서 "어떻게 됐냐고?", "수술 중이예요"라고 했더니 괜찮을 거라고 하시면서 교인들이랑 함께 기도할 테니 염려 말라시며 80세 전에는 절대로 안 데려 가신다면서 내일 새벽에 하와이 일정이 있어서 못 갈지도 모르니 다녀와서 보자시며 전화를 끊으셨습니다.

새벽 4시 20분 수술을 마친 의사선생님이 나오시더니 수술은 잘 됐는데 꽈리는 세 군데인데 한군데만 터진 줄 알았더니 두 군데였다면서 그래도 다행히 수술은 잘됐지만 (잘못짚어 반대쪽을 했으면? 생각하기도 싫다) 더 지켜봐야 한다고 했습니다.

조금 있으니 목사님이 새벽 예배를 마치시고 공항으로 가시기 전에 잠시라도 들르시며 기도해주고 싶으신 마음에 급하게 오셨습니다. 눈시울을 적셔 가며 뜨겁게 기도를 해주시고 "괜찮다, 금방 좋아질 거야"하시며 공항으로 가셨습니다. 감사하게 옆자리가 비어 비행기를 오가시며 계속해서 기도하셨다고 합니다. (하늘하고 가까워 더 잘 들으셨나?)

매일 출근 하시다시피 하신 사모님, 전도사님, 권사님들, 집사님들, 성도님들, 기도실이 떠나가도록 매일 쉬지 않고 그렇게 많은 기도로 힘을 얻었는지 3일쯤 지났을까? 그날도 변함없이 사모님이 오셔서 면회를 하셨는데 사모님의 기도소리라도 들으셨는지 갑자기 의식이 돌아오고 사모님께 처음 한 말씀이 "목사님!"하며 목사님을 찾으셨습니다. 아마 어머니에게는 목사님과 사모님이 늘 그늘 같은 존재이기 때문에 제일 먼저 보고 싶으셨나 봅니다.

그렇게 옆에 있던 사람들을 알아보기 시작하시더니 오후 늦게는 문병 왔던 김은혜 청년한테는 발로 장난까지 치시며 여유를 부리시기도 했습니다. 그런데 문제는 그때부터 깨어있는 시간이 자꾸 줄어들면서 계속 잠만 주무시는 겁니다.

약이 독해서일까? 의사는 조심스럽게 우리를 부르며 뇌 사진 한 장을 보여줬습니다. 뇌에 물이 일정량이 들어왔다 나갔다 해야 하는데 어머니는 계속 물이 빠지지 않아 물이 뇌를 조이고 있어 의식이 없는 거라며 기계로 뇌 속에 찬 물에 퍼져있는 피를 물과 함께 조금씩 빼야 한다고 했습니다. 그러면서 다시 혼수상태. 두 주를 기다려도 별다른 진전은 없고 그저 기다려 보자고 그 방법 밖에는 아무것도 할 수 없다고 하셨습니다. 어머니의 의식이 돌아오지 않자 의사들은 어머니를 포기했고 며칠만 더 기다려 보자고 돌아가실 수 있으니 마음의 준비를 하라고 했습니다. 어머니야 돌아가시면 죽도록 충성하셨으니 천국 가시겠지만 남은 자식들에게 효도할 기회를 달라고 매일 눈물로 기도하며 어머니를 봐야 했습니다.

그러던 어느 날 사모님이 눈이 퉁퉁 부어 면회를 오셨고 시간이 아직 되지 않아 잠시 기다리는데 눈이 부은 이유를 여쭤봤더니 오시기 전에 어머니가 봉사하시던 교회 주방 바닥에 앉아 얼마나 우시며 기도하셨는지 한참 후에나 일어날 수 있으셨다고 하셨습니다.

면회 시간이 다 되어 들어갔는데 역시 사모님의 기도가 끝날 무렵 어머니가 눈을 뜨셨고 사모님이 "나, 알아보겠어?" 하니 고개를 끄덕이시면서 옆에 계시던 다른 권사님들을 차례차례 알아보시기 시작했습니다.

그동안에 하와이도 다녀오시고 다시 일본으로 가셔서 일본 집회를 마치고 돌아오신 목사님께서 심방 오시자 아이처럼 좋아하셨습니다. 그날부터 어머니의 회복은 예상 밖으로 빨라져서 일반 병실로 옮길 수 있었습니다. 기쁨도 잠시, 일반 병실로 옮긴 후, 담당 의사 선생님께서 CT 결과를 보여주며 오른쪽 뇌 기능 손실로 회복이 불가능하다며 후유증에 관해 이야기 해 주시는데 보통 뇌졸중 환자의 후유증처럼 말을 못 하시든지, 수족을 못 쓰시든지, 대소변을 못 가릴 수 있다며 엄마 같은 심한 경우는 아무리 좋아져도 후유증이 최소 한 가지 이상은 반드시 남는데 어떤 것인지 잘 모르니 보호자가 마음의 준비를 해야 한다고 했고 아직도 뇌에 물 조절이 되지 않아서 회복 경과를 봐가며 뇌에 점프 장치 수술을 해야는 얘기를 듣고 목사님께 상의를 했습니다. 목사님은 처음부터 끝까지 똑같은 말 "멀쩡할거니깐 걱정하지마, 글쎄 괜찮다니깐" 혹시나 하는 마음을 완전히 누른 말씀이셨습니다.

며칠 이후 우리 하나님께서 드디어 하나님의 능력을 눈으로 확인시켜 주셨습니다. 어머니는 언제 혼수상태였냐는 듯이 급속한 회복을 보이시며 일주일 만에 퇴원하는 기적을(7월30일) 일으키셨습니다. 물리 치료도

3번 만에 거의 모든 기능을 회복하셨습니다. 어머니의 담당의는 정상인이 되는 것을 포기하고 모든 사람들 앞에서 불가능을 이야기했지만 역전의 명수 우리 하나님께서는 통쾌하게 온 성도와 병원의 환자들, 의사를 놀라게 하셨고 제일 놀라운 것은 물리치료사였습니다. 병원에 있는 내내 가족인 저보다도 더 많이 기도 해 주신 목사님과 사모님께 무한한 감사를 드립니다. 얼마나 많은 사랑을 받았는지……, 하나님께서는 어머니의 외로운 일생을 보상이라도 해 주듯이 비록 병상에 계셨지만 끊임없는 온 교회의 사랑과 기도로 그 외로운 일생이 충분히 보상되셨으리라 믿습니다. 발병 후 10개월이 지난 지금 어머니는 뇌수술을 하고 회복중인 환자라고는 보이지 않을 정도로 건강하시고 이제 다시 봉사하시는 것을 시작하셨습니다.

저희 교회는 매주 토요일 노인들에게 무료 국수 봉사를 하고 있는데 그곳에 오시면 저희 어머니 강봉선 권사님을 만나실 수 있습니다. 여러분! 충성은 무조건 하고 볼 일이더라고요.

덕분에 우리 어머니는 살아있는 하나님의 흔적이 되셨습니다.

무조건 충성!! 아~~~~멘

# 37. 복에 복을 더하시고

역대상 4장 9-10절

본문에 나오는 사람은 믿음의 사람 야베스입니다. 그는 그 이름 자체가 '슬픔' 과 '비극' 이라는 뜻을 가진 사람입니다. 그 이름이 말하듯이 자식을 낳을 때부터 인생의 깊은 아픔과 고통을 느끼면서 마치 운명같이 어렵고 힘들게 산 사람이 바로 야베스입니다. 성경에서는 이름은 분명 어머니가 지어준 이름이라고 말씀합니다. 야베스는 아버지가 아닌 어머니가 자신의 이름을 지어 줄 정도로 불우한 환경에서 태어난 사람입니다. 그러나 야베스는 운명적인 자신의 이름과 그 어려움과 고통에서 벗어나 하나님께 큰 복을 구하여 복에 복을 더하여 받는 축복의 사람이 됩니다. 그래서 오늘은 야베스의 기도를 함께 살펴보면서 은혜를 나누고자 합니다. 야베스처럼 고통과 근심에서 벗어난 복에 복을 더하는 하나님의 큰 축복이 넘치시기를 예수님의 이름으로 축원합니다. 오늘 야배스의 기도의 내용을 살펴보면,

**1. 복에 복을 더해 달라는 기도였습니다.**

비록 야베스가 어렵고 고통스러운 삶을 살았지만, 그는 낙망하거나 좌절하지 않고 하나님께 나와 기도한 사람입니다. 야베스가 한 기도는 야베스의 운명을 근본적으로 바꾸어 버렸습니다. 기도는 야베스의 운명만 변화시키는 것이 아니라 저와 여러분의 환경과 여건도 변화시키는 줄 믿으시기 바랍니다.

야베스가 하나님께 기도할 때 작은 복에서 큰 복을, 육신의 복에서 신령한 복을, 현재의 복에서 내일의 복을, 지금의 복에서 영원까지의 복을 하나님께 구했습니다. 우리 성도들의 문제가 무엇입니까? 어렵고 힘든

문제를 만나면 입술에서 원망과 불평이 일고 다른 사람에게 탓을 돌립니다. 심지어 죽은 조상까지 탓합니다. 야베스처럼 하나님께 기도하는 여러분들이 되시기를 바랍니다. 여러분들도 기도하되 복에 복을 더하여 달라고 간절히 기도하시기를 바랍니다.

### 2. 지경을 넓혀 달라는 기도였습니다.

사랑하는 성도 여러분! 야베스가 하나님께 기도할 때 그는 자신의 지경을 넓혀 달라고 기도했습니다. 여러분들도 지경을 넓혀 달라고 주님께 기도하시기 바랍니다. 우리 청주은성교회가 오늘 날 이렇게 웅장하고 아름다운 성전을 지을 수 있었던 이유는 목사인 저도 그렇게 기도했고 우리 온 성도들이 지경을 넓혀 달라는 기도를 하나님께 드렸기 때문입니다. 또한 지경에는 마음의 지경도 있습니다. 여러분들의 마음이 넓혀지시기를 바랍니다. 여러분의 장막 터의 지경도, 여러분들의 활동의 영역도 넓혀져서 하나님의 형통한 축복을 받아 누리시기를 축원합니다.

### 3. 환난을 벗어나 근심을 없게 해 달라는 기도였습니다.

오늘 본문 10절을 보면, 야베스가 하나님께 기도할 때 환난을 벗어나 근심이 없게 해 달라고 기도합니다. 이 세상에 사는 사람치고 문제가 없거나 환란이나 고통이 없는 사람이 있겠습니까? 환란은 크게 육신의 환란도 있습니다. 하루아침에 질병이나 사고로 수많은 사람들이 고통을 당합니다. 환난을 당합니다. 이 환란은 각 개인에게 올 수도 있고 여러분의 가정에 임할 수도, 우리 교회에, 또는 이 나라와 이 민족에게 임할 수도 있습니다. 문제는 환란과 어려움을 당하는 것이 중요한 것이 아니라 그 환란과 근심 가운데서 벗어나는 것이 더 중요합니다. 그 환란에서 벗어나는 유일한 길이 바로 하나님께 기도하는 일입니다. 사랑하는 성도여러분! 하나님께서는 야베스의 기도를 들어주시고 응답해 주셨습니다. 그 응답, 즉 기도의 결과는 무엇입니까? 기도의 응답자 되신 주님으로부터 허락하심을 받은 기도였다는 것입니다. 여러분들이 하나님께 어떤 기도를 드리든지 반드시 응답하십니다. 그렇기 때문에 기도는 공짜가 없습니다. 넓은 지경을 가지신 주님으로부터 넓은 지경을 받는 축복과 행복의 근원이 되신 주님으로부터 행복을 받는 축복을 야베스는 누리게 되었습니다. 그래서 그들 형제들 가운데도 본문 9절 말씀처럼 "가장 존귀한 자"라는 칭호를 받게 되었던 것입니다. 저와 여러분 모두 야베스처럼 기도하는 사람들이 되시기를 바랍니다. 기도에는 슬픔을 행복으로 바꾸는 능력과 힘이 숨어있습니다. 또 기도는 고난 속에서 하나님의 도움을 얻는 비결입니다. 기도는 모든 문제를 푸는 만사형통의 만능열쇠입니다.

야베스의 기도처럼 여러분들도 행복을 대망하는 기도의 감격, 소망, 꿈, 믿음 그리고 축복을 갈망하는 그리스도인으로서의 신앙의 욕심이 있어야 합니다. 우리 주님은 말씀하십니다. "너희가 내 이름으로 무엇을 구하든지 내가 시행하리라."(요14:13) 또 "무엇이든지 원하는 대로 구하라, 그리하면 이루리라."(요15:7) 이 말씀을 부여잡고 기도하여 야베스처럼 축복의 사람이 다 되시기를 예수님의 이름으로 축원합니다.

# 수렁에서 건져주신 하나님

## 신명옥 권사

저의 집은 어려서부터 시골에서는 제법 잘 사는 집이었습니다. 여름이면 이집 저집 쌀도 나눠주고 동네 할머니 할아버지들이 저녁마다 모이시고 아버지께서는 그분들에게 책을 읽어 드리고 엄마는 밤참을 만들어 대접해 드리곤 했습니다. 그런데 문제는 아들이 없다는 것입니다. 엄마가 아들을 낳으면 죽고 딸은 살았습니다. 그러다보니 아버지께서 술과 노름으로 재산을 탕진하면서 저는 친척집에서 학교를 다니게 되었습니다. 그러면서 친구 따라 교회를 다니게 되었고 학생, 청년 시절을 보내며 지금의 남편을 만나서 결혼도 하게 되었습니다.

문제는 믿지 않는 가정이라 교회 다니고 싶어도 다니기가 무척 힘들어하고 있을 때 하나님께 기도하는 중 청주에 방을 얻게 되었고 86년도 청주은성교회를 소개받고 철야기도 시간에 구경 왔다가 목사님 안수기도 시간에 방언의 은사를 받았습니다. 은성교회에서 성령의 강한 체험을 한 후에 신앙생활이 달라지기 시작했고 모든 핍박하는 것들이 두렵지 않았고 담대함을 주신 주님께서 저를 날마다 인도 해주셨습니다. 은성교회에 와서 목사님 설교 말씀과 강하게 역사하는 성령 하나님을 체험하게 되면서 제 몸의 질병들이 떠나고 인생의 문제들이 한 가지 한 가지 해결되는 역사가 일어났습니다.

그 중에 시댁에서 교회를 못 다니게 해서 그런지 제게는 다른 사람들보다 아픈 곳도 많았습니다. 특히 눈과 귀가 많이 아팠고, 가슴이 답답하고 숨이 막히는 것 같았던 여러 질병들을 갖고 있었습니다. 그런 문제들이 기도하면서 해결 받았고, 또 병원을 다녀도 효과를 보지 못하던 것들조차도 목사님의 안수기도로 깨끗이 고침을 받았습니다.

그리고 아이들이 아프면 업고 와서 새벽에 성전에 뉘기만 해도 치료를 받는 것이었습니다. 전문적인 기술이 없던 남편은 성령 받은 후 하나님이 너무 좋아 열심히 교회를 다녔는데 하나님께선 그런 제 남편에게 정식직원(공무원)으로 채용이 될 수 있게 길도 열어주셨습니다.

그리고 시댁에서 집도 사주신다고 했는데 진천 혹은 증평에다 사신다기에 교회가 멀어 걱정스러웠습니다. 목사님께 말씀드렸더니 "기도합시다" 하셨고, 그 기도로 말미암아 사창동에 집을 사게 되었고 또 한 채를 사서는 우리 앞으로 해주셨습니다. 그리고 그 집을 살 때도 싸게 살 수 있도록 인도 해주셨습니다. 제 인생에서 청주은성교회는 축복의 제단, 은혜의 제단, 권능의 제단입니다. 혹 여러분 가운데 각종 문제와 질병으로 고통 중에 있는 분이 계십니까? 우리 하나님만 믿으면 해결 받고 치료받고 축복받습니다. 청주은성교회로 지금 오시기 바랍니다.

특별히 우리 목사님께서 직접 인도하신 자체 부흥회를 통하여 그동안 침체 되었던 믿음이 살아나는 것을 느꼈고 속이 너무 아파 내시경을 받아보려고 했는데 깨끗이 치료받았습니다. 머리는 가끔 아팠는데 저녁 집회 끝나고 기도하는 중에 머리 한 부분이 '띵' 하더니 아파서 집에서 뒤척이다 교회 가서 기도하는 중에 깨끗이 치료받았습니다. 그리고 간절한 기도가 살아났습니다.

저는 새벽기도를 사랑합니다. 다른 시간보다 새벽에 주님께서 나와 함께 하심을 많이 느낍니다. 저의 남은 인생 부족하지만 주님 앞에 드려지는 삶이 되기를 바랍니다. 제 소원은 제가 만났던 예수님을 많은 사람들에게 전하기를 원합니다. 받은 은혜가 너무 많지만 이만 말을 가름할까 합니다.

좋은 교회 우리 청주은성교회 만나고 훌륭하신 목사님과 사모님을 만나게 인도하신 하나님께 진심으로 감사드립니다.

# 38. 의인 욥이 당한 시험

욥기 1장 13-22절

욥기 1장에 보면, 우스 땅에 욥이라는 하는 이름을 가진 사람이 있었습니다. 그 사람은 순전하고 정직하여 하나님을 경외하며 악에서 떠난 사람이었습니다. 요즘 표현으로 욥은 하나님을 온전히 잘 섬기는 참 믿음의 사람이었습니다. 욥은 하나님께서도 인정했던 경건한 사람이었습니다.

그러나 그러한 욥에게 간교한 사단의 악의에 의한 시험이 있었습니다. 하루아침에 욥의 종들이 죽임을 당하고, 욥의 소유인 양과 약대가 약탈을 당하고, 태풍으로 인하여 욥의 열 자녀들이 한 순간에 목숨을 잃게 됩니다. 저와 여러분이 욥과 입장을 바꾸어 보시기를 바랍니다. 오늘 욥이 당하는 그 고통과 환란이 저와 여러분에게 주는 영적인 교훈이 무엇이겠습니까? 우리에게 주어진 인생 가운데 만나는 고통의 문제를 직면했을 때 저와 여러분 모두는 '욥' 처럼 하나님께 범죄 하지 말고 하나님을 믿는 믿음으로 승리하시기를 바랍니다.

### 1. 욥은 하나님을 온전히 경외한 믿음의 사람이었습니다.

욥기 1장에 보면 우스 땅에 사는 욥이란 사람의 신앙과 성품과 그가 가진 부유함을 자세히 설명하고 있습니다. 욥기 1장 3절에 보면 그를 "동방 사람 중에서도 가장 큰 자라"고 소개하고 있습니다. 더 중요한 것은 욥은 부자로 소문났을 뿐만 아니라 하나님께서 인정하고 사단이 시기할 정도로 순전하고 악에서 떠난 자입니다. 자녀들의 생일을 맞이하여 잔치를 치루고 그 날이 지나면 자식들이 하나님께 범죄 하지 않았나하여 자녀들의 명수대로 번제를 드릴 정도로 하나님을 철저하게 섬겼습니다.

욥은 그의 성품이 온전하듯 하나님을 섬기는 경외심도 특출하여 그 어느 누구도 흠을 잡을 수가 없었던 인물입니다. 저와 여러분의 믿음도 욥과 같아야 합니다. 하나님께 인정을 받아야 합니다. 욥은 재산으로도 동방에서 가장 큰 자였으며 그의 생활은 부유함의 극치였음에도 불구하고 자녀들을 위해 스스로 번제 제사를 드렸던 위인입니다. 여러분들도 욥의 경건한 신앙을 소유하시기를 바랍니다.

### 2. 사단은 욥을 시기하여 하나님께 시험을 제안하였습니다.

욥기 1장과 2장에 보면, 이에 하나님의 허락을 받은 사단을 욥을 시험하기 시작하였습니다. 왜냐하면 하나님 여호와께서도 칭찬하시는 욥을 사단이 시기와 질투를 하였기 때문입니다. 사단은 단계별로 욥이 가장 아끼는 것들을 빼앗아 갑니다. 사단은 하나님께 욥기 1장 11절에서 "이제 주의 손을 펴서 그의 모든 소유물을 치소서 그리하시면 정녕 주를 대면하여 욕 하리이다." 하나님께 허락을 받은 사단은 칼과, 번개, 약탈로, 태풍으로 몰아쳐서 욥의 모든 소유와 자녀들을 칩니다. 욥은 정신없이 고통과 환란을 당하면서도 믿음을 잃지 않고 하나님께 범죄 하지 않습니다. 사단은 성도가 잘 되는 꼴을 보지 못합니다. 그러므로 우리 성도들은 원수 사단 마귀와 대적해야 합니다. 예수의 이름으로 사단을 단호하게 물리치시기를 바랍니다.

### 3. 욥은 사단의 어떠한 시험에서도 범죄 하지 않았습니다.

오늘 사단의 시험으로 자녀들이 한 순간에 죽었다는 비보를 전달하는 종들의 말이 끝나자 욥은 일어나 겉옷을 찢고 머리털을 밀고 땅에 엎드려 하나님을 경배하며 위대한 신앙고백을 하였습니다. 욥기 1장 21절에서 "가로되 내가 모태에서 적신이 나왔사온즉 또한 적신이 그리로 돌아가올지라 주신자도 여호와시오 거두신 자도 여호와시오니 여호와의 이름이 찬송을 받으실지니이다."라고 고백합니다. 바로 욥의 위대한 신앙의 진면목을 보여 주는 장면입니다. 욥은 사단의 어떠한 시험에도 하나님께 범죄 하지 않았습니다. 그래서 본문 22절 "이 모든 일에 욥이 범죄하지 아니하고 하나님을 향하여 어리석게 원망하지 아니하니라" 욥은 입술로 원망하거나 불평하지 않았습니다. 온전히 하나님을 경외함으로 죄 짓는 일을 예방하였고 하나님을 향하여 어리석게 원망하지 아니하였습니다.

사랑하는 성도 여러분! 욥과 여러분을 비교한다면 우리들은 아주 작은 시험이나 환란만 만나도 입술로 하나님께 원망하고 불평할 때가 얼마나 많습니까? 원망하고 불평하는 부정적인 말이 곧 하나님께 죄를 짓는 범죄행위입니다. 오늘 욥을 보시기 바랍니다. 욥은 우리보다 몇 갑절 어렵고 힘든 고통과 시험을 당했어도 입술로 범죄 하지 않았습니다. 저와 여러분들이 인생을 살 때 환란도 어려움도 시험도 만났을 수 있습니다. 그 때 욥처럼 주신 이도 거두시는 이도 하나님이라는 하나님의 절대 주권을 인정하시기 바랍니다. 그리고 입술로 원망과 불평하여 죄 짓지 말고 도리어 입술로 여호와의 이름을 찬송하시기 바랍니다. 바로 이 방법이 여러분들이 시험과 환란에서 벗어나는 길입니다. 하나님께서는 욥기 42장 10절에서 "욥의 곤경을 돌이키시고 욥에게 그전 소유보다 갑절이나 주신지라" 욥의 곤경을 돌이키신 하나님이십니다. 욥이 받은 축복이 여러분들의 축복이 되시기를 예수의 이름으로 축원합니다.

간증

## 간절한 기도를 들어주신 나의 주님

### 김미현 집사

교회에 다닌 지 벌써 15년이 되었어도 저는 말 그대로 교회에 출석하러 다녔습니다. 하지만 자체 부흥성회를 통하여 고침 받고 하나님이 확실히 살아 계심을 체험했기에 아직도 하나님의 살아계심을 믿지 못하는 분들께 증거 하고자 합니다.

저는 가끔씩 코가 조금씩 막히면서 호흡하기가 곤란하여 일반 내과병원을 찾아갔더니 단순한 염증이라면서 약을 처방받았습니다. 약을 복용해도 시간이 흐를수록 점점 더 답답해지더군요. 그래서 전문 이비인후과를 찾았더니 '큰 병원으로 가서 검사해보라' 는 소리에 덜컥 겁이 났습니다. 그 길로 청주 성모병원을 찾았습니다. 10일 정도 걸리는 조직검사를 받고 결과가 후각 신경으로 인한 일종의 뇌종양으로 판정받았습니다. 뇌종양이란 진단과 함께 신경외과의 전문의로부터 '가볍게 생각해선 안된다' 라는 말에 또 한번 가슴이 덜컥 내려앉았습니다.

신경외과에 입원해서 CT, MRI, 신경조형술 등 여러 가지 검사결과, '뇌 속으로는 침투하지 않았다는 다행스러운 결과가 나왔다' 는 말을 듣고 외과 수술보다는 원자력 병원으로 옮겨 좀 더 나은 곳에서 치료 받을 수 있도록 조치를 취해 주셨습니다. 원자력병원에 가니 바로 방사선 치료에 들어가는 것이 아니라 약 20일 정도 기다려야 한다는 것이었습니다.

저는 결심했습니다. 이제는 하나님께 매달릴 수밖에 없다고 다짐했습니다. 새벽예배서부터 9시 기도까지 참석하면서 간절히 기도했습니다.

그 기도는 수술하지 않고도 나을 수 있도록, 치유해 달라고 눈물 흘려가며 기도했습니다. 목사님과 사모님을 통해 날마다 안수기도를 받고, 시누이인 박순자 권사님을 통해서 교회 온 성도님들이 저의 병을 위하여 중보기도에 들어갔습니다.

목사님께서 기도원에서 응답받으신 말씀을 붙잡고 더욱더 저는 매달렸습니다. 사랑하는 성도들을 위해 질병으로 고통받고 어려운 문제 해결 받으라고 자체 부흥집회를 열어주신 목사님을 생각할 때 바로 저를 위한 집회라고 생각했습니다.

수술받기 위해 남은 일주일을 남편과 함께 하나님 앞에 순종하기로 했습니다. 나의 중심을 보고 계신 주님께서 반드시 축복의 길을 열어 주시리라는 믿음으로 담대하게 나갔습니다. 새벽마다 일어나기 힘들어 할 때도 남편이 먼저 일어나 서둘러 하나님 전으로 날마다 인도했습니다.

예배시간 시간마다 단에서 목사님을 통해 선포되는 하나님의 말씀이 다 나를 위한 채찍의 말씀으로 들려오고 회개의 눈물도 많이 흘렸습니다. 기도 할 때마다 눈, 코, 입을 통해서 흘러나오는 액체가 코에 생긴 종양이 분산되어 나오는 것이라 믿었습니다. 기도할 때 많이 나올수록 통증이 덜해졌고 기도가 안 될 때는 통증으로 인해 많이 고통스럽고 힘이 들었습니다. 드디어 4일째 되던 날, 방언을 아직 못 받은 사람은 앞으로 나오라는 목사님의 말씀을 듣자 '그래 방언을 받으면 질병도 치유된다.'는 믿음으로 앞으로 나갔습니다.

그때는 남편도 함께 간절한 맘으로 기도했지만, 방언의 은사는 남편만 받았습니다. 감사의 기쁨도 넘치면서 마음 한구석에는 '하나님이 날 사랑하지 않으시나? 왜 고통만 주실까?' 하는 원망의 마음도 잠시 들었습니다.

다음날 새벽에도 간절히 부르짖어 기도했지만 역시 받지 못했습니다. 그러나 지금까지의 삶이 회개가 되고 사명 감당 못한 것이 또 눈물이 되어 기도가 되었습니다. 다음날 금요 철야 예배 때 이제는 "내 뜻이 아닌 주님 뜻대로 하소서"하면서 기도했을 때 저에게 방언의 은사도 주시고 입신을 통해 하나님의 음성도 듣게 해주시는 큰 은혜를 제게 주셨습니다. 그 후로 심하게 아팠던 두통도 사라지고 코에서 흘러나오던 진물도 서서히 줄어드는 것을 느꼈습니다. 입원을하고 수술받기 전날 밤에도 간절히 하나님께 기도했습니다. 기도 중에 빛이 나에게 들어오면서 뇌 속을 스쳐 지나는 무언가를 느꼈습니다. 그날 밤 콧속에서 유난히 많은 물이 나오고 뇌수술을 해야 한다는 것도 코 내시경을 통해 뇌에는 손대지 않는 수술을 허락하셨습니다.

우리는 하나님의 자녀이기에 건강이나 물질의 문제를 가지고 기도하면 반드시 그 기도에 응답하신다는 것을 깨달았고 그러므로 우리는 하나님의 품을 떠나서는 살 수 없다는 것도 알게 되었습니다.

사람 힘으로 도저히 불가능한 것도 항상 깨어 기도하고 범사에 감사하면서 우리가 주님 안에 있을 때 하나님께서는 우리가 생각지 않은 것까지 벌써 아시고 축복의 길을 예비해 놓는다는 사실을 저는 분명하게 깨달았습니다.

# 39. 변하여 새 사람이 되자

에베소서 4장 22-24절

'변하여 새 사람이 되자' 라는 제목으로 함께 은혜를 나누고자 합니다. 우리 그리스도인들은 예수님을 믿으면 내적인 변화가 있어야 합니다. 우리를 이끌어가는 힘이 변화가 되어야 합니다. 그 전에는 나의 욕심이 이끌어 갔지만, 이제는 예수님의 십자가가 나를 이끌어 가야 합니다. 하나님의 말씀이 나를 이끌어 가야 합니다. 우리는 변하여 새사람이 되어야 합니다.

예수 믿고 변화 받지 못하면 소용없습니다. 옛것을, 지난날의 나의 못된 습관과 행실을 가지고 교회에 왔다갔다 하면 사람들이 욕합니다. 예수 믿는 사람은 다른 것이 있어야 합니다. 예수를 믿는 사람들은 어떻게 해야 하겠습니까?

## 1. 옛 습관을 버려야 합니다.

예수 믿는 사람들이 세상의 빛이 되고 소금이 되려면 온전히 변하여 새사람이 되어야 합니다. "너희는 유혹의 욕심을 따라 썩어져 가는 구습을 좇는 옛사람을 벗어버리라"(엡4:22) 지나간 과거의 것을 아무리 자랑해 봐야 소용이 없습니다. 과거가 중요한 것이 아니라 현재가 중요합니다. 지난날 믿음이 좋았어도 지금 믿음이 없으면 그것은 소용이 없습니다. 지난날에는 주님과 바른 관계였어도 지금 떨어져 있으면 아무 소용이 없습니다.

주님께서 요한복음 3장 5절에 말씀하시기를 "진실로, 진실로 네게 이르노니 사람이 물과 성령으로 거듭나지 아니하면 하나님 나라에 들어갈 수 없느니라" 거듭난다는 것은 변화를 받는다는 것입니다. 세상에서 변화되는 것이 아니라 예수 안에서 변화 받아야 합니다. 여러분들이 주 안에서 가정생활, 직장생활, 사업에 임하는 태도의 변화가 있고, 교회에 봉사하는데 열심을 갖는 사람들이 변화 받은 것입니다. 오직 심령으로 새롭게 되어 오늘 말씀을 듣는 순간 변화되는 역사가 있기를 바랍니다.

### 2. 성령을 받아야 합니다.

본문 24절에 보면 하나님을 따라 의와 진리의 거룩함으로 지으심을 받은 새사람이 되라고 말씀하십니다. 오직 성령을 받아야 새사람이 된다는 것입니다. 에베소서 5장 18절에 "술 취하지 말라 이는 방탕한 것이니 오직 성령의 충만을 받으라."고 말씀합니다. 우리 모두 성령 충만 받으면 우리의 삶에 변화가 옵니다. 우리의 가정에 변화가 옵니다. 예수 믿고 성령의 충만을 받아 새사람이 되면 범사가 잘 됩니다. 온전히 가는 곳곳마다 축복을 받습니다. 새사람으로 거듭나면 남에게 유익을 줍니다. 또 성령의 충만을 받아야 주님께 쉬이 쓰이는 그릇이 됩니다. 우리가 성령의 용광로에 들어가야 강퍅한 마음이 녹아지기 시작하고 교만한 마음이 녹아지는 것입니다. 자아가 깨지고 원망, 불평이 녹아지고 악한 마음이 깨지는 겁니다. 변화 받지 못하고 성령 받지 못하면 새 그릇이 될 수 없습니다.

예수님의 제자들도 성령의 충만함을 받기 전에는 예수님을 모른다고 부인하기도 했고 베드로도 나왔고, 예수님을 판 사람도 있었고, 예수님을 보여줘도 믿지 못하는 사람도 있었습니다. 그러나 오순절 마가 다락방 성령의 용광로에 120문도가 들어갔더니 성령을 충만하게 받는 순간 그들은 자아가 깨지고 교만이 깨지고 불순종이 녹아져서 아름다운 새 그릇이 되었습니다. 거듭났습니다. 성령의 충만을 받으니 생명을 내놓고 복음을 전하는 자들이 되었습니다. 어떤 환란이 와도 승리하는 자들이 되었습니다. 성령의 용광로에 들어갔다가 나아오니 완전히 새로운 사람으로 변한 것입니다.

### 3. 복 없는 자가 복 있는 자가 됩니다.

신명기 28장 1절에서 4절까지와 12절에서 14절까지의 말씀에도 순종하는 자에게 복을 주신다 하셨습니다. 불순종은 저주입니다. 모세가 호렙산에서 십계명을 받아 내려왔을 때도 이들이 하나님 앞에 기도하고 있는 것이 아니라 자기의 금팔찌, 금목걸이를 다 녹여 금송아지를 만들어 우상을 숭배하였습니다. 이 같이 하나님을 대적하는 자, 불순종하는 자들 위에, 하나님의 진노가 임하여 수많은 사람이 죽었습니다. 우리는 속사람이 변화되어야 순종합니다. 그래야 하나님이 그 위에 역사하십니다.

변하여 새사람이 되면 부정적인 사람이 긍정적인 사람으로 변화됩니다. 도마는 부정적인 사람이었습니다. 이런 부정적인 사람이 오순절 성령의 용광로에 들어가 긍정적인 사람이 되었습니다. 기도도 성령 안에서 기도해야 기도 소리가 큽니다. 성령 충만해야 질병이 떠나가고 더러운 악귀가 떠나가는 역사가 일어납니다. 그러므로 우리 모두 성령으로 거듭나야 합니다.

사랑하는 성도 여러분! 고기 잡던 어부였던 베드로가 오순절 마가 다락방에서 성령의 충만함을 받아 변화 되니 사람 낚는 어부가 되었던 것입니다. 그리고 모든 사람의 존경을 받게 되었고 귀신을 내좇는 능력과, 병자를 고치는 능력까지 얻게 되었습니다. 가는 곳곳마다 병자들이 몰려오고, 심지어 베드로의 그림자만 지나가도 병이 낫는 역사가 있었습니다. 그런 축복이 은성교회 온 성도들에게 임하시기를 축원합니다.

# 누구도 고칠 수 없는 병을 치료하신 하나님

## 이순덕 성도

칠십 평생을 병마와 싸워 온 인생인데 '교회가면 병도 낫고 복도 받는다' 는 동네 사람의 권유로 난생 처음 교회 문턱을 넘어 청주은성교회에 나오게 되었습니다. 낯설기만 한 교회였지만 제겐 가슴 깊은 곳에서 기쁨이 넘쳐나고 날이 갈수록 교회 가는 날이 즐거워졌습니다. 심장병과 우울증까지 겹쳐 지병인 정신분열 증세까지 있는 저에게 일단 집에서 나와 갈 곳이 있다는 것이 기뻤고, 교회 여러 사람들이 보잘것없는 저에게 관심을 보여 주며 보살펴 주는 그 모습이 꽁꽁 얼었던 내 마음을 녹여 주었습니다.

그동안 교회라면 펄쩍 뛰던 남편도 늙고 병에 찌든 제가 불쌍해 보였든지 교회 가는 것만은 허락했습니다. 그러나 좋기만 한 것은 아니었습니다. 어느 날부터 교회만 다녀오면 더 우울해지고 이상한 소리도 들리고 처음에는 즐겁던 교회가 가기가 두렵고 저는 다시 사람들을 피하게 되었습니다. 동네 사람들은 마침내 '예수 귀신이 붙어 더 나빠졌다' 며 손가락질을 하고 저를 볼 때마다 혀를 찼습니다. 그러나 저를 전도한 동네 젊은이와 구역장의 끊임없는 심방과 수고에 계속 교회에 다니게 되었습니다. 교회 나가면서 당회장 목사님의 안수기도를 받았고, 틈틈이 부목사님과 전도사님과 조장님들 그리고 구역 식구들과 날이면 날마다 함께 예배를 드렸습니다. 교회를 달가워하지 않는 동네 사람들은 무슨 구경거리라도 생긴 듯 높은 지대나 꼭대기에서 저희들이 예배드리는 모습을 쳐다보기도 했습니다. 그러나 저는 그들을 의식하지도 않았고 모든 것을 살아계신 하나님께 맡기기로 하고 온전히 하나님만 바라보겠다고 결심했습니다. 저를 이상하게 보던 동네 사람들이 오히려 제게는 그들이 더 불쌍해 보였습니다.

정월이면 어김없이 써 붙였던 우상도 부적도 모두 내다 버리고 태워 버렸습니다. 그때부터 하나님께서 저도 모르게 서서히 몸에 생기가 돌게 하시고 건강을 찾게 하셨습니다. 먼저는 평화가 제 마음에 찾아오면서 기분이 좋아졌고 아프던 몸도 고통도 없이 사라졌으며 멍멍하면서 헛소리까지 하던 내 모습은 싹 사라졌습니다. 지금도 동네 사람들은 저를 보고 "이 사람은 혼 나간 사람 같더니 이제는 건강해졌다."라고 말합니다. 저는 그들에게 "하나님이 고쳐주셨어요"라고 자신 있게 말합니다. 전에는 경로당 조차 몸이 약해 출입하지 못하던 제가 건강하게 걸어가서 도리어 동네 사람들에게도 "하나님이 내 병 고쳐줬으니 같이 교회 나가보자"라고 자신 있게 권면을 합니다.

저의 고질병이 깨끗하게 치유 받은 것을 지켜 본 남편도 비록 휠체어를 타고 교회에 나가지만 주일날 예배드리는 것이 저희 노부부에게는 손꼽아 기다리는 유일한 낙이 되어버렸습니다.

여러분 가운데 저처럼 병으로 고생하면서 아직도 하나님을 만나지 못한 분이 계시다면 어서 속히 하나님께 나오시기를 바랍니다. 그리고 하나님께 도와 달라고 기도하시기 바랍니다. 더 많은 사람들이 저처럼 하나님께 도움을 받아 남은 인생을 즐겁고 행복하게 사시기를 바랍니다.

# 40. 주 안에서 살자

요한복음 15장 5-8절

'주 안에서 살자' 라는 제목으로 함께 은혜를 나누고자 합니다. "주 안에서 사는 자 내가 너 안에 거하고 너희가 내 안에서 거하면 너희는 무엇이든지 구하라 그러면 행하리라" 요한복음 14장 14절 말씀에 "내 이름으로 무엇이든지 내게 구하면 내가 행하리라"라고 주님께서는 구하는 것을 다 주시겠다고 말씀하셨습니다. 주 안에 있는 사람들은 어떤 복을 받습니까?

## 1. 기도에 응답이 있습니다.

예수님은 포도나무 비유를 통하여 우리를 가르치고 있습니다. 요한복음 15장 5절 말씀에 "나는 포도나무요 너희는 가지니 저가 내 안에, 내가 저 안에 있으면 이 사람은 과실을 많이 맺나니 나를 떠나서는 너희가 아무것도 할 수 없음이라" 우리는 주 안에 살 때 근심, 걱정이 없습니다. 주 안에 살 때 기도응답도 받습니다. 주 밖에 있으면 아무리 기도를 해도 응답이 없습니다. 우리들이 즐겨 부르는 찬송가 455장에 "주 안에 있는 나에게 딴 근심 있으랴" 하는 가사처럼 염려, 근심, 질고, 고통 속에 살고 있지만 주 안에 살기만 하면 우리 마음이 기쁘고 편안해지며 고통도 환란도 떠나가는 줄 믿습니다.

바로 베드로가 성령이 충만하여 주 안에 사니 그 때에 능력과 권능이 나타났습니다. 9시 기도하러 갈 때 앉은뱅이를 일으킵니다. 내 안에 계신 주님께서 분명코 저를 일으키리라 하는 확실한 믿음이 있었기에 앉은뱅이 된 자에게 "은과 금은 내게 없거니와 내게 있는 것 네게 주노니 곧 나사렛 예수 그리스도의 이름으로 걸으라."(행3:6)할 때에 주 예수의 이름으로 일어났습니다. 베드로가 가는 곳곳마다 놀라운 이적과 기사가 일어납니다. 그의 몸을 성전 삼고 계신 주님이 그 안에 거하기 때문에 이적과 기사가 일어난 것입니다.

또한 베드로가 죽은 다비다를 향하여 기도 하였더니 살아나는 역사가 일어났습니다. 베드로의 힘과 능력이 아니라 베드로 안에 계시는 주님이 역사하신 것입니다. 베드로가 주 안에 있으므로 무엇을 구하든지 주께서 행하셨습니다. 야베스가 기도할 때 하나님은 야베스에게 분명코 응답해 주셨습니다. 그가 주 안에 있었기 때문입니다. 야베스가 주 안에 있으면서 기도하니 응답해 주신 것입니다. 환란도, 근심도, 걱정도, 가난도, 부귀도, 생명도 주님께 있는 것을 확실히 믿는 것은 우리가 주 안에 살 때 믿어지는 것입니다. 저와 여러분은 주를 떠나서는 아무 것도 할 수 없습니다. 사람이 주님 안에 있지 아니하면 가지처럼 밖에 버려진다는 사실 꼭 기억하시기 바랍니다.

### 2. 열매를 많이 맺습니다.

포도나무 가지에 열매를 맺으려면 가지가 포도나무 원줄기에 붙어있어야 합니다. 가지는 열매를 맺을 능력이 없습니다. 포도나무로부터 공급되어지는 영양분을 공급 받아야 포도 열매를 맺을 수 있는 것입니다.

옛날 주님의 제자들도 주님이 가는 곳곳마다 이적과 기사를 행하는 것을 다 보았지만, 병도 고치지 못하였고 귀신도 쫓아 내지 못했습니다. 그러다 주님이 말씀하신 그 보혜사 성령이 예수님 제자들에게 임할 때에 놀라운 역사가 임했습니다. 오순절 마가다락방에서 약속하신 성령을 주께서 보내시니 성령이 그 제자들에게 임하여 그 몸을 성전 삼아 함께 계셨습니다. 그들이 가는 곳곳마다 많은 열매가 맺혀지기 시작했습니다. 복음을 전하는데 제사장 앞에서도 전하게 되었습니다. 수 많은 사람들에게 복음을 전할 때에 하루에 삼천 명씩 회개하고 돌아왔습니다. 이처럼 주님이 내 안에 오실 때에 역사가 이루어지는 것입니다.

### 3. 천국을 소유합니다.

본문 6절 말씀에 보면 "사람이 내 안에 거하지 아니하면 가지처럼 밖에 버리어 말라지나니 사람들이 이것을 모아다가 불에 던져 사르니라." 라고 말씀하십니다. 주님이 내 안에 있지 않고 내가 주 안에 있지 아니하면, 포도나무의 가지가 잘라 버려지는 것처럼 버려진다는 것입니다. 사람들이 그 가지를 불에 넣습니다. 영적으로 보면 마지막 때에 주 밖에 있는 자는 지옥의 불을 면치 못합니다. 주 안에서 사는 이들이 천국 백성의 특권을 누리는 것입니다.

"나더러 주여! 주여! 하는 자마다 천국에 다 들어갈 것이 아니요 다만 하늘에 계신 내 아버지의 뜻대로 행하는 자라야 들어가리라"(마7:21) 그러므로 우리들도 주님께 붙어있기만 하면 천국은 우리들의 것입니다.

사랑하는 성도 여러분! 그러므로 이제 걱정, 근심 하지 마시기 바랍니다. 주님이 우리 안에 오시기만 하면 염려, 근심, 걱정, 고통, 환란, 불안, 초조는 떠나가고 마음에 평안이 임합니다. 오늘부터 여러분과 여러분의 가정에 주님의 평안이 임하기를 예수님의 이름으로 축원합니다.

## 간증 우리 가정에도 구원의 빛이 비쳤습니다

### 강연옥 권사

할렐루야!

상한 갈대도 꺾지 않으시며 꺼져가는 등불도 끄지 않으시는 좋으신 하나님께 진심으로 찬송과 감사로 영광을 돌립니다.

지금도 주님의 은혜를 생각하면 감사의 눈물이 흐릅니다. 한 영혼을 천하보다 귀히 여기시는 하나님! 제 남편인 김태승씨를 주님 품으로 불러 자녀 삼아 주심을 진심으로 감사드립니다.

2004년 7월 12일 새벽에 남편의 교통사고라는 긴급한 연락을 받고 평택 병원 응급실로 달려갔습니다. 머리는 충돌로 찢겨지고 흉부 쪽 뼈들은 거의 부러진 상태 (흉요추염좌, 쇄골골절, 양쪽 갈비뼈 2~3마디씩 골절, 외상성혈흉양측, 우하지좌상)였으며 의식을 회복하지 못한 상태였습니다. 현장을 지켜본 경찰관 얘기를 들으니 너무 끔찍했습니다. 도저히 사람의 힘으로는 살 수 없는 사고 현장이었다고 했습니다. 그렇지만 제 마음은 알 수 없을 만큼 담대하고 편안했습니다. '하나님이 함께 하시면 능치 못할 일이 없을 거야' 하면서도 남편을 구원으로 인도하지 못한 것이 제일 마음이 아팠습니다. 또 그동안의 제 부족함을 회개하며 하나님께 그저 감사의 눈물만 흘렸습니다.

제 남편을 위하여 목사님과 사모님을 비롯하여 온 성도님들이 간절하게 기도했는데 하나님께서 들으시고 제 남편은 점점 몸이 좋아지고 빠르게 회복되었습니다. 남편은 평택 병원에서 1개월 병원치료를 하고 있다가 청주 집 근처 병원으로 옮겨 40일 정도 치료를 받았고 지금은 퇴원해서 많이 회복된 상태입니다. 다른 성도 부부가 나란히 예배드리는 모습만 봐도 너무나 부러웠었는데 지금은 남편과 함께 매주 주일마다 나란히 앉아 예배드리고 있습니다.

남편이 하나님께 돌아올 수 있었던 것은 교통사고로 인한 육체의 시련이 전부가 아니었습니다. 그동안 남편을 위해 긴 세월 인내하시며 눈물의 기도를 해주신 친정 부모님과 가족들의 기도가 있었습니다. 저 역시 남편을 구원하기 위해 작정기도도 해보고 안타까운 마음으로 남편의 영혼을 위해 울며 기도했습니다. 그동안 저에게는 많은 일들이 있었지만, 그때마다 9시기도 때나 새벽기도에 나가 울며 간구했습니다. 그러면 우리 하나님께서는 그때마다 힘을 주시고 문제를 해결 해주셨습니다.

"환난 날에 나를 부르라 내가 너를 건지리니 네가 나를 영화롭게 하리로다."(시50:15). 저는 항상 이 말씀을 붙잡고 기도했습니다. 또한 저에게는 오십견으로 오른팔이 아파서 팔이 머리 위로 올라가질 않았습니다. 주위에서 병원에 가라고 권면했지만 한번도 병원에 가서 치료를 받지 않았습니다. 그런데 하나님께서 어느 날 제가 깨닫지도 못하는 순간에 깨끗하게 치료해주셔서 지금은 마음대로 팔이 움직이고 생활에 불편을 느끼지 못하고 삽니다.

저의 짧은 이 간증을 통해 간곡히 권하고 싶은 말은 기도가 빨리 응답되지 않는다고 실망하지 마시고 반드시 하나님의 응답이 있을 것을 믿고 끝까지 인내하시며 기도하시라는 것입니다.

고난과 환란 가운데서 저를 건지신 하나님께서 여러분들도 붙잡아 주시며 그 환란 가운데서 끌어 올려주실 것입니다.

“사랑하는 자여 네 영혼이 잘 됨같이 네가 범사에 잘 되고 강건하기를 내가 간구하노라” 말씀처럼 하나님의 축복이 여러분과 여러분의 가정에 넘치시기를 바랍니다.

# 41. 하나님의 일꾼

누가복음 10장 5-7절

'하나님의 일꾼' 이라는 제목으로 함께 은혜를 나누고자 합니다. 일꾼은 여러 가지 일꾼이 있습니다. 어느 일을 하느냐에 따라 대우 받는 것이 달라지고 품삯 받는 것이 달라집니다. 그러나 그중에 하나님의 일꾼이 가장 큰 축복을 받는 줄 믿습니다. 오늘 본문 말씀에서도 보니 어느 집에 들어가든지 평강을 빌어 주라 합니다.

예수님의 제자들이 복음을 들고 나갈 때 주님께서 부탁하신 말씀입니다. 꼭 평안을 빌어주라고 했습니다. 평안을 받을 만한 사람이 있으면 그들이 받을 것이요 그렇지 않으면 빈 평안이 다시 우리에게 온다는 것입니다. 늘 평안을 빌어주는 사람이 되시기를 바랍니다. 일하는 일꾼은 일하는 삯을 받습니다. 그러나 얼마나 열심히 하는가에 따라 품삯이 달라집니다. 얼마나 열심히 하는가에 따라 주인의 맘에 들어 끝까지 일을 하게 되고 그렇지 않으면 그만두게 됩니다. 하나님의 일을 하는 이들도 하나님의 말씀에 어떻게 순종하는가에 따라 달라집니다. 그렇다면 하나님은 어떤 사람을 일꾼으로 쓰는가?

**1. 순종을 잘하는 자를 하나님의 일꾼으로 씁니다.**

하나님은 하나님의 일꾼을 쓸 때에, 원망 불평하는 자들은 쓰시지 않습니다. 하나님은 하나님의 일을 귀히 여기시고 끝까지 붙잡고 쓰십니다. 마태복음 4장 18절에서 20절을 보면 예수님이 갈릴리 해변에 다니시며 복음을 전파하고 계셨습니다. 그 때에 베드로와 안드레가 고기 잡고 있는 것을 보며 이렇게 말씀 하십니다. "나를 따라 오너라 내가 너희로 사람을 낚는 어부가 되게 하리라 하시니라."하고 부르셨습니다. 그들은 고기를 잡아야만 먹고 살 수 있습니다. 베드로에게는 장모님이 있었으니 그의 아내를 비롯한 가족들이 있습니다. 두 형제가 일해야 가족이 먹고 살 수 있는데, 어떻게 주님을 따라갑니까? 그러나 그들은 사람 낚는 어부가 되리라 하는 그 말 한 마디에 '아멘' 하고 따라갑니다. 이렇게 주의 말씀에 순종한 베드로를 주님께서는 축복하셨습니다. "너는 베드로라 내가 이 반석 위에 내 교회를 세우리니 음부의 권세가 이기지 못하리라 내가 천국 열쇠를 네게 주리니 네가 땅에서 무엇이든지 매면 하늘에서도 매일 것이요 네가 땅에서 무엇이든지 풀면 하늘에서도 풀리리라."(마 16:18-19)

**2. 긍정적인 사고를 가진 사람을 쓰십니다.**

잠언서 4장 23절 말씀에 보면 "무릇 지킬만한 것보다 더욱 네 마음을 지키라 생명의 근원이 이에서 남이니라." 우리 하나님께서는 결코 부정적인 사람을 쓰시지 않습니다. 원망과 불평이 가득한 사람은 쓰지 않습니다. 이스라엘 백성들이 원망과 불평을 하다가 뱀에 물려 죽게 되었습니다. 원망과 불평을 하다가 그들이 그토록 가고 싶어 하였던 가나안 땅에 출애굽 1세대들은 여호수아와 갈렙을 제외하고는 들어가지 못했습니다.

또한 예수님께서도 말씀하셨습니다. "예수께서 이르시되 할 수 있거든이 무슨 말이냐 믿는 자에게는 능히 하지 못할 일이 없느니라"하시니 (막9:23) 우리 하나님께서는 불가능이 없으십니다. 말씀으로 무에서 유를 창조하셨습니다. 하나님이 말씀만 하시면 모든 불가능한 것들이 가능한 것으로 변화됩니다.

죽은 나사로도 "나사로야 나오너라!"고 명하시니 죽은 자가 산 자로 변하였습니다. 이처럼 하나님은 긍정적인 사고를 가지신 분이시기에 하나님의 속성을 닮아 긍정적인 사고를 가진 사람을 사용하십니다. 우리들의 삶 속에 우리가 이성적인 판단으로 '이제는 끝이야!' 하여도 하나님께서 끝이라고 말씀하시지 않는다면 우리에게는 아직 끝이 아닙니다. 소망입니다. 하나님은 우리를 향하여 "네 마음으로 믿으면 구원을 얻는다."라고 말씀하셨습니다.

### 3. 충성을 다하는 사람을 사용하십니다.

고린도전서 4장 2절에 보면 "맡은 자들에게 구할 것은 충성이니라." 하나님께서는 작은 일에 충성하는 자에게 큰일을 맡기십니다. 그래서 그리스도의 군사로 다니는 자는 자기 생활에 얽매이는 자가 하나도 없나니 이것은 군사로 모집한 자를 기쁘게 하려 하는 것입니다. 우리가 하나님의 일에 충성을 다하는 것은 하나님을 기쁘게 하려는 것입니다. 똑같은 일꾼인데도 하나님의 말씀에 충성하는 일꾼들은 예수 믿고 복을 받게 되지만 충성하지 않는 자는 복을 받지 못합니다.

사랑하는 성도 여러분! 요한계시록 2장 10절에서 주님께서는 말씀하십니다. "네가 장차 받은 고난을 두려워 말라 네가 죽도록 충성하라 그리하면 내가 생명의 면류관을 네게 주리라." 그러므로 하나님의 일은 내 뜻대로 하려 하지 말고 하나님께서 기뻐하시는 뜻대로 해야 합니다. 그럴 때에 하나님이 축복하십니다. 오늘 저와 여러분들은 하나님께 귀하게 쓰임 받는 이 축복을 누리는 자들이 다 되시기를 주의 이름으로 축원합니다.

## 간증 늘 나와 동행하시는 하나님!

### 이주옥 청년

안녕하세요 저는 여호수아 청년회 회원 이주옥이라고 합니다.

제가 청주은성교회에서 3년을 다녔지만 예수님을 만난 지는 얼마되지 않았어요. 전 이제 1살 먹었어요.^^. 하나님의 자녀로 거듭난다는게 어렵고도 힘이 들더라고요. 늘 맘은 하나님 자녀인양 살고있었지만 정말로 나의 모습과 행동이 변해 가는 것 보니 이제야 진정으로 하나님의 자녀 되었음을 알겠더라고요. 제가 만난 하나님은 저의 성격만큼이나 잔잔하고 느긋하게 오시더라고요. 전 이제껏 지내오면서 인복이 많다는 소리를 많이 듣는 편이었어요.

그런데 그 말이 '쏙' 들어가는 사건이 있었어요. 정말로 저의 친부모, 형제보다 더 가까운 분이 있었습니다. 그런데 그 분과 돈관계가 얽히게 되니 너무 힘들더라고요. 그래도 친분이 있던 터라 힘든 내색도 하지 못하고 어떻게든 해결해 보려고 다니다가 제가 아주 큰 벼랑 끝에 대롱대롱 매달려있게 되었어요. (독촉 때문에 무서워서 회사에 취직하는 것도 겁이 났던 상황이었으니까요. 지금도 그 생각만 하면 눈앞이 아찔합니다) 그 분에게 사정도 해보고 애도 써봤지만 그 분 역시 답이 안 나오는 상황이었어요. 어떻게든 제가 다 해결해 가는 수밖에 없더라고요. 전 그때 '하나님은 나의 모든 사정과 형편을 다 아신다고 했는데 이런 나도 보시겠지?' 하는 생각이 들더라고요. 그래서 새벽기도와 철야기도를 드렸죠.

그런데 정말 그 안에 문제의 답을 이미 정하고 계셨던 하나님께선 방법을 주시더라고요.

다른 손길을 통해 빚잔치에서도 해방되었고 그때부터 전 하나님이 정말 살아계시고 믿음없는 못난 저의 기도를 소홀히 여기지 않으시고 들어 응답하신다는것을 알았답니다.

물론 지금은 그 아픈 추억만 남아있죠. 그런데 더 신기한 건 그 분을 미워하고 원망하기보다는 그 분이 오히려 잘 되게 해 달라고 기도를 시키시더라고요. 머리로는 이해할 수 없는 신기한 체험을 하게 하시더라고요. 그 다음부턴 더할 수 없는 평안함도 주셨고요. 이젠 그 모든것은 십자가에 못박았습니다.

하나님은 어느 한 순간에 나타나는 분이 아니라 늘 삶 속에서 저의 뇌 속부터 가슴마다 절절히 그리고 잔잔히 스며드신 분 같았어요. 그렇지만 누군가에게 하나님이 어떤 분인지 전한다는 건 참으로 어려운 숙제 같아요. 머리속으론 많은 지식들이 있지만 그 지식만으로는 아무 의미가 없는 것 같아요. 각기 다른 사람들이 각기 다른 방법을 통해 하나님을 만났기에 답은 없는 것이죠. 하지만 분명한 건 백번 전하는 것보다 하나님을 만나서 변화된 나의 모습을 보고 다가올 수 있는게 더 효과있는 전도가 아닐까하는 생각을 해봅니다.

"당신이 예수 그리스도를 믿는 참 그리스도인이 맞습니까?"라는 질문을 던졌을 때 과연 몇 명이나 "예! 제가 하나님을 믿는 참 그리스도인입니다."라고 말할수 있을지... 전 그 질문에 아직도 머뭇거리며 눈물을 흘리고 있어요. 아직은 하나님의 모델이 된다는게 참 어려워요. 그래서 제 기도 제목 중 하나가 하나님의 모델이 되고 싶다는 것입니다. 늘 기도하고 예배하고 복음을 전하는 중에 하나님의 일꾼으로 크게 쓰임 받고 싶어요.

마지막으로 나의 모습이 아니고, 나의 생각이 아니고 오직 하나님의 뜻을 좇아가는 제가 되길 늘 기도하며, 이런 부족한 저로 하여금 이 글을 쓰게 하신 하나님께 감사드려요.

# 42. 보화를 찾으라

마태복음 13장 44절

'보화를 찾으라.' 라는 제목으로 함께 은혜를 나누고자 합니다. 본문 말씀에 "천국은 마치 밭에 감추어진 보화와 같으니"라고 말씀하셨습니다. 천국은 감추어져 있기 때문에 아무나 누구든지 볼 수 있는 것이 아닙니다. 천국 진리의 보화는 하나님께서 내 마음의 문을 열어주시고, 내 눈을 뜨게 하실 때 발견할 수 있습니다. 저와 여러분이 주님을 만나면 어떤 일이 일어날까요?

**1. 기쁨이 넘칩니다.**

'본문의 농부는 보화가 숨겨진 밭을 사니 기쁨이 넘칩니다. 이 밭을 등기 이전하여 보화를 파다가 평생 잘 살 수 있게 되었습니다. 이와 같이 예수님을 만나기만 하면 가정문제, 직장의 문제, 모든 문제를 해결 받으실 줄 믿습니다. "구하라 그리하면 주실 것이요, 찾으라, 그러면 찾을 것이요, 문을 두드리라 그러면 너희에게 열릴 것이니."(눅11:9) 주님을 만나면 우리 인생의 문제를 해결 받는 기쁨이 있습니다. 주님을 만나기만 하면 죽은 자도 살리고 아무리 고통스러운 문제도 해결해 주시는 분을 만나는 것입니다.

누가복음 7장 11절에서 17절을 보면 나인성 과부의 독자 아들이 죽어 장사를 지내러 가다가 예수님을 만났습니다. 생명의 근원이 되신 예수님 앞에서는 죽음이 존재할 수 없습니다. 그래서 나인성 과부의 독자는 예수님을 만남으로 살았습니다.

주님을 만난 사람은 기쁨과 소망이 넘칩니다. 그러므로 우리도 교회에 나와서 주님을 만나야 합니다. 주님 만나면 피곤치 않습니다. 주님을 만나면 그 안에 기쁨만이 넘칩니다. 그러므로 우리는 우리의 기쁨, 소망의 근원이신 주님을 만나야 합니다.

### 2. 구원을 얻습니다.

하나님께서 노아에게 방주를 지으라 했을 때 노아는 자기의 전 재산을 들여 방주를 만들었습니다. 구원은 세상의 물질과 바꿀 수 없는 가장 소중한 것입니다. 노아는 홍수가 끝이 나고 하나님께 감사의 예배를 드렸습니다. 자기의 재산을 다 허비한 것을 후회하지 않았습니다. 오히려 노아는 감사했습니다. 그리고 그는 세상물질보다 더 소중한 구원의 감격을 누렸을 뿐 아니라, 세상의 모든 것이 그의 소유가 되었습니다. “주 예수를 믿으라 그리하면 너와 네 집이 구원을 얻으리라”(행16:31) 보화는 진정으로 그 가치를 아는 사람만이 소유할 수 있습니다. 천국의 그 놀라운 가치를 진정으로 깨달은 사람만이 자기의 모든 희생을 당연한 것으로 받아들입니다. 나의 수고보다 보화를 소유하는 기쁨이 더 크고 소중하다는 것을 알기 때문입니다.

### 3. 가치 있는 선택을 합니다.

여호수아 24장 15절 말씀에 보면 “만일 여호와를 섬기는 것이 너희에게 좋지 않게 보이거든 너희 열조가 강 저편에서 섬기던 신이든지 혹 너희의 거하는 땅 아모리 사람의 신이든지 너희 섬길 자를 오늘날 택하라 오직 나와 내 집은 여호와를 섬기겠노라” 말씀하십니다. 여호수아는 가나안 정복사업을 마치고 이제 하나님 나라에 가기에 앞서 이스라엘 백성들을 모아 놓고 결단을 촉구합니다. 너희가 하나님을 섬기든지 아니면 다른 우상을 섬기든지 나와 내 집은 여호와만 섬기겠다고 선포합니다. 여호수아는 하나님만을 선택한다는 것입니다. 어떤 어려움과 환란이 다가와도 하나님만을 선택하였습니다.

그러므로 진정한 보화의 가치를 발견한 사람의 선택입니다. 보화의 가치를 발견한 사람은 선택을 해도 하나님이 기뻐하시는 것을 선택합니다. 하나님의 마음을 흡족하게 하는 선택을 합니다. 그래서 그는 자기의 소유를 다 팔아서 밭을 삽니다. 보화를 산 것이 아니라 밭을 삽니다. 하나님의 진리를 받아들이기 위해서는 이처럼 하나님과 가장 가까이 관계된 것을 받아 들어야 합니다.

사랑하는 성도 여러분! 우리는 교회의 생활을 사들여야 합니다. 때로는 교회의 조직이나 예배의식, 행사 등이 내 마음에 들지 않더라도 교회안에 생명의 말씀이 있고, 진리가 있기에 교회생활을 수긍하고 받아들이는 것이 중요합니다. 하나님의 말씀 66권의 모든 말씀을 다 받아야 합니다. 나에게 맞는 말씀만을 받아들이려고 하다가는 오히려 빼앗길 수도 있습니다. 하나님의 말씀은 모두 진리입니다. 여러분들 모두 하나님의 말씀을 발견하고 예수그리스도를 발견하며, 하나님 나라를 발견하여 세상의 그 어떤 것도 줄 수 없는 구원의 기쁨을 누리시기를 주님의 이름으로 축원합니다.

## 간증 다시 찾게 된 신앙의 열심과 은혜

### 신미화 청년

전 초등학교 때부터 신앙생활을 했으나 객지 생활을 하다보니 열심이 없었습니다. 고등학교 때 방언을 받은 후에 제 신앙은 조금씩 변하여 뜨거워졌으나 직장생활을 시작하면서 주변 환경이 변하고 제 신앙생활에도 변화가 오기 시작했습니다. 주일도 안 지키게 되고 헌금도 안 할뿐더러 주님께서 하지 말라는 행동 들을 하기 시작했고, 오히려 그런 것들을 즐기기까지 했습니다. 제 생활은 점점 악의 구덩이로 빠져들기 시작할 무렵 가족간의 갈등이 조금씩 생기게 되었고 방언까지 사라지면서 직장생활도 힘들어져 그만두게 되었습니다. 그러다 우연히 청주에 살고 있는 언니네 집에 놀러오게 되었고 언니가 은성교회에 한번 나가보라고 권유하기에 신앙심이 나약해진 나는 반신반의 하는 생각에 은성교회에 등록하게 되었습니다.

날짜는 기억나지 않지만 교회에 등록하고 예배를 드릴 때 목사님께서 말씀하신 설교를 잊을 수 없습니다. 돌아온 탕자에 대한 설교를 하셨는데 마치 제 얘기를 하는 것 같았습니다. 그래서 그런지 전 마음 한 쪽 구석에서 알 수 없는 뜨거움을 느끼며 예배가 끝나고 나서도 눈물을 주체할 수 없이 흘려야만 했습니다.

그 후 청년부 예배를 드리고 주옥 언니가 금요 철야 예배를 얘기하여 금요일 철야 예배를 드린 후 기도시간에 목사님께서 저에게 안수를 해주셨는데 그동안 막혀있던 방언을 다시 회복할 수 있었습니다. 새롭게 방언을 받던 날 얼마나 기쁘고 기뻤던지 나약해져 있던 제 신앙생활이 점점 자리를 찾아갈 때 쯤 제 직장 문제가 기다리고 있었습니다. 청주에 와서 5개월이 되어도 취직이 안 됐기 때문입니다. 취직 때문에 걱정하고 있을 때 목사님께서 주님께 모든 걸 맡기고 기도하란 말씀이 생각이나 새벽 예배와 철야 예배를 빠지지 않고 드리기 시작했습니다.

그러기를 한 달 반 정도. 저에게 면접의 기회가 와서 저를 걱정하고 계실 부모님께 전화를 걸어 '면접 본다.' 라고 말씀을 드리자 불교이시며 그렇게 주님을 미워하셨던 저의 아버지께서 "하나님! 우리 막내 좋은 직장 주세요." 이렇게 전화기에 대고 저 대신 주님께 기도를 하시는 거예요. 전 주님께 또 한번 감사 눈물을 흘려야 했습니다. 지금까지 저희 부모님과 가족이 구원을 받지 못해 많은 고통을 겪었지만 조만간에 부모님과 가족 모두가 구원을 받을 수 있을 거라고 믿습니다. 그 덕분일까요? 전 좋은 직장에 취직하여 열심히 잘 다니고 있습니다.

주님의 힘은 대단한 것 같습니다.

이 일로 저는 주님께 더 많이 감사드리고 주님의 일을 꾀부리지 않고 열심히 일하는 자가 되겠다고 다시 한번 주님께 기도드립니다.

하나님의 보화를 찾은 자의 삶을 살아가야겠습니다. 하나님의 진리를 받아들여 하나님께서 기뻐하는 일을 찾아가며 행동하는 그런 삶을 살아야겠습니다.

하나님과 멀었던 시절, 그 시절에는 감사와 기쁨이 없었지만 이제는 범사에 감사하며 하루하루를 기쁨으로 살아가는 하나님의 사랑스러운 미화가 될거랍니다.

그리고 부모님의 구원을 위해 끊임없이 기도할 뿐만 아니라 믿지 않은 많은 영혼들을 위해 열심히 기도하겠습니다.

# 43. 인정받는 일꾼

디모데후서 2장 15절

예수님의 제자 중에 베드로가 예수님의 말씀을 듣고 '아멘' 하면서 순종하였을 때는 주님의 일꾼이 되었는데 예수님이 십자가에 달린다고하자 사단이 순간적으로 베드로에게 들어가 주님께서 십자가 지는 일을 만류합니다. 예수님께서 누가복음 22장 31절과 33절에서 이렇게 말씀하십니다. "시몬아, 시몬아, 보라 사단이 밀 까부르듯 하려고 너희를 청구하였으나 그러나 내가 너를 위하여 네 믿음이 떨어지지 않기를 기도하였노니, 너는 돌이킨 후에 네 형제를 굳게 하라" 예수님께서 믿음이 떨어지지 않도록 제자들을 위해 기도하셨습니다. 그러나 잠시 사단이 베드로에게 역사하니까 어떻게 됐습니까? 예수를 모른다고 부인하고, 주님을 저주하고 말았습니다. 그러나 베드로가 성령을 받으니까 사단, 마귀를 물리쳤습니다. 그리고 베드로는 누구의 일꾼이 됐습니까? 그는 하나님의 일꾼이 되었습니다.

### 1. 말씀을 옳게 분별할 줄 아는 일꾼이 되자.

오늘 말씀에 보면 내가 진리의 말씀을 옳게 분별하며, 하나님의 말씀을 온전히 분별하는 사람은 사단에게 넘어가지 않는다고 하였습니다. 성령이 일꾼에게 임하면 말씀을 온전하게 분별할 줄 압니다. 말씀을 분별해야 이단들에게 빠지지 않습니다. 하나님의 일을 하는 자녀들은 다 복을 받을 사람들이요. 그 삯을 받는 것이 마땅한 사람들입니다.

고린도전서 4장 1절과 2절 말씀을 보면 "사람이 마땅히 우리를 그리스도의 일꾼이요, 하나님의 비밀을 맡은 자로 여길지어다." 여러분 하나님의 일꾼은 하나님의 비밀을 압니다. 어떻게 해야 복을 받을 줄 알고,

어떻게 신앙생활을 해야 하나님을 기쁘시게 하는 줄을 안다는 것입니까? 저 천국에 상이 있고, 면류관이 있는 이 비밀을 아는 것입니다. 은혜와 성령이 우리에게 오면 이 비밀을 압니다. 비밀을 아는 이들이 구할 것은 충성입니다. 그래서 맡은 자들이 구할 것은 충성입니다. 어떻게 하면 주님을 위해서 살까? 어떻게 하면 하나님이 기뻐하실까? 어떻게 하면 주를 위해서 충성할까? 이렇게 충성을 구하는 것입니다.

### 2. 부끄러울 것이 없는 일꾼이 되자.

오늘 본문 말씀을 보면 "부끄러울 것이 없는 일꾼"은 어디 가든지 칭찬받는 일꾼입니다. 대통령이 아무리 좋다고 하지만, 대통령도 4년만 하면 끝이 나지만 주의 일군은 평생직입니다. 천국 가는 그 날까지입니다.

사랑하는 성도 여러분! 일꾼은 저 천국에서 상을 받고, 면류관을 받습니다. 그리고 이 땅에 살면서 자손만대의 복을 받는 줄로 믿으시기를 바랍니다. 그러므로 부끄러울 것이 없는 일꾼이 되어야 합니다.

다시 말씀드리지만 여러분은 사단의 일꾼으로 일하면 안 됩니다. 사단의 일꾼으로서 아무리 일을 해도 품삯을 받았다는 것은 성경에 눈 씻고 찾아봐도 없습니다. 교회를 다니면서 원망하고 불평하고, 그리고 주의 종들 비방하고 다니는 사람들 축복 받았다는 소리는 한 번도 듣지 못했습니다. 그렇기 때문에 사단의 종노릇하는 사람들은 결국 다 망하게 되는 것입니다.

사랑하는 성도 여러분! 이 말씀을 들으면서 깨달아야 합니다. 이것이 고침을 받는 것입니다. 열심히 주님의 일꾼으로서 일할 때 사업이 축복을 받고 그 사람의 삶이 달라진다는 것입니다. 그 다음부터 하나님의 종이 되는 줄로 믿습니다. 그래서 부끄러울 것이 없는 하나님의 일꾼이 되시기를 예수의 이름으로 축원합니다.

### 3. 인정 받는 일꾼이 되자.

부끄러울 것이 없는 하나님의 일꾼 세 번째로는 인정받는 일꾼이 되자는 것입니다. 사도행전 13장 22절에 보면 "이새의 아들 다윗을 만나니 내 마음에 합한 사람이라"고 하셨습니다. 하나님께서는 다윗을 인정했습니다. 그것은 다윗이 가는 곳곳마다 하나님을 기쁘게 했다는 얘기입니다. 그래서 다윗이 기도할 때 응답하고 축복하셨습니다. 교회에 와서 저 장로님 혹은 저 안수집사님이 "정말 복 받겠어!"라고 모든 사람들에게 인정받아야 합니다

사랑하는 성도 여러분! 하나님으로부터 인정받는 사람들은 사람에게도 인정을 받습니다. 하나님으로부터 인정받고 사람으로부터 인정받는 사람들은 절대적으로 부정적인 말을 하지 않습니다.

베드로가 닭이 울 때에 누구의 말씀이 기억났습니까? 예수님의 말씀이 기억났습니다. "주여 내가 죄인입니다."하고 회개하고 돌아서니까 그가 성령 받고 사단을 쫓아내는 능력도 받았습니다. 성령 받으면 여러분들을 괴롭히는 모든 원수, 사단, 마귀를 내쫓을 수 있는 능력이 그 안에 임하는 줄로 믿습니다. 그 때에 하나님으로부터 인정받는 것입니다. 사람들로부터 인정받는 것입니다.

사랑하는 성도 여러분! 여러분은 말씀을 옳게 분별할 줄 알고, 부끄러울 것이 없는 일꾼이 되며, 다윗처럼 인정받는 일꾼이 되어서 우리 은성교회를 이끌어 나가는데, 부족함이 없는 하나님의 일꾼으로서 복 받은 이들이 다 되시기를 예수님의 이름으로 축원합니다.

간증 **소극적인 사람에서 적극적인 사람으로**

윤숙렬 집사

예수 그리스도를 저의 구주로 영접하기까지 너무나 오랜 시간을 되돌아온 연약하고 보잘 것 없는 저에게 하나님의 택한 백성임을 깨닫게 하신 여호와 하나님께 감사와 영광을 돌립니다. 김홍식 성도와 결혼하여 예수님을 먼저 구주로 영접한 시어머님을 통해 하나님을 만나게 되었고, 은성교회에 등록하게 되었습니다. 어머님의 주일성수에 대한 약간의 강요에 밀리다시피 시작한 저의 첫 믿음 생활은 진정으로 주께 가까이 가지 못하고 세상의 풍요와 물질만 좇으며 모든 세상의 악한 것들을 제 마음의 우상으로 섬기던 시기였습니다.

그러나 하나님께선 이런 교만함과 아집을 내버려 두시지 않고 하나하나 저를 깨뜨리시기 시작했습니다. 계속 이어지는 남편과의 불화, 시댁과의 마찰, 어느 것 하나 기쁨이란 전혀 없고 환란의 연속이었습니다. 남편 탓, 환경 탓 무엇이든 모두 남의 탓으로 돌려 원망, 불평으로 가득해 주일만 간신히 성전에서 예배드리며 "왜! 하나님 나만 겪어야 하는 고통이에요. 왜요?"하며 불평 섞인 기도만 되풀이하고 지냈을 때 주님께서 저를 하나하나 천천히 주님의 보혈의 십자가 밑에 거하게 하셨습니다. 하지만 머리로는 하나님이 임재하시고 살아서 역사하심을 잘 알면서도 보이지 않고 증거되지 않는 하나님을 내 구주로 모시기가 얼마나 힘들던지……. 집안 형편으로 인해 이사를 하고 전도사님의 심방예배를 드리던 날, 하나님의 말씀 중 "위엣것을 생각하고 땅의 것을 생각지말라(골3:2)."라는 구절과 함께 전도사님께서 이제 그만 돌아와 하나님께 간구하고 기도하며 하나님 영광을 위해 살라고 하셨습니다. 그런데 갑자기 몸에

전율이 흐르며 가슴에 용광로가 끓어 일렁이는 것처럼 저 밑바닥에서 회개의 눈물이 쏟아졌습니다.

예배를 드린 후, 전 무릎 꿇고 가슴을 치며 울었습니다. "하나님! 용서해 주세요. 지금껏 저의 얄팍한 지혜와 지식으로 살아왔으니 이 시간 이후부터는 오직 주님만을 위해 살게 하옵소서."라며 간절히 기도했습니다. 하나님은 "믿음은 바라는 것들의 실상이요 보지 못하는 것들의 증거니(히11:1)"라 하셨으니 '기도하자! 간구하자!' 란 새로운 각오가 생겨났습니다. 또한 이런 저에게 하나님께서는 40일 작정 기도를 결심케 하셨고 하나님께 속한 자가 되리라 다짐하며 최선을 다해 말씀을 붙잡고 기도하면서 세상에 속해 살았던 저를 모두 벗어 버리고 깨어있는 시간 동안 저의 모든 것을 그리스도의 새 생활로 바꾸게 해 주셨습니다. 모든 걸 어여삐 보신 하나님께서 주일 새벽에 "하나님 나라의 의만 구하며 하나님 영광을 위해서만 살게 하소서!"라며 간절히 기도하던 중 하나님의 음성이 들려왔습니다. 이사야 43:1절 "두려워 말라 내가 너를 구속하였고 내가 너를 지명하여 불렀나니 너는 내 것이라"란 말씀과 "기도하라 딸아! 너의 머리털 하나까지도 세는 나 여호와니 염려치 말라 내가 차고도 넘치도록 부어 주리니 오직 하나님 영광을 위해 살라."라는 따뜻한 주의 음성이 저의 온몸을 휘감았습니다. 정말 어떠한 것과 비교할 수 없는 그 주님의 자비하신 목소리에 가슴이 터질듯 한, 기쁨과 천국을 다녀온 듯 한, 뿌듯함이 마구 넘쳐났습니다. 그러면서 이제 난 거듭난 사람이 되었다는 확신이 생겼습니다.

예전엔 누군가 "교회 다니시나 봐요?" 물어보면 자신 없는 목소리로 "예. 그냥 다녀요."라고 말했던 제가 이젠 어느 장소를 불문하고 저도 모르는 용기와 담대함으로 하나님 말씀 요절 요절로 주시는 은혜와 더불어 "교회 나오세요!" 가 아닌 "하나님은 정말 살아서 역사하시며 우리를 감찰하시니 꼭 구원받으시고 하나님 영접하세요!"라며 적극적인 사람으로 변화되었습니다.

그래서 주일에는 온전히 하나님께 영광 드리는 가정이 되어 김홍식 성도와 함께 주일학교 초등부 교사로 섬기게 되었고, 중등부의 큰아이 역시 다윗 찬양단으로, 가브리엘 성가대로 말씀과 믿음으로 자라도록 인도해 주셨습니다. 또한 작정 기도 중 글로리아 찬양단으로 세워주시고 영광 돌리게 하신 하나님. 작고 보잘것없으며 제일 평범한 저를 통하여 하나님 증거 나타내시려고 쓰임 받게 하심을 너무나 감사드리며 성령과 은혜가 넘치는 축복의 교회에서 평생 헌신할 수 있길 소망합니다.

# 44. 화목한 가정

잠언 1장 8-15절

하나님께서 이 세상에 직접 세우신 두 기관이 있는데 바로 그것은 교회와 가정입니다. 그러므로 모든 가정들은 행복해야 합니다. 성도 여러분의 모든 가정 역시 화목한 가정이 되시기를 주의 이름으로 축원합니다. 그래서 오늘은 '화목한 가정' 이라는 말씀의 제목으로 은혜를 나누고자 합니다.

## 1. 자녀들을 위해 울라.

잠언서 1장 8절 상반 절에 보면 "내 아들아 네 아비의 훈계를 들으며" 라고 하셨습니다. 자녀들이 아버지의 말에 불순종하면 그 가정은 파탄이 날 수밖에 없습니다. 또 8절 하반 절에도 "네 어미의 법을 떠나지 말라." 라고 말씀하셨습니다. 아버지와 어머니의 법을 떠나서 자기의 뜻대로 사는 자녀들이 있는 가정은 화목할 수가 없습니다.

사랑하는 성도 여러분! 여러분들의 자녀가 혹시라도 지금 악한 자기 꾀에 빠져 세상길로 향하여 가고 있지는 않나 지금 깊이 생각해 보시기 바랍니다. 우리 주님께서 누가복음 23장 28절에도 "예루살렘의 딸들아 나를 위하여 울지 말고 너희와 너희 자녀를 위하여 울라"고 말씀하셨습니다. 여러분들의 자녀들이 타락하고 악한 꾀에 빠지지 않도록 눈물로 자녀들을 위하여 간구하시기를 바랍니다.

## 2. 주 안에서 말씀으로 양육하라.

에베소서 6장 1절에서 3절 말씀을 보면 "자녀들이 너희의 부모를 주 안에서 순종하라" 부모님께 무조건 순종하라는 것입니다. 그런데 주 밖에서 순종하는 것이 아니라 주 안에서 순종하라는 것입니다. 그것이 주님의 말씀이면 순종하라는 것입니다. 또 "네 아버지와 어머니를 공경하라 이것이 약속 있는 첫 계명이니 이는 네가 잘 되고 땅에서 장수하리라"고 했습니다.

그러면 우리 어린이들이 어떻게 해야 이 땅에서 잘 되고 또는 장수하는 축복, 질병이 없이 건강하게 축복을 받을 수 있을까요? 우리 아이들이 이런 축복을 받기를 원한다면 하나님의 말씀으로 양육시켜야 됩니다.

사랑하는 성도 여러분! 우리 아이들을 주 안에서 말씀으로 잘 양육하시기를 예수님의 이름으로 축원합니다.

### 3. 철저하게 가정예배를 드리라.

사랑하는 성도 여러분! 여러분 자녀들을 하나님의 말씀으로 양육할 때에 그 가정이 화목한 가정이 되고 축복의 가정이 됩니다. 여러분이 아무리 부와 권력 가졌다고 무조건 그 가정이 화목한 가정이 됩니까? 아닙니다. 돈과 권력이 많으면 많을수록 가족들이 늦게 들어오고 세상에서 여러 사람과 교제하고 만나다 보면 술 먹고 들어오는 등 화평한 가정을 누릴 수가 없습니다.

여러분들이여! 여러분의 가정을 한 번 보시기 바랍니다. 하나님의 말씀으로 자녀들을 양육했고, 또 우리 아이들이 찬송과 율동을 배워서 온 가족이 식탁에 둘러앉아 우리 가정을 위해서 네가 기도 좀해라 그러면 그 고사리 같은 손을 끼고 '하나님 아버지, 우리가정 화목하게 하여 주세요.' 그럴 때 엄마, 아빠가 얼마나 기쁘겠습니까? 그리고 저녁에 잘 때에 온 가족이 모여 앉아 하나님 앞에 회개 기도를 드리고, 자녀들은 율동하고 엄마, 아빠 박수치면서 찬송할 때 얼마나 아름다운 사랑이 느껴집니까? 돈 가지고는 그 화목을 살 수 없습니다. 권력 가지고도 그 화목을 살 수 없습니다.

사랑하는 성도 여러분! 여러분들의 가정이 화목하기를 원하시면 저녁에 모여서 온 식구가 둘러앉아서 예배드리고 오늘 내가 잘못한 것이 없나, 너는 잘못한 것이 없느냐, 온 가족이 하나님 앞에 고백하면서 "우리 이런 일도 잘못했고 저런 일도 잘못했습니다." 이렇게 어렸을 적부터 그 잘못된 것을 하나님 앞에 고백할 수 있는 자녀들로 양육시켰을 때에 그들이 조금만 잘못하면 "주여! 아버지 잘못했습니다."라고 회개합니다. 왜 그렇게 합니까? 그 저녁에 가족예배 드리면서 부모님들이 하는 걸 다 배웠기 때문입니다. 그런 가정은 기쁨이 충만하고 화목하며 소망이 넘치는 가정이 되는 줄로 믿습니다!

할렐루야!

사랑하는 성도 여러분! 눈물로 기도하는 자식은 망하는 법이 없다고 했습니다. 자녀들을 향한 사랑의 기도를 하고 주 안에서 말씀으로 양육함으로 악한 길에 빠지지 않고 가정 예배를 통해 기쁨이 넘치고 화목하며 소망이 넘치는 가정들이 다 되시기를 예수님의 이름으로 축원합니다.

간증

## "하나님! 제 딸아이 눈만 깨끗이 낫게 해 주신다면 하나님을 믿겠습니다."

### 이정아 집사

안녕하세요? 저는 이정아 집사입니다. 저를 다른 사람들이 보기에는 그저 '열심히 믿음 생활하는 사람이구나!' 라고 생각하겠지만 저도 하나님을 믿기까지는 많은 일들이 있었습니다. 하나님을 믿기 전 저는 큰 환란과 고통 속에 있었습니다.

제가 처음 교회란 곳을 안 것은 남편이 갑자기 건강이 나빠져서 병원에 입원하게 되었을 때였습니다. 저의 동네에 교회 다니는 한 친구가 이사를 오게 되었는데, 그 친구는 저를 전도하기 위해 매일 하나님에 대한 많은 이야기를 해주었습니다. 하지만 저는 그 당시 교회에 대해 별 관심이 없었습니다. 그러던 어느 날, 7살 된 큰아이가 교통사고로 입원하게 되었고, 설상가상으로 며칠 안 돼서 작은 아이가 개한테 눈을 긁혀 눈물선을 절단하는 큰 수술까지 받게 되었습니다. 이 모든 일들이 순식간에 일어났고 저 혼자 감당하기에는 너무나 힘든 시간이었습니다. 3~4시간이면 끝난다던 작은 아이의 눈 수술이 7시간이 되어도 끝나지 않자 저의 마음은 다급해져만 갔습니다. 그때 저는 누군가를 의지해야만 했고 그분은 바로 하나님이었습니다. 수술실 옆 의자에 앉아 두 손을 모은 채 저도 모르게 "하나님 저의 딸아이 눈만 깨끗이 낫게 해주신다면 하나님을 믿겠습니다."라고 저도 모르게 제 입으로 이렇게 고백하고 있었습니다. 저는 그때 깨달았습니다. '사람이 힘들고 어렵고 다급할 때는 무엇이든 의지해 보려는 욕망이 생긴다는 것을…….'

그 일이 있은 후 하나님이 저의 마음에 간절함을 보신 걸까요? 딸아이는 무사히 수술실에서 나왔습니다. 그리고 그 후 어느날, 교회 다니는 그 친구가 와서 또 교회를 가보자고 하는데 저는 또 한번의 거절을 하고 말았습니다. 사람의 마음보다 더 간사한 것이 있을까요? 내가 힘들고 다급할 때는 지푸라기라도 잡는 심정으로 나도 모르게 그렇게 고백했건만 전 또 이유 없이 교회에 가자던 그 친구의 말에 말도 안되는 이유만 늘어놓았습니다.

하지만 하나님의 뜻이었는지 그 친구는 포기하지 않고 저를 찾아왔습니다. 그래서 저는 "그럼 몇 번 가보고 아무런 느낌과 감동이 없으면 다시는 같이 교회 가자는 소리 하지도 마!"라고 말하며 그 친구로 인해 교회에 첫발을 내딛게 되었습니다. 그러나 한 달가량을 다녀도 아무런 느낌과 감동 또한 없었습니다. 그래서 "이젠 나가지 않겠다."라고 했습니다. 그러자 그 친구는 그럼 이번 부흥회만 마지막으로 참석해 달라고 부탁을 해서 하는 수 없이 부흥회까지만 다니겠다고 단호히 말하고 부흥회에 참석했습니다. 기대도 했지만 역시였습니다. 이렇게 부흥회가 끝나고 아무런 변화 없이 허탈한 마음으로 집에 돌아오는데 이상한 기분이 들었습니다. "왜 나만 아무 느낌과 감동이 없는 것일까?" 갑자기 마음속에서 오기가 생겼습니다. 아무래도 안 되겠다는 생각에 저는 1년을 더 다녀 보기로 마지막 결심을 했습니다. '1년 후에도 나의 마음에 아무런 변화가 없다면 그땐 정말 교회와는 안녕이다.' 라는 생각과 함께 교회에 다니기 시작했습니다.

교회에 다니기 시작한 지 거의 1년이 다 돼갈 무렵 성찬식 날, 드디어 하나님의 놀라운 역사는 일어나고야 말았습니다. 세례를 받지도 않았는데 모르고 떡과 포도주를 받아먹었습니다. (성 · 만찬식 때 세례받으신 분만 떡과 포도주를 드세요.) 포도주를 마시는데 눈앞엔 빨간 십자가의 예수님 형상이 펼쳐졌습니다. 그리고 떡을 먹는데 누군가의 살점을 먹는 것 같은 야릇한 기분이 들었습니다. 저는 지금도 그 모습을 잊을 수가 없습니다. '빨간 십자가에 달리신 예수님의 그 모습을…….' '죽은 분이 아닌 살아계신 예수님을…….' 그렇게 저는 많은 일 끝에 이렇게 청주은성교회의 집사라는 직분을 가지고 여기까지 왔습니다. 옛날에는 이런 제 모습을 상상이나 했겠습니까? 어쩌면 하나님께서는 이미 저를 주님의 자녀라 말씀하시며 친구를 통해 저를 예비하셨는지도 모르지요. 옛날에는 많은 어려움과 모진 고통의 짐을 혼자 지고 갔지만 지금은 아닙니다. 저의 무거운 짐을 덜어 주시는 분이 계십니다. 저를 높이기도 하시고 낮추기도 하시는 주님의 은혜로 지금은 가족 모두 건강하고 하나님의 축복 가운데 감사하며 살고 있습니다.

작은 아이의 수술실 옆에서 주님께 말했던 그 작은 한마디가 어쩌면 저의 믿음의 시작이 아니었을까요? "하나님! 저의 딸아이 눈만 깨끗이 낫게 해주신다면 하나님을 믿겠습니다!"

# 45. 알곡과 가라지의 비유

마태복음 13장 24-42절

본문 말씀에 보면 예수님의 제자들이 예수님께서 씨 뿌리는 비유를 하셨을 때 도무지 이해를 하지 못했습니다. 주인이 씨를 뿌리러 나갈 때 가서 씨를 뿌리는데 좋은 씨를 뿌렸습니다. 그 싹이 나올 때가 되어 나가 보니까 좋은 씨를 뿌렸는데 가라지가 많이 나왔던 것입니다. 좋은 씨를 뿌렸는데 가라지가 많이 났습니까? 종들이 와서 주인에게 묻습니다. "우리가 가서 뽑으리이까?" 합니다. 주인이 말하기를 "아니라 가라지를 뽑을 때 곡식도 뽑힐까 하니 그냥 자라게 놔두어라. 가라지와 곡식이 같이 자라게 놔두었다가 후에 곡식은 창고에 가라지는 불에 던지고 곡식은 창고에 들이리라."라고 합니다.

오늘 주님의 제자들은 이 비유의 말씀을 설명하여 달라고 주님께 조용히 묻습니다. 그 때에 예수님이 말씀하시기를 좋은 씨를 뿌리는 자는 인자라 세상은 밭이라고 말씀하셨습니다. 또 좋은 씨는 천국의 아들들이요, 가라지는 악한자의 아들들인데, 곡식 가운데 원수가 가라지를 덧뿌리고 가서 가라지가 많이 나왔다고 말씀하셨습니다. 사랑하는 성도 여러분! 왜 알곡과 가라지가 함께 자라겠습니까?

**1. 알곡을 사랑하시기 때문이다.**

사랑하는 성도 여러분! 하나님께서는 가라지가 소중하여 추수 때까지 내버려 두라고 하는 것이 아닙니다. 하나님의 관심은 하나님의 백성들에게 있습니다. 혹시라도 가라지를 뽑다가 곡식이 다치거나 뽑힐까봐 뽑지 말고 추수 때까지 기다린다는 것입니다.

악한 사람 만 명보다 의인 한 사람이 상하는 것을 염려하시는 것이 주님의 마음입니다. 하나님께서 원하시는 백성은 구원받은 백성입니다. 하나님께서 기뻐하시는 백성은 주님의 십자가 구원함을 얻은 백성입니다. 하지만 악인이나 의인이나 골고루 태양 빛과 비를 주시는 것은 지금도 비록 가라지에 의해 영양을 빼앗기고 손해 보는, 억울함과 불편이 있지만 그렇다 하더라도 알곡을 다치게 할 수 없다는 것이 주님의 마음입니다. 그러므로 주님의 재림이 아직 이루어지지 않는 것은 침묵이나 방관이 아닌 더 많은 사람들이 하나님의 품으로 돌아가기를 기다리는 주님의 사랑입니다.

**2. 의인을 연단하십니다.**

곡식이 가라지와 함께 자라는 것은 괴로운 일입니다. 그러나 그것을 통하여 오히려 알곡이 알곡되게 하는 것입니다. 이 일을 통하여 순수한 믿음으로 성장해 갑니다. 그 속에서 강건하게 되고 지혜롭게 되며 또한 강하게 성장되어 지는 것이다.

하박국 선지자는 성경 하박국서에서 이스라엘을 심판하는 하나님을 향하여 질문을 합니다. 하나님의 택하신 이스라엘을 심판하시는데 왜 의인을 통해서 징계하시지 않고, 왜 더 사납고 성급한 이방 백성인 갈대아 사람을 통하여 징계하시는 것입니까? "하나님의 백성을 이방인을 통해서 징벌하는 것은 부당하지 않습니까?"라고 하나님께 질문을 하고는 성루에 서서 하나님의 응답을 기다립니다. 그러자 하나님께서 대답하십니다. "너는 이 묵시를 기록하여 판에 명백히 새기되 달려가면서도 읽을 수 있게 하라."당신의 대답을 명백히 새겨서 성문에 붙이라고 말씀하십니다. 하나님의 대답은 간단합니다. 정한 때가 있다고 말씀하셨습니다.

"종말이 속히 이를 것이다. 너희가 더딜지라도 기다리라 하나님의 정하신 때가 있다. 그런고로 기다리라." 이것이 바로 하나님의 메시지입니다. 하나님께서 정하신 때가 있습니다.

베드로 사도도 베드로전서 2장 19절에 "애매히 고난을 받아도 하나님을 생각함으로 슬픔을 참으면 이는 아름답다"고 하셨습니다. 우리 하나님께서는 목적 없이 이유 없이 고난을 당하게 하시는 분이 아니십니다. "고난당한 것이 내게 유익이라 이로 인하여 내가 주의 율례를 배우게 되었나이다."(사119:71) 또 이스라엘 백성들도 바벨론의 포로 생활인 노예 생활을 통하여 하나님 말씀의 본질과 하나님의 긍휼하심과 사랑을 알게 되었습니다. 바벨론의 고난을 통하여 하나님을 아는 지혜와 지식이 더 깊어진 것입니다. 그래서 고난은 우리들에게 유익인 것입니다.

사랑하는 성도 여러분! 가라지 속에서 알곡인 하나님의 백성들을 훈련시키시고 그 환란과 고통 가운데서 우리의 믿음을 꾸준히 성장시키시는 분이 하나님이십니다. 그러므로 저와 여러분에게 있어서 가라지는 우리를 하나님께로 더 빨리 나아가게 하는 축복의 통로입니다. 가라지를 통하여 여러분의 믿음이 온전케 되시기를 주의 이름으로 축원합니다.

# 제주 수련회를 통하여 받은 성령체험

노영화 청년

샬롬! 노영화 청년입니다.

먼저, 저의 부족한 간증을 성도님들과 함께 나눌 수 있도록 허락하신 주님의 은혜에 감사와 영광을 돌립니다.

제가 주님을 만난 것은 제 일생일대의 최고의 전환점이었습니다.

고등학교 1학년. 따분하기만 했던 수업시간에는 아프다는 핑계로 매일 엎드려 자는 것이 태반이었고, 시험기간은 일찍 끝나는 날로 콧노래가 절로 나는 저만의 국경일이었습니다.

미래에 대한 확신이 없이 부정적인 생각과 절망적인 환경들은 제 가치관을 혼란스럽게 했고, 입과 행동을 거칠게만 할 뿐이었습니다. 운동(양궁)을 했던 중학교 재학시절부터 죽고 싶단 생각이 끊임없이 괴롭히며 저의 꽁무니를 졸졸 쫓아다녔습니다.

그런 제가 변화의 시발점을 찍게 된 것은 붉은 물결로 대한민국이 뜨겁게 달궈지던 2002년, 그토록 가기 싫고 귀찮기만 했던 제주선교센터 여름 수련회에서의 일입니다.수련회 기간 내내 태풍 때문에 우리는 집회 말고는 다른 무엇도 할 수 없는 그런 상황이었습니다. 아마도 큰 은혜를 주시려는 하나님의 섭리였을 것입니다.

호세길 당회장 목사님께서 인도하시는 수련회 저녁 집회. 큰 은혜와 뜨거운 성령의 역사하심은 그 자리에 모인 우리 모두가 느낄 수 있었습니다. 기도하던 중 믿을 수 없는 저의 기도소리를 들었습니다. 그렇게 벼르던 방언을 드디어 받게 된 것입니다. 일순간 인정하고 싶지 않았던 모든 것이 사실이 되었습니다. 믿는다고 하면서도 '하나님은 많은 신들 중 하나' 라고 생각했고, 방언을 받고 싶다 말하면서도 '방언하는 이들은 속고 있는 것' 이라 생각하며 혼자만의 확신 속에 이따금 그들을 비웃던 저의 이중적인 모습이 한없이 부끄러워지는 순간이었습니다.

저의 입에서 터져 나오는 방언을 더이상 부인할 수 없게 되었습니다. 더이상 주님의 십자가를 부인할 수 없게 된 것입니다. 그렇게도 교만하고 의심 충만한 제게 방언이라는 너무나 큰 선물을 주신 주님의 은혜에 감사할 따름이었습니다. 저의 심장은 주님의 은혜로 뜨겁게 달아오르기 시작했습니다. 그리고 3박4일의 수련회 끝나기 전날 우리 모두는 하나님의 놀라우신 능력을 체험하는 시간이 있었습니다. 그날 밤 집회는 더욱 성령이 뜨거운 집회였습니다. 놀랍고 신기한 하나님의 은혜를 체험한 우리는 평생 잊지못할 엄청난 큰 선물을 받았습니다.

그때부터 주님께서는 저의 모습 하나하나를 조금씩 변화시켜 주셨습니다. 학교에서의 평균 점수는 20점 이상 올랐고, 반 등수가 20등 이상 올랐습니다. 생각만으로도 변화될 수 있는 겉모습에서부터 어둠 속에 지쳐있던 저의 내면까지 차근차근 변화시켜 주셨습니다.

하지만 그 후, 거의 2년 동안 끊임없이 주님의 십자가와 저와의 상관관계를 따져 물었고, 나름대로 뜨겁다며 자부하는 신앙생활 가운데서도 계속되는 의심과 그에 따르는 죄책감에 사로잡혀 있었습니다. 하지만 지금은 이전에 자욱했던 의심 안개가 말끔히 걷혔습니다. 주님께서 주신 깨달음과 기도의 응답은 의심이라는 틀 속에서 저를 구원케 하셨습니다.

얼마 전에는 기도 중에 추운 날씨에도 불구하고 갑자기 몸이 뜨거워지면서 땀이 나다가 곧 이전의 차가운 기온이 다시 돌아오는 것을 체험했습니다. 주님의 역사였습니다.아무리 소리를 지르며 힘껏 기도해도 추운 날에는 땀이 나지 않던 저이니 말입니다. 그런 체험은 방언 이후 처음 이었고, 남들에게만 있는 체험이라 생각했기에 저의 기쁨과 두근거림은 말로 표현할 수가 없었습니다. 그동안 나름대로 뜨겁다고 자부했던 저의 신앙에 대한 교만을 회개했고, 2000년 전 십자가에서 뚝뚝 떨어지던 피의 의미를 진정 마음으로 깨닫게 되었습니다. 저의 변화는 현재 진행형입니다.

방언을 받은 순간, 또는 어떤 것을 깨달은 순간에 변화되는 것이 아니라 긴 시간 동안 여러 경험과 지식으로 얻은 깨달음과 교훈으로 인해 조금씩 훈련되어 가고 있는 것입니다. 성화는 우리의 사는 날 동안 계속해서 이루어진다고 합니다. 그렇기에 저는 아직 깨닫지 못한 많은 오류들 속에 있어 말도 많고 탈고 많습니다. 주위의 어떤 사람이 지혜롭지 못하게 주님의 일을 이끌어 가고, 곁길로만 돌고, 오류를 범하고 있다 해도 아직 깨닫지 못한 것이므로 포근하게 안아주고 기도해 주는 것이 주님의 사랑이고 은혜라 생각됩니다.

# 46. 하나님은 내 편이시라

시편 118편 5-7절

말씀은 '하나님은 내 편이시라' 라는 제목으로 함께 은혜를 나누고자 합니다. 우리 사람의 일은 한치 앞의 일도 내다 볼 수 없고 장차 다가 올 30초 앞도 내다볼 수 없습니다. 차를 타고 가다가 사고가 나는 사람이 30초 앞을 내다본다면 그들은 사고로 죽지 않을 것입니다. 사람들은 이 땅에 살면서 고통이 오면 반응을 보입니다. 오늘 시편 기자도 큰 고통이 올 때에 부르짖었더니 여호와께서 내게 응답하셨다고 고백합니다. 사랑하는 성도 여러분! 하나님께서는 여러분의 편입니다.

## 1. 믿지 않는 사람들은 세상에 몰두합니다.

하나님을 믿지 않는 사람들은 고통을 만났을 때 "내게도 이런 일이 올 수 있느냐? 죽음이 내 앞에 닥쳤구나"하고 절망하면서 고통스러운 말을 합니다. 그리고서는 원망하고 불평합니다. 자기의 신세나 팔자타령을 합니다. 그리고 될 대로 되라는 마음으로 인생을 술과 향락으로 삽니다. 이런 이들 중에는 의지할 곳이 없기 때문에, 해결방법이 없기 때문에 절망적인 상황에서 온 식구들과 함께 자살하는 사람들도 있습니다.

그러나 하나님의 백성들은 생사화복을 주장하시는 하나님을 향하여 달려 나옵니다. 사람들에게 환난과 고통이 찾아오면 믿음의 사람들과 불신자들이 반응하는 방식이 이렇게 다릅니다. 인간의 문제가 사람의 손에 달린 것이 아니요, 환경에 달린 것이 아니요, 오직 하나님의 손에 달려 있습니다. 이 세상을 주관하시는 분은 천지 만물을 창조하신 하나님이십니다. 세상의 모든 만물은 하나님의 다스림 가운데 운행되는 것입니다.

바울 사도는 고린도전서 8장 5-6절에서 "비록 하늘에나 땅에나 신이라 칭하는 자가 있어 많은 신과 많은 주가 있으나 그러나 우리에게는 한 하나님 곧 아버지가 계시니 만물이 그에게서 났고 우리도 그를 위해서 또한 주 예수그리스도께서 계시니 만물이 그로 말미암고 우리도 그로 말미암았느니라." 하셨습니다. 세상 사람들도 그들이 말하는 신이 많이 있겠지만 오직 여호와 우리 하나님만이 우리를 구속하시는 참 신이심을 믿으시기 바랍니다.

## 2. 하나님을 찾는 사람이 있습니다.

시편 기자는 118편 6-7절에서 "여호와는 내 편이시라 내게 두려움이 없나니 사람이 내게 어찌할고 여호와께서 내 편이 되사 나를 돕는 자 중에 계시니 그러므로 나를 미워하는 자에게 보응하시는 것을 내가 보리라" 말씀합니다.

야곱의 외삼촌 라반의 집에서 20년 동안 죽도록 충성하였습니다. 야곱의 처 라헬이 요셉을 낳았을 때 야곱은 고향으로 돌아가기를 라반에게 청하였습니다. 그러나 라반이 "여호와께서 너로 인하여 내게 복 주신 줄을 내가 알았다. 그러니 이곳에서 더 나를 도와 달라"라고 합니다. 그 때 야곱이 품삯을 정하였습니다. 태어나는 새끼 중에서 아롱진 것이나 점이 있는 것은 야곱의 품삯으로 정하였는데, 라반의 아들들이 야곱의 소유가 많아진 것을 보고, 자기 아버지의 소유를 빼앗아 거부가 되었다고 하면서 야곱을 죽이려고 합니다. 하나님께서 이것을 아시고 야곱이 그 곳을 떠납니다. 이 사실을 알게 된 외삼촌 라반은 그 형제를 대동하여 7일 길을 좇아서 길르앗 산에서 야곱에게 이르게 됩니다. 그때 야곱은 라반이 쫓아오는지, 오지 않는지 알지도 못했습니다.

우리 인생은 이렇게 하루 앞도 모르는 생입니다. 우리 앞에 화가 기다리고 있는지, 복이 기다리고 있는지 전혀 알지를 못합니다. 야곱은 내일이면 외삼촌 라반이 자기를 쫓아 와서 자기를 치려한다는 것을 전혀 알지를 못합니다. 그때 하나님께서 야곱의 편이 되어주셨습니다. "밤에 하나님이 아람사람 라반에게 현몽하여 가라사대 너는 삼가 야곱에게 선악간 말하지 말라 하셨더라."(창31:24) 이처럼 하나님께서는 아무것도 모르고 잠만 자고 있는 야곱을 사랑하셨습니다. 만군의 여호와 하나님께서 야곱의 편이 되어 주셨습니다. 그리고 야곱을 지켜주셨습니다. 하나님은 하나님의 사람인 야곱을 지켜주시는 것을 기뻐하셨습니다. 하나님이 야곱의 편이 되어 야곱을 도와주시니 사람인 라반이 그를 어떻게 하지를 못합니다. 야곱을 잡아 죽이려고 달려왔던 라반이 오히려 하나님께서 야곱의 편이 되어 주심으로 그의 마음을 변하게 하여 갈 때는 축복을 하고 돌아갑니다. "라반이 아침에 일찍이 일어난 손자들과 딸들에게 입 맞추며 그들에게 축복하고 떠나 고향으로 돌아갔더라.:(창31:55)

사랑하는 성도 여러분! 저와 여러분들도 하나님께서 내 편이 되어주실 때 원수로부터 승리할 수 있고 위험에서 벗어나고 이길 수가 있습니다. 오늘 하나님께서 여러분의 편이 되어서 여러분이 지금 당하는 환란이나 고통이나 화가 오히려 축복으로 변하는 놀라운 축복이 임하시기를 예수님의 이름으로 축원합니다.

## 간증 두 다리로 걷게 하신 하나님을 찬양합니다

안복순 권사

저희 집은 대대로 불교를 섬기는 집안이었습니다. 시집을 와서도 남편과 절에 다니면서 불공을 드리기도 했습니다.

시간이 흐른 어느 날, 다리에 갑자기 통증이 오면서 아파서 걷지도 못하는 상황이 되었습니다. 문 밖 출입을 하는 것조차 힘이 들고 집안일을 위해 돌아다니는 것도 힘이 들었습니다.

그러던 중 은성교회 여 집사님이 집으로 전도를 하러 오셨습니다. 하지만 절을 다니는 저희 집은 집사님을 쫓아내다시피 하여 문전박대를 하였습니다. 하지만 그 집사님은 끈질기게 저희 집을 방문 하였습니다. 하지만 강퍅했던 저는 여전히 마음의 문을 열지 않고 그의 전도를 받아들이지 않았습니다. 그러는 와중에 저의 병은 점점 깊어져서 통증으로 인해 밤에 잠도 못 이룰 정도가 되었습니다. 그러자 남편이 "은성교회에 가면 병든 사람이 많이 낫는다고 하더라!" 하면서 한번 은성교회에 가보라고 하였습니다.

교회에 가는 것은 달갑지 않았지만 병이 나을 수 있다는 말에 솔깃하여 지푸라기라도 잡는 심정으로 반신반의 교회를 찾았습니다.

예배라는 것을 태어나 처음 드려보았습니다. 무슨 말을 하는지 알 수도 없고, 잠은 쏟아지고 간신히 끝나고 집으로 돌아왔습니다. 집으로 돌아와 밥을 먹으려고 하는데 갑자기 다리에 끊어질 듯한 통증이 몰려오기 시작하였습니다. 너무 아파서 방바닥을 박박 긁으면서 이리저리 기어 다니며 통증을 이기려고 하였지만 참을 수 없는 고통 속에서 '내가 교회를 가서 그렇구나' 하는 생각이 들어 이제 교회는 가지 말아야겠다고 다짐하였습니다. 옆에 있는 남편도 "교회에 가니까 낫기는커녕 오히려 더 아프기만 하네. 앞으로 가지 마."라고 하였습니다. 정말이지 이제는 교회에 가지 않겠다고 다짐을 하였습니다. 다음날 우리 구역 구역장이라고 하면서 심방을 왔습니다. 저는 "이제 교회 가지 않을래요."라고 하자 구역장이 새벽기도에서 병이 나은 사람이 많다면서 그럼 새벽에 나와서 기도하라고 했습니다. 그 얘기 듣고 '이왕 한 번 가본 거 하자는 것은 해보자.' 라는 생각에 몸이 불편하지만 택시를 타고 다니면서까지 새벽 재단을 쌓았습니다. 그러면서 교회 봉사도 열심히 했습니다. 할머니들 빨래도 해드리고, 교회에서 하는 봉사라면 몸이 아프지만, 최선을 다해서 했습니다. 열심히 하자 하나님께서 은혜를 주시려고 하셨는지 목사님께서 저희 집으로 심방을 오신다고 했습니다. 그때 제 마음에 목사님께 식사대접을 하고 싶은 마음이 생겼습니다. 몸이 아파 식당에서 사드리면 모든 사람이 편할 것 같은데, 저는 제 손으로 직접 음식을 만들어 대접하고 싶어서, 우리 구역식구들의 도움을 받아 정성껏 음식을 마련하였습니다.

목사님과 사모님이 심방을 오셔서 이런 제 마음을 알아주신 것처럼 일어서지도 못하는 양다리를 한쪽씩을 붙잡고 땀이 줄줄 흐르기까지 기도 해주셨습니다. 마음이 정말이지 개운하고, 평안해졌습니다. 정말 이상한 일이었습니다. 그리곤 목사님께선 약봉지를 버리라고 하셨습니다. 하지만 저는 버린다고 대답은 했으면서 믿음이 적어 버리지를 못하고 약봉지를 감추어 두고서 몰래몰래 약을 먹었습니다. 며칠이 지난 후 이런 저의 모습을 다 지켜보신 것처럼 "약봉지를 안 버리고 하나님을 믿지 못하니까 병이 낫지 않는 거야."라고 저를 내리치는 목사님의 사랑의 채찍을 맞게 되었습니다.

그날 바로, 목사님 말씀에 순종하여 약봉지를 버린 후 약 1주일이 지나자 저의 아픈 다리는 온데간데 없고, 아주 건강한 다리가 되어 제가 어디를 가도 전혀 불편하지 않게 다닐 수 있도록 하나님께서 말끔하게 치료해 주셨습니다.

십여 년이 지난 지금에도 저는 살아계신 하나님을 의지하고 순종하며 집사에서 이제는 권사로 은성교회에서 주님의 직분을 감당하려고 애쓰고 힘쓰고 있지만 나약한 인간인지라 때로는 육신의 편안함을 찾을 때도 있고 때로는 하나님의 그 은혜를 잊을 때도 있는 것이 사실입니다. 3년 전에 저의 마음이 저도 모르는 사이에 하나님의 은혜를 잊고 나태해져 있었던 적이 있었습니다. 잘 드리던 새벽 예배를 한번씩, 한번씩, 빠지면서 목사님께서 왜 새벽 예배 제대로 안 드리냐고 잘 좀 드리라고 말씀하셨지만 이미 나태해진 저는 그냥 하시는 말씀 이러니 하며 한 귀로 듣고 한 귀로 흘려버렸습니다. 깨닫지 못하고 예배에 집중하지 못하던 어느 날 갑자기 양쪽 다리가 전부 말을 안 듣고 마비가 되어버렸습니다. 갑작스러운 상황이라 미쳐 생각할 겨를 없이 병원 응급실로 가고 나서야 목사님께 기도를 받아야 된다는 생각이 들었습니다. 그날은 목사님과 사모님께선 사도형제 목사님들과 선약이 있으셔서 강릉으로 출타 중에 계셔서 전화로 기도를 받아야 되는 상황이었습니다. 목사님께 전화 드리고 기도를 받고 목사님의 말씀에 아멘으로 순종하는 순간 제 두 다리는 힘이 생기고 다시 걷게 되었다. 역시 하나님은 살아 계신 분임을 다시 한번 고백케 하는 사건이었습니다. 그 일로 인하여 나태해진 저의 모습을 다시 한번 돌아보고 지금도 저의 모습을 통하여 온전한 영광 돌리게 하신 하나님께 감사드리고 불철주야 부족한 저를 위하여 늘 기도 해주시는 우리 목사님 사모님께 그저 감사할 뿐입니다.

# 47. 나의 인생을 주께 맡기자

베드로전서 5장 6-7절

여러분들에게 드릴 말씀의 제목은 '나의 모든 인생을 주께 맡기자' 입니다. 성도 가운데 어떤 사람이 자기 인생의 문제를 하나님께 맡길 수 있겠습니까? 자기의 아집과 고집을 부리는 사람은 결코 주님께 자기 인생의 문제와 짐을 맡길 수 없습니다.

저와 여러분이 아집과 고집을 버리고 모든 문제를 하나님께 맡기기만 하면 살아계신 하나님께서 여러분의 모든 삶의 문제를 능히 해결하실 수 있음을 믿으시기 바랍니다. 우리가 잘 아는 요셉을 보시기 바랍니다. 형들에게 미움을 사서 노예로 팔렸어도, 보디발의 집에서 억울한 누명을 쓰고 감옥에 들어갔어도 원망하거나 불평하지 않고 모든 일을 하나님께 맡겨서 그의 인생이 형통케 되는 복을 받아 애굽의 전 지역을 다스리는 총리가 되었던 것입니다.

다윗과 골리앗의 싸움을 보시기 바랍니다. 골리앗은 블레셋에서 힘이 가장 센 장수요, 용감무쌍한 용사입니다. 그런 골리앗과의 싸움에서 다윗이 염려하고 무서워했더라면 이 싸움에 임하지를 못했을 것입니다. 그러나 다윗은 싸움의 승패와 자기 생명을 하나님께 맡기고 이 전쟁에 나아가 물매로 골리앗을 한 방에 쓰러뜨릴 수 있었습니다.

다니엘도 다니엘의 세 친구인 사드락과 메삭과 아벳느고도 그들에게 기도하는 일과 금 신상에 절하는 문제로 생명을 잃는 위기를 만났지만 모든 생명의 주님이시며 능력의 하나님 앞에 맡기고 그들의 신앙을 지킬

때 생명의 구원함을 물론이요, 그들의 대적으로부터 승리하게 됩니다.

오늘 주님께서는 "너희 모든 염려를 다 주께 맡기라"라고 하십니다. 여러분의 근심과 걱정 또 무엇이든지 혹은 어떤 문제든지 다 몽땅 주께 맡기시기를 바랍니다. 우리가 나 자신의 문제를 주님께 맡기지 못하면 신앙생활을 하면서도 여전히 염려하고 걱정하고 근심 가운데 사는 것입니다. 우리가 염려한다고 문제가 해결되는 것도 아니요, 걱정한다고 형통한 것도 아닙니다. 제발 걱정과 염려 가운데 살지 말고 능하신 하나님께 맡기시기를 바랍니다. 또 주님의 제자 베드로를 보시기 바랍니다. 하나님께 자기의 생명을 맡기지 못하고 자기 목숨 때문에 염려하고 걱정할 때 "당신도 예수와 한패라"라고 말하는 어린 여종 앞에서 예수님을 모른다고 저주까지 하면서 주님을 부인하게 된 것입니다. 그러나 베드로가 밤이 늦도록 그물을 던졌지만 얻은 것이 없었습니다. 밖으로 나와 그물을 씻는데 예수님께서 육지에서 조금 떨어져 배를 띄우라고 하시면서 그 배에서 말씀을 가르치시는 것입니다. 베드로가 자기 생각을 다 버리고 모든 것을 주님께 맡기고 주님의 말씀에 의지하여 그물을 깊은 곳에 내릴 때 하나님께서는 엄청난 축복을 해 주셨습니다. 고기를 잡은 것이 어찌나 많은지 그물이 찢어질 정도로 자기 배와 동료의 배까지 차고 넘치는 기적을 체험하게 됩니다.

병든 환자가 자기를 치료하는 의사에게 모든 것을 맡기고 진료를 받을 때 그 병으로부터 나음을 받는 것처럼 우리의 영혼의 의사이신 주님께 여러분의 염려 걱정 다 맡겨 버릴 때 여러분의 인생의 모든 문제가 해결된다는 이 믿음을 소유하시기를 바랍니다. 병원 의사의 말을 환자가 믿지 못하고 자기 고집을 부리고 진료를 거부하면 그 환자의 병은 절대로 못 고칩니다. 의사에게 그 병만큼은 다 맡겨야 합니다.

우리 인생의 문제도 하나님께서도 몽땅 맡겨야 하나님께서 해결해 주시는 것입니다. 사랑하는 성도 여러분! 우리가 염려하고 걱정하는 모든 인생과 삶의 문제를 이 시간에 살아계신 하나님께 모두 맡겨 버리시기 바랍니다. 하나님께 맡기기만 하면 나머지는 우리 주님께서 역사하십니다. 이제 더 이상 염려하거나 걱정하지 말고 여러분의 모든 문제를 능히 해결하실 수 있는 주께 맡김으로 인생의 문제에서 해결 받고 응답받으시기를 예수님의 이름으로 간절히 축원합니다. 아멘.

## 하나님께는 자동차 사고도 허리의 디스크도 문제가 아닙니다

### 석명자 집사

나는 7남매의 맏며느리로 시집와서 농촌에서 시어머니를 모시며 그 그늘에서 살았습니다. 교회는 언젠가 가리라 마음을 먹었지만 그것이 그렇게 쉬운 일이 아니었습니다. 시어머니는 온갖 미신을 섬기시는 분이셨고, 난 7남매의 맏며느리로서 교회 나간다는 결정을 쉽게 내릴 수가 없었습니다. 그런 중에 허리 디스크에 걸리게 되었습니다. 집안의 경제력을 쥐고 계시던 시어머니께 하루하루 생활비를 얻어 살아가는데 병원에 다닌다는 것도 참으로 눈치 보이는 일이 아닐 수 없었습니다. 3일에 한 번씩 시어머니께 천 원씩 병원비를 타서 병원 다니기를 1년. 병은 차도를 보이지 않았고 통증으로 인해 1시간 이상 일을 할 수가 없었습니다. 일이라기 보단 서 있기 조차도 힘들었습니다. 그때 아이들은 초등학교 2학년, 3학년이었습니다. 한참 엄마 손이 필요할 때였지만 난 엄마 노릇도 아내 노릇도, 며느리 노릇도 아무것도 제대로 할 수가 없었습니다. 설상가상으로 디스크 약이 너무 독해 속병까지 얻게 되니 삶에 희망이 보이지 않았습니다.

남편이 출근 할 때 난 남편에게 만원을 달라고 해서 동네 친구들과 함께 고스톱을 쳤습니다. 통증을 잊기 위해서 그렇게 날마다 고스톱을 쳤습니다.

그런 중 남편이 대형 사고를 내고 말았습니다. 남편은 덤프차를 운전하고 있었는데 사람을 치어 인사사고가 발생한 것이었습니다. 남편은 감옥에 들어갔고, 1차 공판 후에도 나오지 못할 거라는 남편 말처럼 남편의 일은 쉽게 풀리지 않았습니다.

그때서야 나는 하나님을 찾아야겠다는 맘이 생겼습니다. 나를 교회로 이끌려고 부단히 애쓰던 남편 친구 내외가 있었는데 나를 데리고 갔다 데려다 주겠다고 하면서 자기가 섬기는 교회로 가자고 했습니다. 그러나 나는 언제든 내 힘으로 찾아 갈 수 있는 교회가 필요했습니다. 언제까지나 친구 내외를 의지 할 수는 없을 것 같아 친구 내외를 피해 도망치듯 은성교회로 왔고 평생 의지할 하나님을 은성교회에서 만났습니다. 난 기도할 때마다 두 가지를 놓고 기도했습니다. 첫째는 남편 문제가 잘 풀리기를 기도했고, 또 한 가지는 병원에서도 못 고치는 내 병을 놓고 기도했습니다. 내게 있는 것이라고는 아무도 모르게 동네 사람들과 계를 해서 장만한 한 번도 차보지 않은 팔찌가 있었는데 난 그것을 하나님께 드렸습니다. 그리고 백일기도를 시작했습니다.

하나님의 역사는 참으로 놀랍다고 밖에 할 수 없습니다. 보석으로는 풀릴 수 없었던 남편이 보석으로 풀려났습니다. 첫 번째 기도가 응답 받던 날입니다. 남편은 지금도 하나님의 역사라고 믿지 않습니다. 다만 운이 좋았다고 말하지만, 그 마음 어느 한쪽에라도 하나님의 역사하심이라는 것을 믿을 수 있는 믿음의 씨앗이 살아나기를 소망합니다. 남편이 수감 되어 있는 동안 남편의 핍박이 없었기 때문에 오히려 더 열심 갖고 기도할 수 있었습니다.

그렇게 3개월이 다 되어가던 어느 날 육거리 시장을 가게 되었는데 이상하게도 허리의 통증이 없었다. 아파서 1시간 정도 밖에 서 있을 수 없던 내가 이상하게도 허리가 아프지 않은 것이었습니다. 그렇게 나는 두 번째 기도까지 응답을 받았습니다. 지루한 병마와의 싸움에서 해방된 감격이야 어찌 말로 다 하겠습니까? 할렐루야!

그 후, 핍박하는 남편의 맘이 돌아설까 싶어 8년 동안 주일만 지켰습니다. 그러나 하나님께서 기뻐하지 않으셨고, 그것을 깨닫는 순간 하나님께 온전히 돌이키고자 결단했습니다. 남편의 핍박이 아무리 거셀지라도 하나님을 향한 나의 사랑을 끊을 수 없을 것이며, 또한 하나님을 찾는 것만이 영혼이 형통하고 가정이 형통하는 것임을 너무도 잘 알기에 주의 전으로 향하는 발걸음을 멈출 수가 없습니다. 고맙고 놀라우신 하나님께서 먼저 믿지 않던 친정 식구들을 한명씩 주님 품으로 인도해 주셨습니다. 감사^^

사랑은 인내라고 하더니 조금 더 인내하고 인내하면 친정 식구들을 불러 주신 그 하나님께서 나의 연약한 가족들의 영혼도 분명 주님 품으로 인도해 주시리라 믿습니다.

# 48. 행함이 없는 믿음

마태복음 2장 1-6절

저와 여러분이 인생에서 승리하기 위해서는 반드시 예수님을 만나야 합니다. 왜냐하면 예수님을 만나기만 하면 모든 질병이 떠나가기 때문입니다. 열두 해를 혈루병으로 앓고 있던 여인이 세상의 의원들에게 자신의 가진 것을 다 허비했음에도 불구하고 도리어 괴로움만 더할 뿐 아무 차도가 없던 차에 예수의 소문을 듣고 그 분의 옷자락만 만져도 병이 낫겠다는 믿음으로 만졌는데 그녀의 병이 나았습니다. 또한 우리 예수님을 만나면 어두운 사단의 역사가 여러분에게 떠나가기 때문입니다. 거라사 지방에 귀신이 들려 무덤 사이에 거하면서 밤낮 부르짖으며 제 몸을 상하게 하는 불쌍한 청년이 있었습니다. 이 청년이 주님을 만났을 때에 그를 붙들고 고통스럽게 하던 귀신은 떠나갔습니다. 그리고 예수님을 만나면 가난이 떠나가기 때문입니다. 이와같이 우리가 예수를 만나면 질병과 사단의 역사와 가난이 물러가는 놀라운 역사가 일어납니다.

그렇다면 여러분들이 어떻게 하면 예수님을 만날 수가 있겠습니까? 그것은 오직 우리가 믿음으로 행함이 있을 때에 가능합니다. 성경 야고보서 2장 26절에 "영혼이 없는 몸이 죽은 것같이 행함이 없는 믿음은 죽은 것이니라."라고 말씀하고 있습니다.

오늘 본문 마태복음 2장 1-6절에 의하면 다음 세 종류의 사람들이 나옵니다.

**1. 바리새인과 서기관들이 있습니다.(4-6절)**

이들은 모세의 율법에 능통한 사람들입니다. 그러므로 그들이 동방의 박사들이 동방에서 와서 "유대인의 왕으로 나신 이가 어디 계시뇨."(2절) 라고 물었을 때에 그들은 미가5:2절을 들어서 메시야가 "유대 베들레헴 이오니"(5절)라고 말하였습니다. 그들은 이렇게 남들에게 가르치기는 해도 자기들은 행하지 못하였음으로 아기 예수를 만날 수가 없었습니다. 이렇게 듣고 배우기만 하고 행함이 없다면 우리의 가진 지식은 헛것에 불과한 것입니다. 그러므로 우리는 늘 나의 가진 바 교훈의 도를 행하고 있는가를 시험하여 보시기 바랍니다.

### 2. 헤롯왕 입니다.(3)

이 헤롯왕은 아기 예수가 나셨다는 소식을 듣 고 그를 만나려고 한 것이 아니라 도리어 아기 예수를 죽이려고 하였습니다. 그리하여 그가 저지른 만행 즉 유아들의 학살은 베들레헴 근방의 부모들의 가슴을 찢어 놓았습니다. 오늘 성도들 가운데도 헤롯 같은 사람들도 있습니다. 말씀을 듣고 오직 예수그리스도를 만나 축복의 삶을 살려고 애쓰기보다 주위에 사람들에게 상처를 입히기만 하는 사람들이 있습니다. 그러므로 우리는 내가 혹시 말씀을 듣고 배워 주님을 만나는 일에 노력하기보다 사단의 시험에 빠져 다른 형제에게 상처를 주고 있지는 않은지 자신을 경계하시기를 바랍니다.

### 3. 동방의 박사들입니다.(1~2절)

이들은 동방에서 이상한 별을 보았습니다. 그들은 그 별을 보았을 때에 그 별들이 아기 예수의 탄생을 알려 주는 별임을 알았습니다. 그리하여 그들은 먼길을 걸어서 예루살렘까지 산을 넘고 물과 사막과 광야를 건너 오직 별만 바라보고 왔습니다. 이러한 지루한 여행 끝에 그들은 아기 예수를 만나서 경배할 수가 있었습니다. 이와 같이 우리들도 예수님을 만나서 승리의 삶을 살고 싶으면 비록 어려움이 있고 난관이 있어도 하나님의 말씀을 듣고 순종하는 삶을 살아야 합니다.

사랑하는 성도 여러분! 이렇게 말씀을 듣고 순종하는 삶은 우리로 하여금 예수님을 만나게 하는 길로 이어집니다. 그러므로 우리 모든 성도들은 결코 듣고 배우는 것으로 만족했던 바리새인들이나 서기관들 같아서는 안 됩니다. 오직 우리의 삶은 오직 별빛 하나만을 바라보고 수천리 길을 따라 주님을 만난 동방의 박사들과 같이 주의 말씀의 빛을 따라서 행함으로, 주님을 만나 모든 문제를 해결 받는 축복의 삶이어야 합니다.

## 간증 수술 받아야 할 허리 디스크를 고쳐주신 하나님

### 심인성 청년

부족한 자에게 큰 은혜 주신 주님께 감사드리며 이 글을 씁니다.

오랫동안 허리에 통증이 심상치 않음을 느낀 저는 대전에 있는 한 척추 병원을 찾아갔습니다. 검사결과 디스크로 판정이 났고, 위험수위에 이르렀다며 당장에 수술을 서둘러야 한다는 의사 선생님의 말씀에 며칠 후인 화요일로 수술 날짜를 잡았습니다. 병원 문을 나오며 집에 돌아오는 마음은 무겁기가 그지없었습니다. 그러나 '내시경 레이저'라는 시술이 보급되어 피부절개를 하지 않아도 된다는 사실이 한편으로는 주님께 참 감사하기도 했습니다.

수술 전날, 성공적인 수술을 위해 당회장 호세길 목사님께 안수기도를 받으러 갔습니다. 목사님께서는 허리를 문질러 주시며 기도를 해 주셨는데 마음이 참 평안하고 감사한 마음이 들었습니다. 그날 밤 '항상 잠자기 전 이부자리 위에서 기도' 하라는 목사님의 말씀을 따라 하루일과를 정리하며 내일 있을 수술을 위해 기도를 드렸습니다. 어렸을 적부터 동전 하나 헛되이 써본 일이 없는 짠순이였던 저로서는 수술비도 아까웠고, 혹시 모를 의료사고도 두려웠습니다. 이 모든 것을 주님께 아뢰며 기도하던 중, 주님께선 제게 히브리서 13장 5절에서 6절 말씀 "돈을 사랑치 말고 있는 바를 족한 줄로 알라 그가 친히 말씀하시기를 내가 과연 너희를 버리지 아니하고 과연 너희를 떠나지 아니하리라 하셨느니라 그러므로 우리가 담대히 가로되 주는 나를 돕는 자시니 내가 무서워 아니하겠노라 사람이 내게 어찌 하리요 하노라"를 주셨습니다.

다음날 수술준비를 하고 병원을 찾았습니다. 의사 선생님께서는 바로 수술하지 않고 몇 가지 테스트를 하곤 고개를 갸우뚱하며 "며칠 사이에 상태가 이렇게 좋아졌나?"며 의아해했습니다. "감각도 좋고, 신경도 아주 좋은 상태인데 이 정도로 자각 증세가 없다면 굳이 수술을 할 필요가 없다"라며 그냥 "주사나 한 대 맞고 돌아가도 좋겠다."라고 말하는데 그 때의 놀라움과 기쁨은 이루 말로 표현할 수가 없었습니다.

일주일 후 다시 병원을 찾았을 때는 의사 선생님이 검사 결과상으로는 수술이 시급한데, 정말 보기 드문 경우로 이런 일이 있을 수도 있다고 주사도 맞을 필요가 없겠다고 했습니다. 의사 선생님이 말한 '보기 드문 경우'라는 것은 '기적'을 얘기하는 게 아닐까요? 우리 주님만이 하실 수 있는, 세상 사람들의 지식으로는 이해할 수 없는 일. 병원을 나오며 주님께서 베풀어 주신 큰 은혜에 감사했습니다.

중학교 시절 한 번은 축농증이 너무 심해서 냄새를 거의 맡을 수가 없던 적이 있었습니다. 그 당시도 지금처럼 목사님께서 본인들이 아픈 부위에 손을 얹으라고 하시며 단 위에서 기도를 해 주셨습니다. 몇 번 그렇게 기도를 받은 후 축농증을 아주 깨끗하게 치료받아 지금까지 갖가지 음식 냄새, 아름다운 꽃향기 등을 치료해 주신 코로 맡으며 감사하는 삶을 살고 있습니다.

부족한 죄인을 세상의 많은 교회들 중 성령이 충만한 귀한 제단의 성도로 삼으시고, 이런 놀라운 체험과 축복을 주신 주님께 감사드리며, 이 글을 읽으시는 모든 성도님들의 가정에도 주님의 은혜가 늘 충만하시길 기도합니다.